老科学家学术成长资料采集工程丛书

此生情怀寄树草

张宏达传

李 剑 张晓红◎著

中国科学技术出版社

上海交通大学出版社

图书在版编目（CIP）数据

此生情怀寄树草：张宏达传／李剑等著．—北京：
中国科学技术出版社，2013.5
（老科学家学术成长资料采集工程丛书）
ISBN 978-7-5046-6273-6

Ⅰ．①此… Ⅱ．①李… Ⅲ．①张宏达－传记
Ⅳ．① K826.15

中国版本图书馆 CIP 数据核字（2013）第 000174 号

出 版 人	苏 青 韩建民	
责任编辑	林方时 任雅君	
责任校对	刘洪岩	
责任印制	张建农 马宇晨	
版式设计	中文天地	

出 版	中国科学技术出版社 上海交通大学出版社
发 行	科学普及出版社发行部
地 址	北京市海淀区中关村南大街16号
邮 编	100081
发行电话	010-62173865
传 真	010-62179148
网 址	http://www.cspbooks.com.cn

开 本	787mm×1092mm 1/16
字 数	320千字
印 张	21.5
彩 插	2
版 次	2013年5月第1版
印 次	2013年5月第1次印刷
印 刷	北京华联印刷有限公司
书 号	ISBN 978-7-5046-6273-6 / K·125
定 价	55.00元

老科学家学术成长资料采集工程简介

老科学家学术成长资料采集工程（以下简称"采集工程"）是根据国务院领导同志的指示精神，由国家科教领导小组于 2010 年正式启动，中国科协牵头，联合中组部、教育部、科技部、工信部、财政部、文化部、国资委、解放军总政治部、中国科学院、中国工程院、国家自然科学基金委员会等 11 部委共同实施的一项抢救性工程，旨在通过实物采集、口述访谈、录音录像等方法，把反映老科学家学术成长历程的关键事件、重要节点、师承关系等各方面的资料保存下来，为深入研究科技人才成长规律，宣传优秀科技人物提供第一手资料和原始素材。按照国务院批准的《老科学家学术成长资料采集工程实施方案》，采集工程一期拟完成 300 位老科学家学术成长资料的采集工作。

采集工程是一项开创性工作。为确保采集工作规范科学，启动之初即成立了由中国科协主要领导任组长、12 个部委分管领导任成员的领导小组，负责采集工程的宏观指导和重要政策措施制定，同时成立领导小组专家委员会负责采集原则确定、采集名单审定和学术咨询，委托中国科学技术史学会承担具体组织和业务指导工作，建立专门的馆藏基地确保采集资料的永久性收藏和提供使用，并研究制定了《采集工作流程》、《采集工作规范》等一系列基础文件，作为采集人员的工作指南。截至 2012 年底，已启动 247 位老科学家的学术成长资料采集工作，获得手稿、书信等实物原件资料 21496 件，数字化资料 72310 件，视频资料 96582 分钟，音频资料 104289 分钟，具有重要的史料价值。

采集工程的成果目前主要有三种体现形式，一是建设一套系统的"老科学家学术成长资料数据库"（本丛书简称"采集工程数据库"），提供学术研究和弘扬科学精神、宣传科学家之用；二是编辑制作科学家专题资料片系列，以视频形式播出；三是研究撰写客观反映老科学家学术成长经历的研究报告，以学术传记的形式，与中国科学院、中国工程院联合出版。随着采集工程的不断拓展和深入，将有更多形式的采集成果问世，为社会公众了解老科学家的感人事迹，探索科技人才成长规律，研究中国科技事业的发展历程提供客观翔实的史料支撑。

总序一

中国科学技术协会主席　韩启德

　　老科学家是共和国建设的重要参与者，也是新中国科技发展历史的亲历者和见证者，他们的学术成长历程生动反映了近现代中国科技事业与科技教育的进展，本身就是新中国科技发展历史的重要组成部分。针对近年来老科学家相继辞世、学术成长资料大量散失的突出问题，中国科协于2009年向国务院提出抢救老科学家学术成长资料的建议，受到国务院领导同志的高度重视和充分肯定，并明确责成中国科协牵头，联合相关部门共同组织实施。根据国务院批复的《老科学家学术成长资料采集工程实施方案》，中国科协联合中组部、教育部、科技部、工业和信息化部、财政部、文化部、国资委、解放军总政治部、中国科学院、中国工程院、国家自然科学基金委员会等11部委共同组成领导小组，从2010年开始组织实施老科学家学术成长资料采集工程。

　　老科学家学术成长资料采集是一项系统工程，通过文献与口述资料的搜集和整理、录音录像、实物采集等形式，把反映老科学家求学历程、师承关系、科研活动、学术成就等学术成长中关键节点和重要事件的口述资料、实物资料和音像资料完整系统地保存下来，对于充实新中国科技发展的历史文献，理清我国科技界学术传承脉络，探索我国科技发展规律和科技人才成长规律，弘扬我国科技工作者求真务实、无私奉献的精神，在全社会营造爱科学、学科学、用科学的良好氛围，是一件很有意义的事情。采集工程把重点放在年龄在 80 岁以上、学术成长经历丰富的两院院士，以及虽然不是两院院士、但在我国科技事业发展中作出突出贡献的老科技工作者，充分体现了党和国家对老科学家的关心和爱护。

自 2010 年启动实施以来，采集工程以对历史负责、对国家负责、对科技事业负责的精神，开展了一系列工作，获得大量反映老科学家学术成长历程的文字资料、实物资料和音视频资料，其中有一些资料具有很高的史料价值和学术价值，弥足珍贵。

以传记丛书的形式把采集工程的成果展现给社会公众，是采集工程的目标之一，也是社会各界的共同期待。在我看来，这些传记丛书大都是在充分挖掘档案和书信等各种文献资料、与口述访谈相互印证校核、严密考证的基础之上形成的，内中还有许多很有价值的照片、手稿影印件等珍贵图片，基本做到了图文并茂，语言生动，既体现了历史的鲜活，又立体化地刻画了人物，较好地实现了真实性、专业性、可读性的有机统一。通过这套传记丛书，学者能够获得更加丰富扎实的文献依据，公众能够更加系统深入地了解老一辈科学家的成就、贡献、经历和品格，青少年可以更真实地了解科学家、了解科技活动，进而充分激发对科学家职业的浓厚兴趣。

借此机会，向所有接受采集的老科学家及其亲属朋友，向参与采集工程的工作人员和单位，表示衷心感谢。真诚希望这套丛书能够得到学术界的认可和读者的喜爱，希望采集工程能够得到更广泛的关注和支持。我期待并相信，随着时间的流逝，采集工程的成果将以更加丰富多样的形式呈现给社会公众，采集工程的意义也将越来越彰显于天下。

是为序。

总序二

中国科学院院长　白春礼

　　由国家科教领导小组直接启动，中国科学技术协会和中国科学院等12个部门和单位共同组织实施的老科学家学术成长资料采集工程，是国务院交办的一项重要任务，也是中国科技界的一件大事。值此采集工程传记丛书出版之际，我向采集工程的顺利实施表示热烈祝贺，向参与采集工程的老科学家和工作人员表示衷心感谢！

　　按照国务院批准实施的《老科学家学术成长资料采集工程实施方案》，开展这一工作的主要目的就是要通过录音录像、实物采集等多种方式，把反映老科学家学术成长历史的重要资料保存下来，丰富新中国科技发展的历史资料，推动形成新中国的学术传统，激发科技工作者的创新热情和创造活力，在全社会营造爱科学、学科学、用科学的良好氛围。通过实施采集工程，系统搜集、整理反映这些老科学家学术成长历程的关键事件、重要节点、学术传承关系等的各类文献、实物和音视频资料，并结合不同时期的社会发展和国际相关学科领域的发展背景加以梳理和研究，不仅有利于深入了解新中国科学发展的进程特别是老科学家所在学科的发展脉络，而且有利于发现老科学家成长成才中的关键人物、关键事件、关键因素，探索和把握高层次人才培养规律和创新人才成长规律，更有利于理清我国科技界学术传承脉络，深入了解我国科学传统的形成过程，在全社会范围内宣传弘扬老科学家的科学思想、卓越贡献和高尚品质，推动社会主义科学文化和创新文化建设。从这个意义上说，采集工程不仅是一项文化工程，更是一项严肃认真的学术建设工作。

中国科学院是科技事业的国家队，也是凝聚和团结广大院士的大家庭。早在 1955 年，中国科学院选举产生了第一批学部委员，1993 年国务院决定中国科学院学部委员改称中国科学院院士。半个多世纪以来，从学部委员到院士，经历了一个艰难的制度化进程，在我国科学事业发展史上书写了浓墨重彩的一笔。在目前已接受采集的老科学家中，有很大一部分即是上个世纪 80、90 年代当选的中国科学院学部委员、院士，其中既有学科领域的奠基人和开拓者，也有作出过重大科学成就的著名科学家，更有毕生在专门学科领域默默耕耘的一流学者。作为声誉卓著的学术带头人，他们以发展科技、服务国家、造福人民为己任，求真务实、开拓创新，为我国经济建设、社会发展、科技进步和国家安全作出了重要贡献；作为杰出的科学教育家，他们着力培养、大力提携青年人才，在弘扬科学精神、倡树科学理念方面书写了可歌可泣的光辉篇章。他们的学术成就和成长经历既是新中国科技发展的一个缩影，也是国家和社会的宝贵财富。通过采集工程为老科学家树碑立传，不仅对老科学家们的成就和贡献是一份肯定和安慰，也使我们多年的夙愿得偿！

鲁迅说过，"跨过那站着的前人"。过去的辉煌历史是老一辈科学家铸就的，新的历史篇章需要我们来谱写。衷心希望广大科技工作者能够通过"采集工程"的这套老科学家传记丛书和院士丛书等类似著作，深入具体地了解和学习老一辈科学家学术成长历程中的感人事迹和优秀品质；继承和弘扬老一辈科学家求真务实、勇于创新的科学精神，不畏艰险、勇攀高峰的探索精神，团结协作、淡泊名利的团队精神，报效祖国、服务社会的奉献精神，在推动科技发展和创新型国家建设的广阔道路上取得更辉煌的成绩。

总序三

中国工程院院长　周　济

　　由中国科协联合相关部门共同组织实施的老科学家学术成长资料采集工程，是一项经国务院批准开展的弘扬老一辈科技专家崇高精神、加强科学道德建设的重要工作，也是我国科技界的共同责任。中国工程院作为采集工程领导小组的成员单位，能够直接参与此项工作，深感责任重大、意义非凡。

　　在新的历史时期，科学技术作为第一生产力，已经日益成为经济社会发展的主要驱动力。科技工作者作为先进生产力的开拓者和先进文化的传播者，在推动科学技术进步和科技事业发展方面发挥着关键的决定的作用。

　　新中国成立以来，特别是改革开放30多年来，我们国家的工程科技取得了伟大的历史性成就，为祖国的现代化事业作出了巨大的历史性贡献。两弹一星、三峡工程、高速铁路、载人航天、杂交水稻、载人深潜、超级计算机……一项项重大工程为社会主义事业的蓬勃发展和祖国富强书写了浓墨重彩的篇章。

　　这些伟大的重大工程成就，凝聚和倾注了以钱学森、朱光亚、周光召、侯祥麟、袁隆平等为代表的一代又一代科技专家们的心血和智慧。他们克服重重困难，攻克无数技术难关，潜心开展科技研究，致力推动创新发展，为实现我国工程科技水平大幅提升和国家综合实力显著增强作出了杰出贡献。他们热爱祖国，忠于人民，自觉把个人事业融入到国家建设大局之中，为实现国家富强而不断奋斗；他们求真务实，勇于创新，用科技为中华民族的伟大复兴铸就了辉煌；他们治学严谨，鞠躬尽瘁，具有崇高的科学精神和科学道德，是我们后代学习的楷模。科学家们的一生是一本珍贵的教科书，他们坚定的理想信念和淡泊名利的崇高品格是中华民族自强不息精神的宝贵财富，永远值得后人铭记和敬仰。

通过实施采集工程，把反映老科学家学术成长经历的重要文字资料、实物资料和音像资料保存下来，把他们卓越的技术成就和可贵的精神品质记录下来，并编辑出版他们的学术传记，对于进一步宣传他们为我国科技发展和民族进步作出的不朽功勋，引导青年科技工作者学习继承他们的可贵精神和优秀品质，不断攀登世界科技高峰，推动在全社会弘扬科学精神，营造爱科学、讲科学、学科学、用科学的良好氛围，无疑有着十分重要的意义。

中国工程院是我国工程科技界的最高荣誉性、咨询性学术机构，集中了一大批成就卓著、德高望重的老科技专家。以各种形式把他们的学术成长经历留存下来，为后人提供启迪，为社会提供借鉴，为共和国的科技发展留下一份珍贵资料。这是我们的愿望和责任，也是科技界和全社会的共同期待。

周济

张宏达工作照

张宏达的首要学术合作者王伯荪教授（左）接受访谈
（2010 年 12 月 10 日，赵炎摄）

张宏达的学生余世孝教授（左二）接受访谈
（2010 年 12 月 5 日，赵炎摄）

序
如椽大笔写春秋

　　每当饮可可茶时，我的心里就会油然升起对恩师张宏达教授的敬意。1981 年先生发现了可可茶，30 年后，可可茶这一不含咖啡因的饮料已经端上餐桌。当人们还在谈论用生物工程的方法降低茶和咖啡中的咖啡因时，不含咖啡因的可可茶已经悄然进入人们的生活。苦茶是先生发现的另外一种含特殊生物碱的茶，它不同于茶具有的兴奋神经作用。而可可茶则不影响睡眠，具有镇静、帮助睡眠的作用。不用提在 32 种茶组植物中先生命名了其中 23 种以及其他变种，光是可可茶和苦茶的发现和命名，就足以让先生青史留芳了。试想，在数千年的茶叶发展史上，我们饮的都是含咖啡因的茶，现在由于先生的先知先觉，发现了可可茶和苦茶，使它们从荒山野岭的沉睡中醒过来。这两个待开发的茶，恰如李清照所说："譬如贫家女，貌虽妍丽，而终无富贵态。"但先生认为，总有一天它们都会被打扮成"俏丽佳人"的。先生以其直觉，发现了众多的植物新属和新种，岂止在山茶属茶组植物如是焉，被当作寻常之物、被无数人错过了的，却因先生的慧眼禅心，先后建立了 7 个植物新属，近 400 个植物新种。例如，圆籽荷果实似木荷，但人们却错过其非扁形种子仅有的残留翅在钻状的中轴上叠合上升排列的形态；猪血木与柃属植物相似，但何曾有人在十分不起眼的小小花中，注意到它的花不是单性异株而是两性花；多瓣核果茶和石笔木属植物种子形态虽相似，却以不裂的果皮相区别；陈琼木与马蹄荷属植物虽相似，却以无瓣两性花排成穗状花序，而非杂性花有花瓣的两性花排成头状花序相区别；半枫荷与阿丁枫头状花序看似相同，而以叶分裂显现差异。在平常中看出不平常，在相似中看出差异，这正是先生的过人之处。我感到先生在分类学上的直觉很少有人能够企及，有的植物志作者所做的检索表，常使人无所适从，但先生所做的检索表，就像"元素周期表"一样，如山茶属，先生把它分为4个亚属，20组，组下再划分亚组或系，我深入掌握后，只要把亚属、组的特征记住，遇到任何一个山茶属的种，你都可以把它放到适当的位置。我发现的张氏红山茶和任氏山茶就是用这样的"元素周期表"排查出来的。

先生的勤奋是出了名的，我所知道的张先生把别人用来休息喝茶的时间都用来工作，没有午休时间，没有星期天，没有节假日，他数十年的学术生涯从来如此。他对山茶属的系统研究是在他担任系主任时完成著述的，他的自况诗"十年一剑功犹浅，磨砺以须莫蹉跎"，"黉舍有门能指路，学海无涯苦攀登"，一个莫蹉跎，一个苦攀登，正是先生一生活脱脱的写照。

先生把植物分类视为基础，其中又以形态解剖作为先导，他对种子植物分类群非常熟悉，无论中国的，还是世界的，先生均了然于心，他视植物分类学文献和植物标本如同身家性命。分类学文献是世界性的大学问，不占有这些文献，就割断了中国生物分类学与世界生物分类学的联系，就无法使它与世界生物分类学接轨。如先生在著述山茶属系统分类时，因西方学术界对中国的封锁，无法了解国外研究山茶属的资料而头痛，待到图书馆购进西利的英文专著《山茶属的订正》后，先生得以全面开展山茶属的系统研究。中山大学标本室保存了许多现已绝版的植物分类学文献，得益于先生不遗余力的搜罗和积累，他会津津乐道"我们有两套德堪多《植物长编》，有两套林奈《植物种志》和《植物属志》，不同年代出版的

23 卷本恩格勒植物系统志书，有完整的边沁－虎克《植物属志》、《印度植物志》，勒坎的《印度支那植物志》、《香港植物志》、《彩色植物图鉴》"。而植物标本是凝固成历史的活文献，比如一些生物在野外已经消失，但幸好在标本室里存留着它们的标本，而且要使植物志成为言之有物的经典，标本的保存是无法绕过去的。我曾见过先生因为一份标本的永远遗失而懊恼的情形。先生对植物形态学知识烂熟于心，可从他探究胚珠维管束，苏铁内外珠被均有维管束，银杏只在珠被内层存留维管束，到松柏珠被维管束的完全缺失看出来，他把维管束在珠被里的存在和消失作为植物系统演化上的重大事件。他阐明珠被在苏铁、银杏、紫杉、买麻藤中的演化和作用，说明种子获得保护在种子植物的演化中不是一蹴而就的，而是经过许多曲折的过程和改进。以苏铁和银杏而言，它们均以珠被肉质化实施对种子的保护，但苏铁珠被内外均有维管束，银杏只在内层珠被有维管束；紫杉珠被形成囊状体，实施了对种子的保护，而买麻藤则由外珠被（实质是花苞），形成了囊状体保护种子。这都是先生勤于思考、善于思考的个例。

　　先生的授课和演讲有一种举重若轻的大度，我们听他的课或报告，常有一种情绪被调动起来、昂扬向上的感觉。他洞明世事，随手拈来，皆成妙语。他上课时，搬来一大摞书，几张稿纸上写有若干提纲，旁征博引，板书与绘图并举，在课堂上侃侃而谈，时而夹杂着奇闻逸事，听先生授课，常有耳目一新、茅塞顿开的感觉。对先生的绘图，学生们的评价是精确、简练、生动。加之他师从名师，学习地质、地史、古生物，精心研读了斯行健的著作，并非常推崇斯先生的工作，使先生在涉足种子植物起源和植物区系这些宏大的课题时如鱼得水，先生不但对于古植物类群，而且对于古动物类群也非常熟悉。当云南澄江出土许多寒武纪动物化石时，他对三叶虫、菊石、鹦鹉螺、脊索动物都能娓娓道来，当然他是在批判生物种类大爆发时谈到这些的。先生的建树良多，尤其他创建性地提出的新华夏植物区系和种子植物系统学，显然是先生深思熟虑的结晶。

　　陶渊明有"好读书，不求甚解"句，先生说"我读书不多"，他认为有些经典著作是必须精读的，但不见得要读尽所有的书，很多时候精读完一本后，便知道其他许多书，在我看来这的确是真理。他细致地研读德国学者恩格勒的《植物自然分科志》，因为这一著作并非只取种子植物，还把藻类、菌物、地衣、苔藓、蕨类，甚至化石植物也一并纳入，成为完整的植物系统志书。先生特别推崇德国早期的植物学教科书，并与我说，该教材对植物的描述严谨正确，绘图精细，多少年都不会变，发行到美国和欧洲很多国家。他一直保留着20世纪30年代出版的这套教科书，他还说德国人有个好传统，教材不管如何修订，最初的作者都一直保留下来。他特别欣赏德国学者严谨的科学态度，因此要我们学德语，研读德国的植物学著作。先生对恩格勒学派关于种子的子叶依单子叶植物、双子叶植物、裸子植物顺序排列的种子系统观点是持批判态度的，但先生赞成恩格勒学派关于柔荑花序类原始，风媒植物先于虫媒植物，先有单性花，后有两性花的观点。先生不拘泥于某些权威关于被子植物起源不可能早于白垩纪的武断定论，在被子植物起源的问题上，他抛开"北极起源论"、"热带起源论"，不赞成多心皮类原始、风媒晚于虫媒、两性花源于单性花的观点。先生的观点振聋发聩，初时并不见容于世，但先生并不气馁，抓住机会就宣传自己的观点，以至于报告会上只要先生一出现，就有人窃窃私语"华夏又来了"。他有时也感到势单力薄，但先生从不轻言放弃，他的自况诗《无题》写道，"踏遍青山志不挠，岂为升斗枉折腰。文章千古论兴替，独我情怀寄树草"，大概就是这个时候心情的写照，于是就有了华夏植物区系理论，有了《种子植物系统学》这些皇皇巨著。

先生有句口头禅常用来教诲弟子，叫做"师傅领进门，修行靠自己"。拿植物分类学来说，老师很重要，但学好植物分类学要通过读书、读文献、野外实践、标本研究等多种方法，在我看来，从事植物分类学的研究是对个人意志力的考验，对一个类群的系统研究，小到一个属，大到一个科或目或纲，都需要持之以恒，不能须臾懈怠。有人认为植物分类学研究是索然无味的，面对着浩瀚的腊叶标本有多么枯燥，他的快乐和痛苦似乎系之于个人的内省体验，他的快乐和痛苦也不能与他人分享。先生并不特别逼学生要去做什么，因为他认为个人的兴趣是最重要的，好学者如闹市求前，亦步亦趋，他更相信个人后天的努力。他对我说，侯宽昭先生把行军床搬到标本室，中午就睡在标本室，意思是侯先生已经很出名了，还这样努力。他外出看标本也是争分夺秒，带着馒头进标本馆，中午饭就在标本馆解决。出外考察自然少不了采集标本，就是开会到了国外也要采集些标本回来，没有标本纸，就用报纸压了带回标本室。他出差坐飞机时，往往即可成文，虽属急就章，但亦是厚积薄发、终生孜孜追求的结果，可以信手拈来，皆成妙文。

还记得在我读本科的时候，先生就下到学生宿舍与我们"三同"。先生时为系副主任兼教研室主任，但却以普通教师的身份，把铺盖带到我们宿舍，与我们同住一寝室，8人一室，睡在不足1米宽的辘架床上。一个学术地位显赫的学者、教授，竟然与我们这些刚进校门的毛头小伙子住在一起，同在学生饭堂就餐，只有星期六，先生才回家，星期天晚上又回到我们宿舍。张先生为什么搬到学生宿舍，与我们同吃、同住、同学习？他是怕我们学习上不去。时值教育革命，专业由全日制改为半农半读，半天上课，半天劳动，翻地、种竹子、找垃圾肥、打砖、挑塘泥、挖防空洞、下乡抢收抢插、挖水沟，什么都干。这种状况并不是学生愿意的，也不是包括先生在内的教师所希望的，但这是上头的政策，号召大学都要学习江西共产主义劳动大学的做法。先生为什么要住到我们宿舍，他有家，虽不如现在宽敞，也比学生宿舍好呀。我至今仍记得先生说过："我住在你们宿舍，就是要跟你们一起学习，学习质量一定不能受到劳动的影响，你们学到的东西要超过往届生。"当年的植物学讲义我至今还留存着，那是先生亲自编写的。47年过去，尽管当年的学生宿舍已经拆除重建，但是先生住在我们宿舍的情景，他的床的位置，至今仍历历在目。

先生对施惠于他的老师从不忘怀，如他早年的老师陈焕镛，他一直念叨着，当年发现山铜材属时，他欲与陈老共同发表，被陈老婉拒的情形，后来他把新属命名为陈琼木属；先生念念不忘董爽秋、吴印禅、侯宽昭、辛树帜等先生，不幸他们过早离世；他的动物学老师费鸿年教授，一直活到20世纪90年代，那时我们"文化大革命"后第一届研究生11人毕业后，每年相约去向张先生拜年，而先生亦向他的老师费先生拜年，使我们感动不已。

　　由于从本科学习时起的耳濡目染，深深敬仰先生的博大胸怀、道德文章、哲人风范，今《此生情怀寄树草——张宏达传》成书在即，遵嘱成序，以吾不敏，才思浅拙，勉为其难矣。

叶创兴

2011 年 9 月 10 日

序作者简介：叶创兴，张宏达得意门生。中山大学植物学专业1969届本科毕业生，1985年获博士学位，是新中国成立后中山大学第一批培养的四位博士生中的一员，现为中山大学博士生导师。

目 录

图片目录

导 言

　　张宏达是世界知名的植物学家，他极注重野外考察对植物学研究的重要作用，自1935年进入国立中山大学起，几十年如一日，坚持野外考察，足迹遍布全中国，还曾到日本、美国、联邦德国等国家考察当地植物区系。在71岁高龄时，他还到喜马拉雅山南坡考察植被和区系；76岁时，还应邀考察甘肃、青海干旱生态系统，越过海拔3800米的当金山，穿过柴达木盆地，到达青海湖。踏遍青山人未老，是他一生的写照。正是因为他注重科学实践，掌握了大量的原始资料，才有信心向传统谬误和缺陷挑战，提出大量有独创性的学说。

　　很少有人知道，普洱茶原名为阿萨姆茶，被认为原产于印度阿萨姆。是张宏达经过深入研究，正本清源，确定阿萨姆茶原产地为中国，并将其中文名改为普洱茶，因而人称他为普洱茶之父。他在植物分类学、区系学、系统学、生态学等领域都有很高的造诣。在张宏达的学术生涯中，发现了7个植物新属和近400个植物新种，其中对金缕梅科和山茶科的研究最为人称道。他作为《中国植物志》编写人员的10位代表之一，获得

2009 年度国家自然科学奖一等奖。1974 年，他提出了"华夏植物区系理论"，创造性地提出被子植物起源于侏罗纪甚至三迭纪的华夏古陆，否定了被子植物起源于白垩纪、起源中心在热带的传统学说，之后陆续发表了《华夏植物区系的起源与发展》、《大陆漂移与有花植物区系的发展》、《喜马拉雅的崛起及其植物区系的起源》、《再论华夏植物区系的起源》等一系列论文，从而建立了"植物区系学"这一学科。1986 年，依据植物系统进化原理，他提出了一个单元多系的"种子植物分类系统大纲"，2004 年主持编著完成《种子植物系统学》，这也是中国植物学家根据自己的分类系统编著完成的第一部系统学专著。在国内植物生态学还不很盛行的 20 世纪 50 年代，他就先后发表了《雷州半岛红树林植被》、《广东高要鼎湖山植物群落之研究》等论文，是该领域的奠基性研究。

张宏达 1961 年出任中山大学生物学系副主任，1978 年任生物学系主任，1987 年主持建立教育部热带亚热带森林生态系统实验中心，并担任主任职务直至 2002 年退休。1989 年主持与联邦德国合作的 CERP 项目，在海南霸王岭建立了热带雨林生态系统定位站。通过多年努力，领导中山大学植物学科成为国家重点学科。张宏达重视教书育人，从教 60 余年，始终对教学工作亲力亲为，亲自给本科生和研究生上课，并坚持带领学生进行野外考察工作。至今，他一手培养的硕士和博士已经有 100 多人，并指导博士后 11 名。其中 20 多名弟子已成为博士生导师。

2010 年 7 月，我们接受了"老科学家学术成长资料采集工程"的任务，承担对张宏达学术成长资料的采集工作。在为期一年的采集工作中，我们主要进行了两个方面的工作，第一是实物资料的采集，第二是口述资料的采集。

目前，尚无一部完整和系统记述张宏达生平学术经历的传记问世，现有关于张宏达的传记类文字为弟子、同行撰写的短文和少量的媒体报道，内容一般为对张宏达学术思想和学术成就的论述，主要反映了张宏达人生后半阶段的经历。

采集小组通过实物资料采集和口述访谈的方式，以张宏达学术成长经历为主线，全面采集了有关张宏达家庭背景、求学历程、师承关系、工作环境、学术交流等方面的材料，着重厘清了张宏达重要学术成果的产生经过和影响因素，在此基础上，撰写了《此生情怀寄树草——张宏达传》的学术传记。

根据采集工程的要求，采集小组认为，学术传记应以采集工作所获资料及其他旁证或间接资料为基础，客观记述其学术成长经历中的重大事件和关键节点，对其重要学术成果和学术思想的产生、发展和形成过程进行重点描述，并提炼对其学术成长有重要影响的内部和外部因素。传记的撰写以史实为基础，对于没有掌握的材料，不作无根据的推测和虚构。

从张宏达一生的经历来看，求学经历比较简单，没有出国留学，工作经历也较为单一，一生绝大部分时间就职于中山大学。因此传记按时间顺序，将张宏达的经历分为若干阶段，全面记述各时期学术、工作和生活等各方面的重要情况。在学术成长上，从进入大学到新中国成立这一阶段，可以看作学术成长的萌芽时期；新中国成立后到"文化大革命"结束这一时期，是他学术研究缓慢成长的阶段，"文化大革命"中，张宏达的学术工作受到了很多干扰；改革开放以来，是张宏达个人学术生涯的黄金时期，他在 60 岁以后，陆续拿出了《中国植物志》、《种子植物系统学》和华夏植物区系学说等卓越的研究成果，这一时期应该是传记的重点所在。

本书从家庭背景、求学经历、师承关系、工作经历、科研环境等方面，勾勒出张宏达的学术成长轨迹。第一章主要描写了张宏达的家庭背景和童年生活。第二章详述张宏达从 18 岁冲破家庭阻挠，离乡到省城读高中开始，到抗日烽火中，张宏达追随中山大学辗转数千里，艰难跋涉转移到云南，完成大学学业为止的求学经历，其中侧重描述了他的师承关系，并详细介绍了当时世界、中国和中山大学植物学学科的发展状况。第三章介绍张宏达在民国时期的科研工作情况，这时的张宏达胸怀科学救国的远大理想，在学术研究上已经开始崭露头角，但时值国难深重，战乱连年，张宏达的科研和工作难以正常开展。第四章描述张宏达在新中国成立初期的科研和教学情况，简述了当时陆续开展的政治运动对他的影响，在政治运动干扰下进行科研和教学工作的情况。第五章介绍了"文化大革命"中张宏达被批斗和下放的经历，以及1972年中山大学恢复教学工作后，张宏达的教学和科研工作。第六章重点介绍了改革开放以来张宏达的教学工作、学术交流与学术出访和野外考察工作。第七章介绍了改革开放以来张宏达在科研工作中取得的成果，这一时期是张宏达个人学术生涯的黄金时期，重点讲述了他重要学说的产生经过，以及引发的学术争鸣。

第一章
南国少年

揭西县，位于广东省东部，潮汕平原西北部，北回归线横贯县境。这里光热充足，雨量丰沛。山地占全县总面积 80% 以上，层峦叠嶂，形成一个天然屏障。潮汕平原第二大河榕江南河从这里流过，因此，这里山清水秀，草木蕃盛。

1914 年 10 月 10 日（农历八月二十一日），张宏达在揭西出生。他填写在履历表中的籍贯是"揭西河婆后埔上君子岭村"，河婆镇是揭西县政府所在地，这里素有"群山环拱，碧水泱泱"之誉，风景秀丽。而后埔村是河婆镇下的一个行政村（上君子岭村属后埔村，但建制已撤销），依榕江南河支流横江溪而建。

河婆地处陆丰、五华、揭阳、普宁四县要冲，榕江从这里流过后经揭阳、汕头出海。过去的揭西没有公路，交通运输主要靠榕江这条水路。揭西所需的商品百货、布匹、食盐、海产从汕头、揭阳贩运至此发售；而山区的柴炭、红糖、山药等土特产则从这里启运发往揭阳、汕头，使这里成为一个商品的集散地。外出求学、经商和到海外去谋求生路的人，也是从这里乘船出发，告别家乡。

家　　世

　　河婆镇居民以客家人为主，张宏达一族也是客家。张氏叙及郡望，都把清河张氏作为众望之首，所谓"天下张氏出清河，清河张氏满天下"，而广东的张氏客家又奉唐代名相张九龄为始祖。在张宏达家的族谱中有这样的记载："清河望族，名门世胄；曲江①风范，源远流长。"张宏达的祖先是由福建迁入广东，因客家人被歧视，无法在平原立足，先是居住在韶关南雄山区，后来又迁到揭西后埔定居，至张宏达一代为第十五世。

　　河婆的客家被称为半山客，因为他们一方面吸收了潮州文化，一方面固守客家的优良传统。"客归故里尤是客，家居四海斯为家"，世世代代"外压内聚"，使客家先民养成了"刚健奋进、自强不息"的精神，披荆斩棘，辗转迁徙，历经饥饿、疾病、离散、死亡等苦难的威胁，磨炼了坚韧不拔的意志，积淀了创新涉险的文化因子②。客家人客居他乡，处于弱小地位，因此崇文重教，把读书入仕作为发展的主要手段，故客家人成才者众，著名的爱国华侨张武帮、革命教育家张海鳌、医学家张梦石、张克欧等都是张宏达的同族。

父亲和母亲

　　张宏达家是当地望族，祖父张惠光有田约 200 亩，家境殷实。张惠光在张宏达出生前已经去世，产业主要由张宏达的叔父承继。张宏达父亲张少甫，生于 1860 年，田产有 150 亩，并雇有长工。张少甫勤俭持家，善于经营，除田地外，还开设了制糖作坊，生产工业用的黄糖和白糖。潮汕平

---

　　① 张九龄为韶州曲江人，著有诗文集《曲江集》。
　　② 夏德峰：客家：民俗中的"宗亲孤岛"现象。《嘉应学院学报（哲学社会科学版）》，2004 年，第 22 卷第 1 期，第 71—77 页。

原盛产甘蔗，制糖业在唐末已经萌芽，从明清起，潮汕地区（包括揭西）就成为中国最主要的产糖区之一。汕头开埠后，揭西地区生产的糖经汕头销往各地，主要是上海。据张宏达回忆，他小时候故乡流传一个说法："上海人买不完潮汕的蔗糖，潮汕人买不完上海的布匹。"[①] 张少甫就是往来于上海和汕头，做糖和布匹的贸易，将自己生产的糖卖到上海，再贩布匹到广东来卖。

张少甫通过自己的勤俭经营振兴家业，一生中曾"五升栋梁"，先后兴建谦福楼（建于下君子岭村）、笃庆楼（建于上君子岭村）和一座洋楼[②]。据张宏达回忆：房子很大，有上五下五，上三下三，中间有厅堂[③]，这是典型的客家建筑格局。在土改后，张家的房屋被分给贫下中农居住，现在张少甫的后人已集资赎回笃庆楼的正厅，厢房仍由他姓占用，张宏达出资重新为故居起了一个门楼，部分恢复了故居的原貌。

张少甫家道殷实，为人秉性刚直，处事公道，乐善好施，常为民众排忧解难，是乡间很有名望的乡绅，在晚年被举为张氏族长。客家人世代漂泊，辗转迁徙，因此形成了很强的宗亲意识，重视崇拜祖先，寻根报本，所谓"重本溯源，慎终追远"。张少甫家道日渐兴旺之后，追缅祖德，兴建了张氏三世祖、七世祖和九世祖的祖祠。借修建九世祖肇贤公祠堂的机会，张少甫还兴建了逢源小学（约建于1922年），体现了崇文兴教的远见卓识。客家素有"公尝"的传统，指先祖留下的各房共有的产业，又称为"尝产"。学校建成后，张少甫考虑到长远发展之计，凭借个人威望，发动九世祖一脉各支从公尝中捐献常年办学经费，每年干谷450石，使族中子弟可免费入读，以普及教育。学校建成后，张少甫被举为名誉校长，其四子张访岑任首任校长。逢源小学在一次全县毕业会考中，曾取得总成绩全县第一的佳绩，时任揭阳县长的谢鹤年（约1931—1934年在任）曾为逢源小学颁发"成绩超群"银盾一枚；后来又在全县文艺展览比赛中名列前茅，谢鹤年亲临学校视察，盛赞有加，为学校题词"成绩可嘉"，以资鼓

---

① 张宏达访谈，2010年10月13日，广州。资料存于采集工程数据库。

② 张汉杰，张兆元：《十四世祖少甫公事略》，1996年。家谱油印件。存地同上。

③ 同①。

励^①。张宏达小学就在逢源小学就读。后来，初中毕业后，在离开家乡到广州求学之前又曾在这所学校短期任教，在 1938 年至 1946 年之间，张宏达还曾任该校的名誉校长。

张少甫非常热心公益，曾倡办棉湖飞马义渡，还参与捐资兴建河婆大同医院^②，有此渊源，20 世纪 40 年代，张少甫的四子张访岑曾担任大同医院的董事长^③。现在的大同医院是揭西著名的人文景观，国民革命军东征时，周恩来、廖仲恺、蒋介石都曾在这里驻足，周恩来还曾给医院题写过"造福军民"的匾额。

因张少甫热心公益，造福桑梓，1930 年，值张少甫七十寿辰之际，时任揭阳县长的毛琦特赠"厚德载福"金匾一面，邑人则绣大寿幛一幅相赠，以示敬意。当时宾客如云，请了潮州剧团在家里演潮剧，连接宴客三天，盛况空前。张少甫逝于 1934 年 3 月 16 日，享年 74 岁，乡谥"纯笃张公"^④。

张宏达的生母温包娘是继室，张少甫的原配夫人姓彭，彭氏去世后，续娶温包娘，当时温包娘 40 岁，张少甫 52 岁。温包娘为人宽厚，爱劳动，整天忙于家务，嫁入大家族做继室，面对复杂的人际关系，处事公道，能与儿孙及媳妇和睦相处。虽然是乡村土生土长的农妇，但和蔼恩慈，种种不言之教，使张宏达直到晚年还念念于心。温包娘逝于 1956 年 3 月，享年 84 岁。

大家庭

张少甫和原配夫人彭氏育有 5 子 3 女，长子张云敖（又名风墀），次子张云梯（又名登瀛），三子张云超（又名景堂），四子张访岑，五子在

① 张汉杰，张兆元：《十四世祖少甫公事略》，1996 年。家谱油印件。资料存于采集工程数据库。
② 同上。
③ 张宏达干部档案正本一，张宏达的忠诚老实坦白的事实，1952 年 8 月 8 日。存于中山大学档案馆。
④ 同①。

十来岁的时候夭折，长女云娇，次女娴娘，三女云艳。温包娘适张少甫之前，与前夫育有一女，嫁给张少甫后，又生了张宏达和张汉杰兄弟。

在张宏达出生时，最大的哥哥已经30多岁，几个哥哥均已成婚，还生了几个比张宏达年龄还大的侄子。家人都住在一起，到张宏达父亲去世时才分家。分家时，家里共有40多口人。

张宏达同母异父的姐姐幼年被卖给一户姓蔡的人家做童养媳，张宏达出生后，姐姐已经成年，张宏达1岁时，母亲又怀了弟弟，没有精力照顾张宏达，就把他托付给这位姐姐养育。从1岁到6岁，张宏达跟姐姐生活在一起，直到入小学之前，张宏达才回到自己的家。后来，姐姐一家到马来西亚柔佛和新加坡一带去做生意，之后就定居在马来西亚。长姐如母，姐姐一直对张宏达疼爱有加，人在异国，也对幼弟念念不忘。20世纪80年代，改革开放初期，姐姐的后人还辗转打听到张宏达的消息，提出要接张宏达和夫人任善勤去马来西亚奉养。

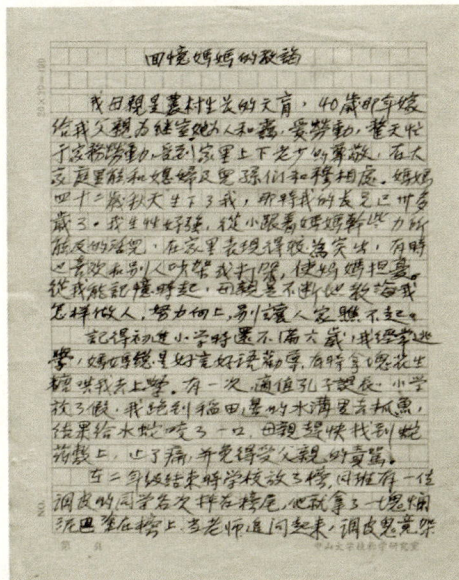

图1-1　张宏达手稿《回忆妈妈的教诲》

和在姐姐身边的生活比起来，幼年的张宏达在自己家里感受到的亲情反而是比较淡薄的。由于年龄与诸兄相去甚远，又是同父异母，因此兄弟之情有些淡漠。张宏达和弟弟汉杰在家里经常会受到歧视，有时觉得，家里人把他们看成多余的。兄嫂们经常讽刺两兄弟是"跟屋分肥"，意思是他们的出生就是来分遗产的。每每与年龄相若的侄辈吵架，也要受到兄嫂的欺压和斥责，这给张宏达的心灵造成了很大伤痛，也造成了他倔强、好胜的性格。

父亲忙于事业，又有大家长的作风，幼年的张宏达，对父亲十分敬畏，在家里唯一能感受到的温暖，就是母亲对他的爱。然而，母亲嫁入一个大家族，给几个已经成年，甚至已经掌握家里实权的子媳做继母，自然没什么地位，想要维持家庭的和谐，只能百般忍让。张宏达每次和人发生冲突，母亲总是要向人家赔礼道歉，到晚上临睡觉，只有母子二人的时候，母亲会给他讲田氏三兄弟的故事，故事的大意是：田氏三兄弟不和，闹着分家，门前一株紫荆树突然枯死，三兄弟有所感悟，从而和好如初，紫荆树也复活了。母亲用这个故事来教导他要懂得兄弟友爱。讲完故事，母亲还会唱起"紫荆花下说三田，人合人离花亦然"的俚歌，哄他入睡[1]。

在这种环境下，母亲对张宏达两兄弟当然也会产生很高的期望，希望他们能出人头地，不再让人瞧不起，给母亲争气，因此总是教导他们好好读书，努力向上。好胜的张宏达也希望能在家里有更好的表现，从小他就跟着母亲，在家里尽量多做力所能及的活，让母亲开心些。在和别人发生争执后，张宏达总会感到愧疚，后悔自己做的事使母亲担忧和难堪。

张宏达的大哥经营贩糖的商号德隆号，二哥在家里管家，三哥在家里的表现比较平庸。四哥访岑是几个哥哥里唯一接受正规教育的，读过梅县的教会学校，四哥也是几个哥哥中对张宏达最好的。在家里，除了父母之外，四哥对张宏达的影响最大，其他的哥哥一贯歧视他，欺压他，只有四哥和他保持着兄友弟恭的关系[2]。四哥对他一生最重要的影响，是他求学过程中给予的支持。从他读小学开始，四哥就做小学校长，还在学校里任教，一直亲自管教他，非常重视他的学业。后来，父亲去世时，张宏达正在广州读书，家里的田产都由兄长们掌握，兄嫂们认为他读书花钱太多，都反对他继续升学。兄弟们提出分家，为争夺遗产纠缠不休。张宏达提出，只要让他继续读书，关于遗产的分配他都不过问。这时，是四哥帮了他，四哥和宏达、汉杰三兄弟把分得的田合在一起，没有分家，四哥继续照顾两个弟弟，并且奉养温氏继母。此后张宏达能顺利读完高中和大学，所需费用，都靠四哥教小学的收入来供给，为了解决他的学费，有时还需

---

① 张宏达：回忆妈妈的教诲，未刊稿。资料存于采集工程数据库。

② 张宏达干部档案正本一，我的自传，1964 年 3 月 24 日。存于中山大学档案馆。

向人借贷①。直到 1943 年，张宏达已经在国立中山大学工作了几年，弟弟汉杰也在学校做教员，可以独立了，三兄弟才再次分家，把从父亲那里继承的田产均分为三份。

土改时，四个哥哥都被划为地主，都受到管制和斗争。最为不幸的是四哥，他本来做小学校长，但抗战后弃学经商，做食糖生意，期间也贩卖过鸦片，还养成吸食鸦片的嗜好。因为做生意常需要和地方官僚打交道，因此在新中国成立后被定为恶霸地主，被当地人民政府羁押劳动改造，在羁押期间因病死去②。如果他还继续做小学校长，应该不会是这样的结局。张宏达唯一的同胞弟弟张汉杰则一直在家乡当教员，新中国成立后当了小学校长。

包办婚姻

1930 年春，逢父亲张少甫七十大寿，迎合当地民俗，为了喜上加喜，家人为刚刚 15 岁多一点的张宏达娶妻，那时张宏达刚刚读初中一年级。他的妻子彭处是陆丰县人，娘家的家境也比较殷实。婚后的第二年开始，张宏达就到外地去读书，两个人基本上没有长期共同生活过。本来就没什么感情基础，加之张宏达长期在外读书、工作，接受了新思想，与彭处在各方面的差距越来越大。在张宏达看来，彭处的个性比较强硬，兄长曾经告诉他，他不在家的时候，她常常和母亲及兄长吵闹。在没有感情的情况下，1943 年，张宏达回乡打算和妻子办理离婚。可是张宏达的母亲因为彭处已经育有一个男孩，担心离婚之后，彭处带走这个孩子，一气之下，出走入庵堂，使村中士绅大哗，族长也反对张宏达离婚，认为这样做是败坏门风，在封建势力的压迫下，张宏达只能放弃离婚。村中士绅建议，他们兄弟分家，张宏达将分得的家产全部交给彭处，张宏达则另立门户，以后各走各路，这实际上是民间认可的一种离婚方式。新中国成立后，已经和任善勷结婚的张宏达几次想正式与彭处离婚，但因为女方强烈反对，都没

---

① 张汉杰写给张宏达的家书，时间不详。资料存于采集工程数据库。
② 张宏达干部档案正本一，我的自传，1964 年 3 月 24 日。存于中山大学档案馆。

有办成，后来地方干部认为，这是旧社会遗留下来的问题，如果不能打通女方的思想，可搁置下来，不做处理①。

作为一位传统的中国农村妇女，彭处选择坚守一份有名无实的婚姻，也是她那个时代女性无奈的选择，与张宏达一样，她也是包办婚姻的受害者，在张宏达离开后，她的岁月里有多少心酸我们不得而知。日后张宏达并未回避过自己的这段婚姻经历，他的儿子张志和张鲁，都知道老家还有一个妈妈。

这段婚姻中，两人共生育了 3 个孩子，长子张壬涛，在农村当教师，长女张碧英，次子张壬辉，都在家里务农。

快乐的回忆

现在，在家颐养天年的张宏达，跟别人聊天的时候已不大提起教学、科研这些他付出一生心血的事情，他最喜欢讲的话题是儿时在乡间度过的快乐时光。他天生是个好动的孩子，说起小时候的游戏，他印象最深的是游水。横江溪水就在后埔村边流过，那时的河水是透明的，很干净，从小他就和哥哥们到河里去抓鱼，学会了游泳。哥哥们撑着竹排撒网，张宏达就跳到水里潜水，用手捉鱼。

小时候，张宏达喜欢看武侠小说，向往"路见不平，拔刀相助"的英雄气概，像每个小男孩一样，把真实的生活也想象成武侠世界，小时候的他，喜欢和别人打架。他自己说："我打架，不是一般的，出名了，乡民都知道张某某这家伙就是能打架，就是好动。"②

小时候的他，还喜欢和家里的长工到山上去放牛，有时也会下田，穷人家小孩视为苦役的劳作，在他看来，倒像是一种游戏。他八九岁的时候，正值陈炯明主政广东，鼓励农民种鸦片，张宏达也跟着长工到田里去种，一次在施肥时，担起粪勺，被勺里剩下的粪淋了，因为有这样一个插曲，给他留下了深刻的记忆。有时候，他会跑到家里制糖的作坊里，拿起

---

① 张宏达干部档案正本一，婚姻方面遗留问题，1965 年 2 月 15 日。存于中山大学档案馆。

② 张宏达访谈，2010 年 10 月 13 日，广州。资料存于采集工程数据库。

做糖的漏子当兵器玩。

揭西的山地有很多珍贵的树种，我们不能肯定那时的张宏达是否已经留意到这些植物了，但可以肯定的是，童年的生活对他选择植物学这个专业是有决定作用的。在我们问起他为什么读大学时会选择生物系时，他说："我喜欢念这个，乡下人啊，接触的就是生物比较多。"[1] 在山野中嬉戏的快乐时光，让他喜欢野外，喜欢大自然，这可能也是他对野外考察工作甘之若饴的一个重要原因，他也说过，他之所以喜欢生物学，就是因为"生物学比较活动"，适合他好动的个性。

坎坷求学路

1920 年，张宏达 6 岁的时候，入读了家乡的小学，实际上是私塾。刚上学的时候，好动的他不喜欢被约束，经常逃学，母亲总是好言好语地劝导，有时拿块花生糖哄他去上学。有一次，适值孔子诞辰，先生给他们放了假，他跑到稻田边的水沟去抓鱼，结果给水蛇咬了一口，母亲赶快找到蛇药给他敷上，止了痛，并且瞒着父亲，免得受父亲的责骂[2]。

在私塾读了两年，1922 年，逢源小学建好了，张宏达便转到逢源小学念三年级，这时是四哥在学校当校长，还亲自教他们数学等科目，有了哥哥的管教，加之张宏达也慢慢懂得了读书的重要，学习开始努力起来。

1927 年，13 岁的张宏达小学毕业，这时的他面临失学，因为当时他的家乡还没有初中。那时的河婆，工商业比较昌盛，因此小学教育得到较快的发展，客家的主要村寨都办有私塾、完小，但因为环境闭塞，新式的中学教育并没有建立起来，河婆镇和下辖各村都没有中学，年轻人想升学读书很困难，一般要到揭阳、梅县、汕头，甚至更远一点，从汕头搭船到厦门去读书，张宏达的四哥就是在梅县的教会学校读的书。但这时的张宏

---

① 张宏达访谈，2010 年 10 月 29 日，广州。资料存于采集工程数据库。

② 张宏达，回忆妈妈的教诲，未刊稿。存地同上。

达年纪太小，独自一人到外地读书有困难，因此，张宏达只能就读乡间的国文专修班。这个所谓的国文专修班，其实是乡间小学的语文老师办起来的，专门教授古文，因为没有别的选择，张宏达就在这个班读了3年，从而打下了比较扎实的古文基础。后来，科研工作之余，张宏达喜欢写诗填词，和他接受这3年的传统文化教育有关。

1930年，河婆中学建成，给有志求学的张宏达和其他河婆学子带来了希望。河婆中学的成立是非常艰难的，1926年，当地24位热心教育的人士发出创办河婆中学的倡议书，同年夏，张海鳌、黄兆熊、张仰明等旅外学子返乡，为创建学校而奔走，接着由当地乡绅发起，成立"河婆中学筹备委员会"，并派人赴南洋募捐建校经费，同时由乡贤倡议乡人捐款。1927年，"河婆中学建筑委员会"成立，负责督办兴建校舍，选定象山为校址，历经两年多，落成教学楼和宿舍楼各一座。1930年春，河婆中学开始招生，招收初中一年级两个班及附小高年级两个班，共有学生98人。学校聘请的老师很多都是从中山大学前身——广东高等师范学校毕业的，师资力量比较雄厚，课程设置也比较完备，包括代数、英语等课程。从此，张宏达开始接受正规的初中教育。

可惜的是，河婆中学仅办了一年，便遭遇劫难。1930年冬，为解决经费问题，校董会决定将河婆旧文庙改建为市场，以增加收入。这引起了新旧文化的矛盾，部分对新式教育制度不满的封建势力，便借机以保护文庙为名，在1931年春节期间，雇佣地痞流氓冲入河婆中学大肆洗劫，校舍受损严重，此后，河婆中学教育中断，直到1935年才恢复。

1931年春天，本来应该是新学期开学的时候，张宏达再次面临无书可读的局面，但这时的张宏达，已经认定读书为他的唯一出路，经他再三争取，家人决定送他去汕头读书。1931年2月，张宏达第一次坐船离开家乡，入读汕头大中中学初中二年级下学期。

汕头大中中学是由上海潮汕商会于1926年出资创办的私立学校，首任校长郭应清曾留学英国，是政治经济学硕士。学校原名高级中学，只设高中部，后来因郭应清准备创办大学部并增设了初中部，故把校名改为"大中"，即大学和中学之概称。张宏达入校时，学校环境优美，校舍建筑十分壮观，体育运动场所宽敞完善，还有藏书丰富的图书馆。郭应清不惜重金从各地聘请思想进步的名师，并亲自讲授英文课，提倡学术自由，在教学上严格要求，对学习成绩优秀、体育运动成绩突出或经济困难的学生减免学费。大中中学是当时汕头比较好的学校之一，该校毕业生中不乏后来在各方面成就突出者，传奇外交官柯华就是张宏达同届的校友。

汕头读书的生活，现在还能给张宏达留下的回忆不多。他记得学校的校长是英国回来的华侨，家境豪富，每个周六都要给全体学生举行周报，发表演讲，可讲些什么他已经不记得了。因学校由上海潮汕商会主办，因此聘请了许多高水平师资，很多是复旦大学的毕业生，有一位姓陈的英文老师后来到了中山大学的文学院，再见面的时候大家已经是同事，但张宏达还是以老师相称。在那所学校，张宏达的朋友并不多，主要是同河婆出来读书的老乡在一起，因为汕头人讲潮州话，和讲客家话的合不来。那时的汕头，是一个非常开放的城市，街上很多店铺的招牌都有英文，走在路上就可以学英文。他还在这里学会了打篮球，从此就爱上了这项运动，而且打得特别好。张宏达自称是"天生的运动员"，确实如此，在高中、大学，直到工作后，他一直没有放弃这项运动。

1931 年 9 月，张宏达刚升入初三上学期，九一八事变爆发，全国各地的抗日救国运动开展得轰轰烈烈，汕头的学生们都投入到抗日救国的宣传工作中，张宏达也积极参与这些工作[①]。潮汕各界纷纷组建抗日组织，与日本经济断交。由于汕头是粤东重镇，日本需要利用这个通商口岸实施经济掠夺，因此常派军舰在汕头附近海域游弋示威，日本兵也经常上岸闹事。在这种情形下，张宏达的父亲担忧他的人身安全，不让他再留在汕头，逼他回家，1932 年的春天，张宏达再度辍学，没有读完初中。

回到家乡的张宏达，暂时在逢源小学教书，但他一直没有放弃读书的心愿。而这时外出读书对他来说已经太困难了，一方面，去汕头已经不

---

① 张宏达干部档案正本一，我的自传，1964 年 3 月 24 日。存于中山大学档案馆。

可能；另一方面，兄嫂们因为经济原因反对他读书，嫂子们甚至常常当面对他说：因为他读书，家里猪油都少吃些[①]。在汕头读书，一年的花费约为 300 大洋，对他的家庭来说，也是不小的负担。晚年的张宏达这样回忆："念书要花很多钱，谁愿意供啊，那时谷子很便宜，四五块钱一百斤，念书要好几石谷子才能应付每个月的生活费，省吃俭用一年都要用三百块钱，三百块钱是七八十石谷子了，所以嫂子们会说：'你还念书啊，家里饭都吃不上了。'"[②] 正是这个原因，张宏达说："我们念书都是要经过一番斗争才能出来的。"[③]

张家虽然是殷富之家，但父亲张少甫并不是很支持子弟出去读书。他是一个有浓厚封建意识的人，倡导的是传统教育，希望子弟能够懂得修身齐家的道理，并不赞成新式教育。做生意的人非常怕官，他常说"一世做官三世绝"，因此尤其反对张宏达学文、法科，只同意他学医，认为学医将来可以不求人[④]。家里只有四哥张访岑常鼓励他升学，并经常说希望他能考入清华大学，将来可以去美国留学[⑤]。正因为有了四哥的支持和张宏达执著的争取，最后家里还是同意，让他到广州念书。

告 别 家 乡

那时的河婆，没有陆路交通，去广州，要先到汕头，由海路到香港，从香港转乘火车到广州。因此那时的河婆人，觉得广州是另一个世界，到广州念书是一件大事。当时和张宏达一起离开家乡去广州求学的，还有几位同乡。就在这个年代，靠读书走出偏僻的家乡开始成为河婆青年的风

---

① 张宏达干部档案正本一，清算我的反动思想和资产阶级腐朽思想，1951 年 6 月 27 日。存于中山大学档案馆。
② 张宏达访谈，2010 年 10 月 29 日，广州。资料存于采集工程数据库。
③ 张宏达访谈，2011 年 6 月 2 日，广州。存地同上。
④ 同①。
⑤ 同上。

尚。据统计，20世纪20至30年代，河婆半山客青年赴广州、上海读大学的有137人，赴日本留学的有11人，赴欧洲留学的有5人。新中国成立后，河婆人任过高等院校校长、院长的有20位之多，还涌现了一大批著名学者[1]。

1932年夏天，经由水路，张宏达再一次离家远游。横江溪畔高高地矗立着一座河婆古塔，是清代嘉庆年间为镇水患而建的，这座塔是河婆镇的地标，每一位离乡求学的游子，在船已驶远时，回眸家乡，最后能看到的就是这座古塔，张宏达也不例外。不同的是，这时在他心里，比起对家乡的依恋，更多的是对未来求学生涯的向往。这时的他，可能没有想到，这次离家之后，他再回故乡的机会是如此之少，新中国成立前，忙于学业，忙于生计；新中国成立后，则由于特殊的政治环境，需要和地主家庭划清界限；再后来，母亲去世了，家里的亲人越来越少，他再也没回过家乡。弟弟会经常写信来，告诉他家乡发生的每件事情——去给父母扫墓了，今年的稻谷丰收了，家乡又做娘妈生了[2]，以慰他的乡情。

多年之后，张宏达在一篇怀念母亲的文中写道："以后，我离开家乡到外地上学，妈妈还天天惦念着我，在抗日战争期间，我流离于大西南各地，使妈妈更悬念不已，晚上总是坐在门口，盼望我能回来。妈妈在20世纪50年代离开了我们。工作之余，我不时会回忆在童年时妈妈的教诲和期望……"文章中，他对母亲的怀念也凝结了对家乡深沉的眷恋之情[3]。

---

① 刘天干：揭西半山客文化现象初探。《汕头日报》，2005年7月18日。
② 河婆张氏族人祭祀天后圣母的节日，在每年的农历二十三日举行。
③ 张宏达：回忆妈妈的教诲（未刊稿）。资料存于采集工程数据库。

第二章
负笈他乡

高 中 时 代

1932 年 7 月，张宏达和几位同乡，经汕头、香港，一路辗转来到省城广州。初到省城，就开始忙于报考高中。起初，张宏达的目标是名校中山大学附中（创建于 1924 年，即现在的华南名校广东省实验中学和华南师范大学附属中学前身），但因初中只是断断续续读下来的，初三还差半年没有读完，基础差一些，没有被录取，最终考入广州市私立知用中学。

知用中学 [①]

广州市私立知用中学是由民间学术团体知用学社创办的。1922 年，国

---

① 知用中学校史主要参考：张瑞权：知用学社和知用中学。《广东文史资料》第 10 辑，广州：广东人民出版社，1963 年，第 130-138 页。

立广东高等师范学校毕业班学生余心一、李钰、熊润桐等 12 人，以"先归纳以求知，复演绎以致用，求知致用双方并重"为宗旨，发起组织知用学社，强调为学术而学术，没有政治和党派色彩。成立之初，社员以广东高等师范学校毕业生为主，后来陆续有北京大学、中山大学、北京师范大学和从美国、日本、法国学成回国的留学生加入，社友专业包括历史、文学、心理学、哲学、物理学、动物学、农学等各门学科，其中有很多人在各自的学术领域卓有建树，诸如数学家胡金昌、土壤学家谢申、语言学家吴三立、哲学家王衍孔、动物学家任国荣等，都是知用学社的社友。

1924 年暑假，为普及教育，弘扬科学，知用社友们集资创办学校，开始是向广东大学校长邹鲁商借 3 个课室（文明路中大校址）开办夏令馆（班），有学生 100 余人，以所得余款拨充知用中学开办费，租得纸行街 90 号房屋为校舍。知用中学是广东省第一家试行壬戌学制，即六三三制的中学。此前中学旧制是修业 4 年，1922 年各省教育代表在广州开会，由李应林[①] 提议采用六三三学制，即中学共 6 年，初中、高中各 3 年，在广州试办。知用中学开办时仅招收初中两班，学生 80 人，由社友（知用社友即当然校董，董事长金曾澄）公推唐富言为校长，第二年由张瑞权接任，并连任至 1956 年。

张瑞权主政知用后，强调聘请教职员不拘信仰、地域、性别、出身，只求团结合作，致力教育事业，消除门户畛域之见。还兼办平民夜校，由教职员及学生担任义务教师，对普及教育起了一定的作用。对一些贫苦的学生免收学费，学期考试成绩名列第一而操行乙等以上的学生也免学费，第 2 名免学费一半，第 3 名免学费三分之一。因在教育方面做出了卓越功绩，新中国成立后，张瑞权曾出任广州市副市长。

由于师资雄厚，办学成绩显著，知用中学声誉日隆。1930 年筹款扩校，由一些富人乐捐部分建校基金，并由学校出面借款，集资数万元，购买百灵路校址重新兴建校舍。1931 年先建平房 25 间，继而陆续建成课室、礼堂、图书馆、科学馆等洋楼（包括求知堂及致用堂等）。张宏达就读该校期间，正是该校扩建的时候。

---

① 李应林（1892-1954），广东南海人。著名教育家，岭南大学第二任华人校长。

张宏达在知用

张宏达入读知用中学时，知用中学初、高中已有 25 个班，男、女学生 1380 名。新校舍已经建好一部分，课室楼、科学馆、图书馆已经建成，学校设备比较完备，图书仪器非常充实，尤其是科学馆，设有化学实验室、物理实验室及生物实验室，生物实验室里有德国制造的显微镜，还陈列着各种动、植物标本和昆虫标本，为当时广州市中学所仅有，私立中学能有这样的科研设施是相当了不起的。

晚年的张宏达说，进知用中学不用参加入学考试，私立学校，敞开大门，拿学费就可以进，方便得很[1]。而知用中学老校长张瑞权在《知用学社和知用中学》[2]中记述，知用中学"招收学生较为严格，当时投考知

图 2-1　1984 年知用中学 60 周年校庆，张宏达（左起第三）返校与同学合影（资料源于《踏遍青山人未老——张宏达影集》，以下简称《张宏达影集》）

---

① 　张宏达访谈，2011 年 6 月 2 日，广州。资料存于采集工程数据库。

② 　张瑞权：知用学社和知用中学。《广东文史资料》第 10 辑，广州：广东人民出版社，1963 年，第 130-138 页。

用中学的学生很多，故能在众多学生中挑选较好的学生，所以学生毕业后参加升学考试，多能入选。因此考不上公立中学的青年学子，纷纷投考知中"。可见知用中学入学还是需要考试的，可能是相比报考中大附中受挫，很顺利地进入知用中学，这一点给张宏达留下了很深刻的印象。他又说："知用中学容易进，难读，很严格。很多学校，难进但容易读，而这所学校来了人就收，但要求严格，跟不上也只好退学了。"[①] 他认为，在知用的三年，对他帮助特别大，因为初中基础不好，来到知用，苦学三年，打好基础，成绩提高了，才能考进中山大学。

知用中学的教师非常优秀，大部分毕业于广东高等师范学校，很多教师同时是知用学社的社员，于发展教育和科学救国志同道合，因此对教学工作非常热情负责。当时的数学教师胡金昌、张兆骊，国文教师禤参化、吴三立都是广州名师，让张宏达至今还记忆犹新的就是他们的数学教师张兆骊，要求非常严格，用他的话来说："很啰唆"[②]（指对学生要求非常严格）。张兆骊是当时广州颇负盛名的数学家，有"广州数学四大天王"之誉，曾主编《中等数学》等教材，是广东高等师范学校的毕业生，毕业后原在广东大学（中山大学前身）任教，但他认为中学教育对培养科学人才非常重要，因此积极参与创办知用中学，并亲自到校任教。他在教学中，非常重视打好数理化基础，并利用各种渠道向学生传播科学救国的思想，鼓励学生多掌握科学技术。20世纪40年代，张兆骊曾任广东教育厅的科长。学校的外语教师也很优秀，张宏达说，他就是靠一个数理化，一个外语，就进中大了[③]。

除文化课之外，在1931年九一八事变后，学校开设了军训课程，当时的军训颇为严格，内容近于实战，张宏达在高中时整整接受了两年军事训练。当时日本不断加紧对中国的侵略活动，国内形势非常紧张，同时爱国热情也空前高涨，当时的知用中学和中山大学联系非常紧密，知用中学里的活跃分子与中山大学的进步青年经常联合组织抗日救亡演讲活动。张

---

① 张宏达访谈，2010年10月29日，广州。资料存于采集工程数据库。
② 同上。
③ 同上。

宏达也经常参与这些活动。

　　上课之余，张宏达依然喜欢打篮球，但这时的张宏达，还是把更多的精力放在学习上。到了假日别的同学会逛逛繁华的广州市，而张宏达说："我进了学校里面，什么都不管了，所以跟外界接触很少。"到省城读书的机会来之不易，他必须格外珍惜，他说："我不认真就没书念了，家里不让念，念书念得好了，他没办法，还是让你念。"① 私立学校为维持学校的运作，学费比公立学校要高，当时知用中学的学费是一学期35块钱。张宏达只交了第一学期的，期末就考进前三名，第二学期只需交纳一半学费，以后每学期考试都是第一名，高中后两年都免交学费。他说："这样家里就没办法不让我念，因为不用交费了嘛！在广州一般学生不是那么勤奋的，我是拼老命，因为不拼上去就没书念了，所以只有一条路。"②

　　除去学费，在广州，一年食宿、杂费依然需要300块钱，广州通用的货币是银毫，较之汕头一年300个大洋便宜一些③。1934年3月，张宏达读到高中二年级的时候，父亲去世了，兄长们逼迫张宏达停学，经过四哥的斡旋和力争，他才得以继续求学。但是，他心中始终担心会失去这个得来不易的机会，他说："我是因为已经出来了，就算走运。到我弟弟就不行了，没钱，不让他念书。他自己跑到揭阳县去，之后家里还是不让他念，把他找回去。"④ 胞弟张汉杰后来在写给他的家书中曾经回忆过这件事："我读书时，他（四哥）曾为我出谋，要先补习英语再去梅县插班，后因其他原因而未果，以后主张去揭阳一中，因弟身体衰弱不适应水土，大病一场而辍学。"可见，当时胞弟没有继续求学，并非全然因为家里反对，而之所以会给张宏达留下这样的印象，可能就是因为当时争取读书的艰难，以及看着弟弟不能继续求学的伤痛记忆留下的心结。

---

① 张宏达访谈，2010年10月29日，广州。资料存于采集工程数据库。
② 同上。
③ 张宏达访谈，2011年6月2日，广州。存地同①。
④ 同①。

报考大学

1935 年，张宏达面临报考大学，首要考虑的问题是如何选择专业。当我们在采访中问到他为什么选择生物学专业时，他回答说："关键是兴趣，物理我觉得困难。生物比较活动。因为老家是农村嘛，对生物比较熟悉，就考上了。"[1] 但是，在选择专业时，除了他本身的兴趣，还有其他的机缘。

张宏达读高中二年级时，著名的动物学家任国荣，也是知用学社的社友，专门为他所在的班开设"进化论"课程，每周两小时。使他对生物学的兴趣愈加浓厚，任国荣的学者风度也很让他钦羡。接触到"进化论"之后，他开始有意识地吸收生物学的知识。后来，他看到商务印书馆出版、著名植物学家董爽秋翻译的《植物地理学》，就买了下来，虽然不能完全读懂，但还是坚持啃了下来，从此开始了植物学的启蒙。到了报考大学的时候，他已经有了报读生物学专业的愿望。

后来，张宏达还去征求同乡张梦石的意见，张梦石家乡在河婆后埔的下滩村，是他的同族，按族中辈分是他的子侄，但年纪长他 7 岁。张梦石 1933 年毕业于国立中山大学医学院，这时已经是国立中山大学的副教授，后来又去德国留学，取得了博士学位，成为著名的儿科专家，新中国成立后，曾任广州儿童医院院长，广州医学院院长。当张宏达问起张梦石学生物的前途如何时，张梦石认为生物学非常有发展前景，而且中山大学生物学系的老师都是从欧洲留学回来的，又以任国荣为例，证明学生物学确实有前途[2]。这更坚定了张宏达的决心。专业的选择是一位科学家职业生涯的开端，也决定了他一生的走向，有些人的选择不是自觉的，而张宏达则不同，不管是自身的兴趣，还是外界的机缘，似乎都决定了张宏达与植物学的结缘是必然的。

对于很多人来说，高中时代是快乐的，而张宏达的快乐，可以用成就

---

① 张宏达访谈，2010 年 10 月 29 日，广州。资料存于采集工程数据库。
② 张宏达干部档案正本二，张宏达交代问题，1970 年 6 月 10 日。存于中山大学档案馆。

感来代替。他一直认为，知用中学 3 年的学习，给他打下的良好基础，让他受益终生。通过高中 3 年的勤奋学习，张宏达对考取中山大学非常有信心。他回忆，当时都是晚上 12 点以后才放榜，在文明路国立中山大学旧校址，全部考生围成里三层、外三层在那里等着看榜，他自信地对同学们说："你们去看，我不用看，我比较有把握。"[①] 果然，他顺利地考入了中山大学。

大 学 时 代

1935 年 8 月，张宏达通过考试，被录取到国立中山大学理学院生物学系。在文明路学校礼堂举行的开学典礼上，邹鲁校长为入学新生作报告，慷慨陈词，要把中大建成世界一流大学[②]。当时的中山大学，位于广州石牌的新校址已动工兴建，校园宏阔壮观，有"中山大学校，半座广州城"之誉，张宏达和他的同学是第一批进入石牌校园的中大学子。当时的中国，虽然是内忧外患，却正逢中国现代学术研究的黄金十年（1927—1937），教育事业得到一定发展。张宏达在中大石牌校园开始了他的大学生活，也开始了对植物学一生的孜孜追求。

当时中国植物学的研究状况

中国近代植物学是自西方引入的。西方的植物学自文艺复兴时期开始恢复，而且发展迅速。17 世纪，由于显微镜的发明和实验科学兴起，植物学更取得长足的进步，1753 年林奈（C. Linnaeus）发表了至今仍为经典的《植物种志》，1897 年恩格勒（A. Engler）和柏兰特（R. Prantl）在《植物自然分科志》一书中提出了植物分类学史上第一个比较完整的分类系统，

---

① 张宏达访谈，2010 年 10 月 29 日，广州。资料存于采集工程数据库。
② 张宏达为金钦俊著《山高水长：中山大学八十周年诗记事》所做批注。

植物形态学、植物生理学和古植物学等分支学科也逐步建立起来。而这时中国的植物学还处于古典植物学（本草）的研究阶段。

清咸丰八年（1858），李善兰和英国人威廉森（A. Willianmson）等合作编译的《植物学》，是第一部将西方植物学研究成果介绍到中国来的著作。从那时起，直到 20 世纪 20 年代，中国植物学研究主要的成果就是翻译和介绍国外植物学文献，传播植物学知识，这一时期虽然有一些中国植物学家已经取得一些研究成果，但主要是在国外的研究机构，利用国外的标本和设备进行研究，研究成果也发表在国外的刊物上。

20 世纪 20 年代，中国一批植物学家在海外学成陆续归来，在国内成长起来的植物学家也开始进行本土植物的研究调查工作，钱崇澍、胡先骕、陈焕镛、陈嵘、秦仁昌等就是其中的代表，中国本土的植物学研究开始有了长足的发展。植物学研究机构相继建立，1922 年中国科学社成立生物研究所，胡先骕任植物部主任；1928 年静生生物调查所成立，胡先骕任植物部主任；1934 年中央研究院自然历史博物馆改为动植物研究所，裴鉴任植物部主任；1929 年陈焕镛在中山大学建立植物研究所。上述研究机构都侧重于植物分类学的研究。大学中的植物学课程由外聘教师逐渐改为国人充任，植物形态学、植物细胞学、植物生理学、植物生态学和地植物学、古植物学、植物化学等分支学科的研究和课程教学也开展起来。1933 年由胡先骕、辛树帜、钱崇澍、陈焕镛等 19 人发起，成立中国植物学会，同时创办中文《中国植物学杂志》季刊。

20 世纪 20 年代末至 1937 年抗日战争爆发前的十年，也即张宏达求学阶段，是新中国成立前中国植物学最兴旺的时期，"此时期，专研植物分类学之研究所有四，此外尚有大学之植物标本室，遂使斯学之进步，有一日千里之势，分类学家已有多人，皆能独立研究，不徒赖国外专家之臂助。关于中国蕨类植物之研究，且驾多数欧美学者而上之。即在具普遍性之形态学、生理学、细胞学诸学科，亦有卓越之贡献，此种长足之进步，殆非 20 年前所能梦见者也。"（胡先骕：《中国植物学杂志发刊辞》，1934）[①]

---

① 转引自中国植物学会：《中国植物学史》。北京：科学出版社，1994 年，第 134 页。

国立中山大学生物学系

1924 年，中山大学前身国立广东大学成立，生物学系由原国立广东高等师范学校博物部组成，费鸿年[①] 被聘为首任系主任。1926 年 8 月，国立广东大学易名为国立中山大学，生物学系隶属理学院。自 1924 年起，至 1935 年张宏达入学时，先后在中山大学生物学系任教的著名植物学家和动物学家有费鸿年、陈焕镛、董爽秋、辛树帜[②] 、张作人[③] 、罗宗洛[④] 、蒋英、任国荣等人，皆为一时俊彦。在此期间，辛树帜、任国荣、罗季庄、石声汉、董爽秋等人，多次组织标本采集队和考察队去往广西大瑶山、大明山，广东曲江和海南、湖南、贵州等地采集动、植物标本，为中山大学生物学系建立起比较完整的植物标本室和动物标本室。1929 年，生物学系创办《国立中山大学生物学系丛刊》，作为师生发表研究心得的刊物。生物学系为鼓励学术研究，成立生物学会，师生均可参与，并出版会刊《生物世界》。

据 1933 年 12 月统计，在开展研究工作所必需的仪器方面，生物学系拥有双筒高倍显微镜 4 台，单筒显微镜 2 台，学生用显微镜 23 台，切片机 4 具，溶蜡炉 2 个，还有杀菌机、定湿炉、干燥机、标本摄影机、显微镜摄影机、幻灯机、远心分离机及显微镜下动植物解剖研究工具等，特别是植物生理学研究方面的设备比较齐备。在图书方面，拥有动、植物学参考书籍 1500 余册，零散文献 3000 余篇，期刊约 130 册，其中 12 种为全套

---

① 费鸿年（1900-1993），浙江海宁人。著名生物学教育家、水产科学家。1916 年毕业于江苏农业学校，后赴日本东京帝国大学动物学部留学，1924 年 7 月尚未毕业，便被聘为国立广东大学生物学系主任。曾五进五出中山大学生物学系。

② 辛树帜（1894-1977），湖南临澧人。著名生物学家、农业教育家、农史学家。1929 年 5 月受聘国立中山大学生物学系主任，1932 年离开中山大学。在中山大学生物学系任职期间，组织三入大瑶山采集生物标本，为中山大学建立起比较完整的动物标本室和植物标本室。

③ 张作人（1900-1991），江苏泰兴人。著名动物学家，中国原生动物细胞学、实验原生动物学的开拓者。1932 年至 1949 年间，在国立中山大学生物学系任教。

④ 罗宗洛（1898-1978），浙江黄岩人。植物生理学家，中国现代植物生理学奠基人之一。1930 年至 1932 年间，在国立中山大学生物学系任教，在中山大学成立了全国第一个植物生理学实验室。

保存，直接订购或以本系刊物交换所得刊物不下200余种。标本方面，已拥有包括脊椎动物、无脊椎动物标本约6万件，高等及下等植物标本共20余万件，微物片百余盒[①]。

1933年4月，孙中山总理纪念周上，生物学系代主任费鸿年作专门报告，指出：当时国内最为完备的生物学系有5个，分别为清华大学生物学系、燕京大学生物学系、中央大学生物学系、厦门大学生物学系和中山大学生物学系[②]。

恩师董爽秋

董爽秋（1896—1980），原名董桂阳，安徽贵池人。早年考入北京大学预科，1920年考取公费留学生，赴法国里昂大学留学，1922年转赴德国柏林大学学习，受业于植物学泰斗迪尔斯（L. Diels）门下，学习植物分类学，于1927年获得柏林大学植物学博士学位，是第一位在德国获得植物学博士学位的中国留学生。留学德国期间，常与朱德等人一起学习马克思著作，秘密从事革命活动，并加入共产主义青年团，1927年，以柏林中国留学生代表资格，出席在比利时首都布鲁塞尔举行的世界反帝大同盟国际代表大会。1928年，董爽秋回到祖国，到安徽大学生物学系任教授。1929年12月，受聘到国立中山大学生物学系任教。

图2-2　董爽秋（资料源于中山大学张宏达藏书室，以下简称"张宏达藏书室"）

董爽秋的研究领域涉及植物分类学、植物地理学、植物形态学和植物

---

① 冯双：《中山大学生命科学学院（生物学系）编年史1924-2007》。广州：中山大学出版社，2007年6月，第64页。

② 同上，第59页。

生态学。在中山大学任教期间，编著了大量教材和专著。他与武汉大学教授张珽合著的《植物生态学》，是中国第一部植物生态学教材。董爽秋精通英、法、德语，在介绍国外植物学研究成果方面，做了大量卓越的工作，他将其导师迪尔斯所著《植物地理学》译成中文，由国立编译馆出版，该书即张宏达在植物学方面的启蒙读物，从高中时代起，虽然历经战乱沧桑，这部书一直被张宏达保存下来，作为进入生物学领域的纪念。董爽秋翻译的迪尔斯著作还有《中国中部植物》，这是有关中国中部较全面的植物区系及地理学的报道，是一部研究中国植物区系的重要文献。他还翻译了《记载植物学与植物系统学研究方法》，作为研究植物学的方法论介绍给国人。

张宏达就读生物学系期间，董爽秋为他们讲授植物学最重要的几门基础课，包括植物形态学的授课和实习、植物分类学、本地植物、低等植物学等课程。董爽秋的植物分类学讲义是从恩格勒的《植物自然分科志》编译过来，具有完整的分类系统；植物形态学则把哈巴兰特（Haberlandt）的《植物生理解剖学》译成中文，用作教材，使当时中山大学植物学教学渐能与柏林大学比肩。

董爽秋是张宏达毕业论文的指导教师，董爽秋在分类学上的重要研究成果是金缕梅科，他首先将"进化论"思想应用于金缕梅科的分类研究，他对金缕梅科花部性状深化及地理分布的研究，对以后人们建立该科系统发育的分类系统有着重要的启迪作用。

张宏达继承并发扬了董爽秋在金缕梅科方面的研究，发表了一系列论文，在这一领域做出了成绩。

1996年，董爽秋诞辰100周年之际，张宏达写了纪念文章《怀念董爽秋老师》（见附录五——张宏达未刊稿选编），在文中，他深情地说："从1935年到1942年，从广州到云南又回到抗战时广东临时军政中心的粤北，我一直是在董老师的教导下从事学习和工作。董老师离开了我们已有15个年头，而董老师的一言一行萦回在我的脑子里。"

董爽秋曾任中山大学生物学系主任、中山大学教务长，1942年受聘至贵州大学任教，后历任西北大学、同济大学、兰州大学、湖南大学教职，

1953年院系调整后，到刚成立的湖南师范学院任生物学系主任，为该校建立起生物学科。

恩师任国荣

　　任国荣（1907—1987），广东惠阳人。1926年国立广东大学生物学系毕业，是广东大学第一届毕业生，1927年9月被聘为生物学系助教。任国荣从事鸟类研究。1928年，辛树帜、任国荣、黄季庄等人组成标本采集队，前往广西大瑶山，采集了大量鸟类标本，任国荣据此进行研究，出版《中国鸟类丛书第二集：广西鸟类之研究》、《中国鸟类丛书第三集：广西瑶山鸟类之研究续集》，1930年被翻译为德文出版，这是"德人翻译国人近著科学论文之第一次"[①]。1929年11月，中山大学公

图2-3　任国荣（资料源于中山大学档案馆）

派任国荣出国研究鸟类，先后在巴黎和伦敦的自然历史博物馆进行研究工作，撰写论文20篇，记录新种30多个，在法国期间，曾获得法国动物学会银质奖章。1933年9月回到中山大学，被聘为教授。

　　任国荣先后担任国立中山大学博物系主任、生物学系主任、理学院院长。1942年到重庆，入国民党组织的中训团受训，回中山大学后担任国民党直属国立中山大学区党部书记、中山大学训导长等职务。1946年，离开中大，赴南京国民政府任职。1949年10月，迁居香港。

　　任国荣主要从事鸟类学研究，虽然专业不同，但任国荣对张宏达在学术上的发展有深远的影响。首先，选择生物学这个专业就是受到任国荣的影响，在张宏达的人事档案中，我们找到这样的文字："我记得在知用中

---

　　① 冯双：《中山大学生命科学学院（生物学系）编年史1924-2007》。广州：中山大学出版社，2007年6月，第44页。

学时他（任国荣）教我们进化论，那种风度是令人钦佩的，到我报考大学时一心想考生物系。"① 而后，在张宏达的求学过程中，任国荣对他的学习给予很多教导，在大学里，任国荣教授张宏达生物学的专业英文、脊椎动物学、鸟类学等课程，他常鼓励张宏达读外文、做翻译，即使在新中国成立初期那种紧张的政治形势下，张宏达也承认："他在当教授时的治学精神，的确打动了我，他在生物学上的成就，也使我起了盲目的崇拜。"②

任国荣非常重视野外考察，张宏达回忆说："其他老师到星期天了，就不跟我们在一起了，任国荣呢，星期天就带了我们，买了面包，上白云山。差不多每个星期都跑野外，还有就是中大的校庆，是 11 月，那时会放假，用这 3 天去搞学术旅行。"③ 那是在广州石牌读书的时候，任国荣经常会在周末约一些老师和同学去郊外及白云山一带旅行、打猎，有时是大家凑一点钱吃面包，任国荣买罐头，有时任国荣出钱请大家吃饭。在这些短途旅行过程中，任国荣向大家介绍西方大学的学术活动和学术生活，对张宏达很有吸引力④。这种短途旅行对张宏达的专业学习有很多帮助，认识了自然环境，打开了眼界，书本上学到的东西很快就有机会到野外去验证，提高了学习的兴趣，也让他认识到野外考察对于生物学研究的重要性。

任国荣个性非常豪爽，总能和学生打成一片，张宏达还记得，任国荣曾出钱请他们全班 11 位同学看电影。在众多学生中，任国荣对张宏达是比较偏爱的。张宏达喜欢打篮球，有些教授不喜欢，觉得他不务正业，但任国荣不这样认为，"我打球比赛，请吃饭，打赢了，再请一次。"⑤ 1936年 5 月，张宏达代表国立中山大学的篮球队和田径队参加广东省运动会，任国荣特意在石牌的一家餐厅请他吃饭⑥。

张宏达毕业后，任国荣介绍他留校，以后两人长期共事，任国荣继续在专业和教学工作上给予他支持和帮助。1947 年，张宏达和任国荣的妹妹

---

① 张宏达干部档案正本一，反动党团登记材料，1951。存于中山大学档案馆。
② 同上。
③ 张宏达访谈，2010 年 10 月 29 日，广州。资料存于采集工程数据库。
④ 张宏达干部档案正本二，张宏达交代问题，1970 年 6 月 10 日。存于中山大学档案馆。
⑤ 同③。
⑥ 同④。

任善勬相恋并结合，此后和任国荣有了姻亲的关系。但因此时任国荣已转向政界发展，而张宏达还是一心钻研学术，志趣不投，关系反而有所疏远。

广州解放前夕，任国荣移居香港，与钱穆、唐君毅等

图2-4　1979年，改革开放后张宏达（左）访问香港时探访任国荣（资料源于张宏达家庭影集）

来自大陆的学者创立亚洲文商学院（即亚洲文商专科夜校），1950年3月改组并易名为新亚书院。1960年，任国荣出任新亚书院生物学系主任，后又出任新亚书院董事会董事，为新亚书院的发展作出了历史性的贡献。1963年，新亚书院与崇基书院、联合书院组成香港中文大学。在新亚书院生物学系，任国荣还保持着在中大任教时的作风，言传身教，勉励学生在教育、研究、学术方面发展。"任教授每年都分批邀请学生回家，豪饮高粱白酒，畅论学术人生。"[①] 1985年，任国荣移居加拿大，1987年病逝。

新中国成立后，已去香港的任国荣因曾担任国民党青年部的处长和立法委员，被戴上"文化特务"的帽子，留在大陆的张宏达不得不在历次运动中一次又一次地交代他和任国荣的关系。1959到1961年三年自然灾害时期，张宏达的经济生活非常困难，任国荣几次写信给张宏达问他是否需要粮油物资，在那样的政治环境中，张宏达没有回复他。两人直到改革开放后，张宏达到香港学术考察时才再度见面。

由于任国荣在新中国成立前就离开大陆，目前，国内关于这位著名鸟类学家的史料和报道极少。

---

① 冯双：《中山大学生命科学学院（生物学系）编年史 1924-2007》。广州：中山大学出版社，2007年6月，第109页。

校园生活（石牌时期——1935—1938）

考上理想的学府，学习热爱的专业，再加上有名师指点，大学里的张宏达对学业充满了热情。张宏达入学的时候，生物学系没有把植物学和动物学专业分开，不论是动物学还是植物学课程，都是生物学系学生必修的科目。第一学期他上的专业课是董爽秋开设的植物形态学，张作人开设的无脊椎动物学，后来的专业课程有植物分类学、普通生物学、脊椎动物学、植物细胞组织学、动物比较解剖学、本地植物、生物化学、遗传学、植物生理学等。此外，必修课还有化学、英文、第二外语（德文和法文，任选一种），在校期间，张宏达选修的是德文，因为当时德国的生物学研究很发达，毕业后又自修了法文。

选修课方面，一年级时生物学系开设了普通数学、普通物理和普通地质。张宏达选修了地质学，这门课是由著名地质学家何杰[1]开设的，除课堂授课之外，何杰还亲自带生物学系同学的普通地质实习。何杰当时任国立中山大学地质学系主任和两广地质调查所所长，在跟随何杰上实习课的过程中，张宏达认识了当时在两广地质调查所当技师，后来成为中国科学院院士的地质学家、大地构造学家陈国达[2]。他说那个时候经常跟着陈国达等人一起跑野外，到广东各地做地质调查[3]。接触地质学之后，他对这门学科产生了浓厚的兴趣。1936年，一年级的第二学期，他除继续选修何杰的普通地质学之外，还选择了地质学系另外两门课程，一门是著名地质学家、古生物学家孙云铸[4]开设的地史学，另一门是著名古生物学家、地

---

[1]　何杰（1888-1979），广东番禺人。中国著名地质学家、矿业学家。1932年至1937年间任国立中山大学地质学系主任兼两广地质调查所所长，主持了两广的地质、矿产调查工作。

[2]　陈国达（1912-2004），广东新会人。著名地质学家，地洼学派的创始人。1936年至1945年间任两广地质调查所和江西地质调查所技师、技正。1946年至1951年间任中山大学教授、地质学系主任。

[3]　张宏达访谈，2010年12月6日，广州。资料存于采集工程数据库。

[4]　孙云铸（1895-1979），江苏人。著名地质学家、古生物学家。1936年至抗战爆发前任国立中山大学地质学系教授。

层学家乐森璜[①]开设的古生物学。在 1936 年，张宏达跟随中山大学地质学系聘请的德国构造地质学家米士[②]（P. Misch）在英德、曲江（曲仁）煤田及浈水流域考察地层，在理论和实践两方面都对地质学、地史学、古生物学有了比较深入的了解。张宏达认为，他在学术上取得的成绩得益于三门学问，一是生物学的专业课，二是化学，包括无机化学、有机化学、生物化学，第三就是地质学。当时国内很多地质学的名家都在国立中山大学任教，通过跟随他们学习和考察，张宏达在地质学、地层学和古生物学方面积累了深厚的知识和丰富的经验，这对他以后提出"华夏植物区系学说"理论起了决定性的作用。

这时的张宏达在系里的学术活动中表现也非常活跃。1936 年 10 月，他当选理学院生物学会的候补干事，1938 年 3 月，当选为生物学会干事，

图 2-5　1936 年 12 月，中山大学生物学会联欢大会全体会员合影（二排左七为张宏达。资料源于《张宏达影集》）

---

① 乐森璜（1899—1989），贵州贵阳人。著名古生物学家、地层学家。1927 年至 1934 年间在两广地质调查所任技正，同时在国立中山大学兼任教学工作。1934 年赴德留学，1936 年回国后至抗战爆发，在国立中山大学任教。

② 米士（1909—1987），美籍德裔地质学家。1936 年因躲避纳粹排犹来到中国，任国立中山大学地质学系教授，主讲构造地质学，兼任两广地质调查所研究员。在华期间做了大量野外调查并发表很多著作，提出澄江运动和晋宁运动两个地质学概念。

负责文书部工作。这时的生物学会，全体生物学系的师生职员都可以参加，每年选举一次，选学会的主席、财务、出版、游艺等负责人，经常举行茶话会，还出版刊物《生物世界》月刊。该刊问世后，国内很多学校和图书馆都有购藏，读者遍及十几个省。张宏达的第一篇文章就是发表在1937年的《生物世界》第6—7期上，题目是《闲话鼻子》，译自英国出版的《自然》杂志，主要内容是介绍动物的鼻子。

功课之外，张宏达依然是学校里的篮球健将。1936年5月9日的《国立中山大学日报》报道，在前一日举行的理学院篮球比赛中，生物学系以39分比8分战胜地理学系，张宏达打中锋位置，一人独得23分，可见他在球队中的主力地位。这时，他还参加排球比赛和田径比赛，并代表中山大学参加广东省的运动会。

在石牌校园里，张宏达交到了很多好朋友，如黄维康、莫柱荪、李国藩、黎尚豪等。

黄维康是张宏达最密切的朋友，两人从知用中学起就是朋友，入读中大后，在生活、学习各方面都很接近，被其他同学视为"知用派"[①]。黄维康和张宏达一样热爱运动，同样擅长篮球、排球和田径，两人兴趣相投，性格也相近，用张宏达的话来说，他们是死党。黄维康老家在梅县，家里开设染布厂，还在广州开有一间布店，家境比较好。在同学里，黄维康最突出的特点是会讲比较流利的普通话，在一次普通话比赛中，他得过奖。毕业后，两人又成为中大的同事，同声同气，在面对一些势力纷争和倾轧时，能互相扶持。抗战期间，中大迁到粤北坪石时，张宏达主要在栗源堡工作，每星期天到坪石校区，都是住在黄维康家里，黄维康偶尔到栗源堡办事，也会去看望张宏达，两个人经常彻夜长谈。坪石失陷后，中大迁往梅县，张宏达还是住在梅县松口黄维康的家里，甚至复员后回到广州，也是住在黄维康家开设的商店里。1948年，黄维康辞去教职，回家打理自己家的工厂。1952年，院系调整前后，黄维康到华南农学院任教，后来成为华南农学院的教授，两人还是不时见面，友情维持了一生。

----

① 张宏达干部档案正本二，梁庆煌：关于张宏达的证明材料，1970年8月1日。存于中山大学档案馆。

莫柱荪是地质学系的同学，张宏达认为，在同学中对他影响和帮助最大的是莫柱荪[1]，这主要指学术方面。大学时他们同住一个宿舍。读书时莫柱荪思想上很进步，介绍张宏达读一些进步书籍，鼓励他接触新事物。莫柱荪长于科研和写作，也常鼓励张宏达写文章。毕业后莫柱荪先后到江西地质调查所和两广地质调查所任职，在两广地质调查所工作期间兼中大的教职，和张宏达保持着密切的联系，在学术上也多有合作。后来莫柱荪成为著名的地质学家，在进行和生物学相关的研究时，还常邀请张宏达执笔写文章。

　　李国藩和黄维康一样，是张宏达在知用中学时就认识的同学，但李国藩比张宏达晚一年进入中大生物学系读书。来到中大后，他和张宏达也保持着亲密的友谊。李国藩后来和张宏达一起参加广东学生集训，之后一起辗转数省奔赴云南复学，这期间更是结下了深厚的情谊。李国藩后来研究动物学，学业也非常优异，1940年毕业后，直接被聘任为生物学系讲师，这在当时是很少见的。可惜由于众所周知的原因，1981年才晋升教授。他与张宏达同学、共事，友情终生不渝。

　　黎尚豪是中国淡水藻类专家，后来成为中国科学院院士。张宏达说他在念大学时就有点专家学者的气质，对当时的学生运动也很关心，每次游行他都参加，在班里他常教大家唱歌。他也同张宏达一起参加学生集训，一起到云南复学，毕业后留在中山大学生物学系任教。1943年他离开中大去中央研究院动植物研究所工作，新中国成立后，在中国科学院武昌水生生物研究所工作。20世纪50年代，一次张宏达去北京开会，返回广州时路经武昌换车，只有六七小时的停留，他特地到水生生物研究所造访黎尚豪，黎尚豪做研究需要采集一些广东温泉里生长的藻类，也请张宏达帮忙。

　　张宏达在中大读书时，日本正预谋对中国全面侵略，民族危机日渐深重，中大的爱国学生和社会各界一起组织轰轰烈烈的抗日救国运动，张宏达和他的同学都积极投身其中，中大派进步学生到各地去发动游行。

---

[1]　张宏达干部档案正本一，反动党团登记材料，1950年。存于中山大学档案馆。

1936 年 1 月，张宏达回到汕头发动反日游行，1 月 13 日，游行发动起来的当天，广州发生了军阀陈济棠组织军警和暴徒镇压学生抗日游行队伍的荔湾惨案，当局还四出逮捕中大进步学生，在这种形势下，张宏达组织的反日游行失败了。同年，中山大学学生创办"乡村服务实验区"，通过大众教育来实施救亡工作，在石牌校园附近的 9 个村办农民夜校，义务辅导农民识字，结合当时形势，进行爱国主义教育和民主革命的思想教育，张宏达和同学黄焕照、谭儆吾等人参加了上元岗农民夜校的教学活动。

这个时期，品学兼优的张宏达，因为成绩优良，家境贫困，在中大获得免费生的资格，除免缴学费、杂费外，还有一点补助，减轻了他求学的经济压力。

野外考察

植物学的研究离不开野外考察。中国是世界上唯一拥有从热带—温带—寒带连续分布广阔地带的国家，植物资源丰富。由于中国近代植物学研究起步较晚，西方国家觊觎中国的植物资源，自《南京条约》签订后，即有外国人来中国调查植物资源、采集标本，很多外国植物学家据此发表论文、发现新属和新种，模式标本存于国外，这些文化侵略行为给中国自身的植物研究造成很多困难。当中国自己的植物学家成长起来之后，所做的第一项工作就是对本国的植物资源进行全面考察。国立中山大学生物学系的教师大多是从国外留学回来，也带回了野外考察的学科传统，建系之初，就开始在两广各地采集标本。其中，对本土生物学的发展影响最大的是 1928 年，辛树帜组织的考察队到广西大瑶山进行考察，这里是中国动植物的宝库，但由于此前汉人对瑶胞的传闻极其恐怖，这里成为外界不敢轻易触及的一个禁地。中山大学的考察队能进入这里，一个重要原因是"生物系助教黄季庄与瑶胞交了朋友，得以自由进出瑶山"[①]。首次考察

---

① 吴定宇：《中山大学校史 1924-2004》。广州：中山大学出版社，2006 年 6 月，第 96 页。

就采集了很多珍贵的动、植物标本，填补了世界动、植物标本的空白，引起了学术界高度重视。正如张宏达说："中大生物系就是靠调查瑶山起家的。"[1] 采集队成员，后来成为著名农学家和植物生理学家的石声汉，曾经在《国立中山大学广西瑶山采集队采集日程（作者小记）》中写道："为自树先声，明昭世界，吾国物产，已自行着手调查，无烦越俎代庖，藉杜侵略计；调查采集工作，向属刻不容缓。"[2] 体现了中国科学工作者对科学的激情和对国家的赤诚。

张宏达入学后，参加了多次较重大的野外考察工作。第一次是入学不久，1935 年 11 月，中山大学校庆前夕，生物学系全体同学 20 余人，由张作人、任国荣、冯言安和黄季庄等教师率领，赴广东北江瑶山考察。当时的系主任董爽秋认为，北江瑶山为中国南北植物的分布交界线，代表中国北方的植物南行至北江瑶山而止，代表中国南方热带的植物也止于北江瑶山以南，是研究植物地理分布的一个重要区域，因此高度重视这次考察。考察先是取铁路到曲江的桂头镇，然后步行 80 里进入北江瑶山，夜宿芳洞，考察了瑶山寨瀑布区的森林，观察了该区域鸟类活动，这次考察是张宏达第一次参加正式的野外考察。

1936 年 4 月初清明节前后，张宏达随一部分师生到罗浮山考察。罗浮山是中国道教十大名山之一，又有"岭南第一山"之誉。此次考察，先到水帘洞，再登罗浮山顶峰飞云顶，观察了罗浮山的森林和植物垂直分布情况，还参观了葛洪炼丹遗址。

1936 年 11 月校庆前夕，董爽秋、张作人、任国荣带领生物学系同学 20 余人赴南岳衡山采集，考察了广济寺、方广寺及祝融峰的森林植被，并进行标本采集。考察时，董爽秋得悉湖南军阀何键也在南岳休假，便致函请求拜访何键，何键对考察队致力于学术工作颇为赞许，派一辆汽车把生物学系师生送到长沙去参观，考察队因此得以考察了岳麓山的植物及动物分布。

---

① 张宏达访谈，2010 年 10 月 29 日，广州。资料存于采集工程数据库。

② 冯双：《中山大学生命科学学院（生物学系）编年史 1924-2007》。广州：中山大学出版社，2007 年 6 月，第 26 页。

1937年7月10日，黄季庄率领二年级张宏达等同学7人，组成大瑶山生物调查团前往广西大瑶山考察。这里便是辛树帜等人于1928年进行考察的地方，也是张宏达向往已久的地方。此次考察取道梧州，转南平、江口，步行入思旺，第一站进入罗香，第二站由罗香进入罗运，第三站由罗运进入古陈，登上瑶山最高峰圣堂顶，采集了蕨类标本200余号。

瑶山考察期间，卢沟桥事变爆发，中国开始了八年抗战。由于山区消息闭塞，调查团直到7月下旬由瑶山返南平的路上，才得知这个消息。张宏达这样回忆："我们到广西瑶山，出来的时候走到半路，碰到一个做生意的，告诉我们：'快点回去啊，打仗了。'（他）很高兴，我们也很高兴，不怕。那个时候我们不是怕日本，就是被日本人欺负得太厉害了，打起来，好！不管输赢，就是打。那个时候，群众的心理是要跟日本人干，不管输还是赢。所以虽然国民党不想打，群众还是很踊跃，说：打，跟他打。十九路军，上海第一次不是干起来了吗？"[1]

战火中的颠沛流离

中大迁校

张宏达一行从广西瑶山考察返回后，广州的形势已经非常紧张。从8月起，日军开始连续轰炸广州，1937年8—9月及1938年3—6月，中大石牌校区多次被日机轰炸。1937年9月开学后，日机轰炸使上课时断时续，为保障师生生命安全，全校休课3周。理学院于10月25日复课，复课后两个月，谣传日军即将进攻华南，教育部又命令国立中山大学筹备迁校，因此12月27日学校提前休课一个月，为迁校做准备，学生则返乡或留在市内，开展救亡工作。这期间，张宏达参加了"非常时期"应征服务国家行列。中山大学还组织了御侮救亡工作团、抗敌后援工作团等学生组织。

1938年10月21日，广州沦陷。在日军的枪炮声中，中山大学于10

---

[1]　张宏达访谈，2010年10月29日，广州。资料存于采集工程数据库。

月 19—21 日分批撤离广州。先撤往罗定，一个月之后，又拟迁往广西南部的龙州，但因龙州环境及给养不适宜设校，遂决定改迁云南澄江。学校此次搬迁，路途遥远，加上战乱，行程十分艰苦。学校师生大部分经过广西镇南关到达越南河内，乘滇越铁路列车到达昆明，然后再转澄江。一部分则从广西柳州到贵阳再转昆明，之后再到澄江。另有一部分师生则从百色、香港方向到昆明再转澄江[①]。

为方便师生前往云南澄江新校址，学校编印了《赴滇指南》，分别在香港、龙州、同登、河内、昆明等地设立办事处，办理师生赴滇手续及给予旅途方便。1939 年 2—4 月，生物学系师生陆续抵达澄江，学校于 3 月 1 日开学。理学院设于县城东面离城 3 公里的东龙潭、大仁庄、东山村、跨马村。

返校之路

中大迁校时，张宏达正参加学生军训队。1938 年"双十节"，日寇进犯华南前夕，广东召集全省高中以上学校学生，成立大中学生集训队（军训队），集训队名誉总队长为广东绥靖主任余汉谋上将和广东省政府主席吴铁城，总队长为广东省保安处处长邹洪中将，全省共有 10000 多名学生参加，张宏达被编入第一区团第二中队。入营后第三天，即 10 月 12 日，日寇在惠州大亚湾登陆，广东省政府决定把集训营迁离广州，经 1000 多公里的长途行军，转到粤北连县星子镇继续训练。12 月抵达星子镇，又继续集训一个月，然后结业。

军训队转移过程中，中大同学中，家境好一些的，就自行借道香港等地再转赴云南，家境贫困的学生就只能跟着军训队转移，到达粤北连县后，原来的 10000 多名集训学生只剩 3000 多人。行军的过程非常艰苦，据张宏达回忆说："那时候同学都是广州的多，家在广州，没有依靠，颠沛流离，很多学生整天哭哭啼啼。"[②] 而乐观的张宏达则不一样，"因为（他们）是小孩，和我们乡下人不一样，我们因为跑野外跑得多，无所谓，他

---

① 吴定宇：《中山大学校史 1924-2004》。广州：中山大学出版社，2006 年 6 月，第 170 页。
② 秦晖：数千学子颠沛流离穿行五省。《广州日报》，2005 年 6 月 9 日，A6 版。

们都是文科的、法科的，没有跑野外的经验，一到粤北就很困难，我们到粤北还好玩，河水很大，河里的水很干净，我们整天就下河。"①

到达星子镇后，每天的集训任务非常紧张，上午是军事学术和国际政治形势课，下午上军事技术科目，接受蒋介石的"新生活"教育，讲礼义廉耻，念青年守则。这样的集训，让很多人都觉得非常苦闷。张宏达抱怨说："3 个月的麻醉使我对一切都麻痹，连新学的自然科学都忘了。"② 集训学生常借机泄愤，在 3 个月里两度滋事罢课，一次是因为教员污辱女同学，一次是要求发棉衣不遂，一怒之下，集训同学拒绝接受军训队名誉总队长、广东省政府主席吴铁城的检阅。

在这种苦闷的环境下，张宏达并没有放弃自己的专业，《张宏达文集·六十年学术活动记事》中还记载："随广东大中学生军训队经粤汉路转坪石到连县星子镇，在连县第一次考察了石灰岩地貌及石灰岩植被；当时随身携带了 Dunn and Tutcher 的《广东及香港植物志》，接触到'枫香 + 马尾松 + 檵木'的森林。"

1939 年 1 月，军训结束，每个学员得到一张结业证书，一张备役干部证，还有一张蒋介石亲笔题词"刻苦耐劳，誓雪国耻"的影印件。这时，集训队里的中大学生已经得到中大迁往云南澄江复课的消息，急于返校。除留下约 40 个人由当局分派留在粤北工作外，分别结队踏上返校的征程。

集训队结业时，新任的广东省政府主席李汉魂为学员训话。他提到，每位学员发给回校旅费，最少国币 5 元，最多 50 元，中大学生要到昆明，除由集训总队发给旅费外，邹鲁校长已汇款给时任广东省教育厅厅长的许崇清，请他代发旅费，每名学生 20 元③。即便这样，据张宏达回忆，当时返校旅费还是很紧张的，他说："我们到了哪里就住哪里，不给钱，因为没钱。吃饭，吃一点给一点，就这样混到云南。因为那时我们四年级

① 张宏达访谈，2010 年 10 月 29 日，广州。资料存于采集工程数据库。
② 张宏达干部档案正本一，张宏达的忠诚老实坦白的事实，1952 年 8 月 8 日。存于中山大学档案馆。
③ 档案号文教卫 -5，广东省第一届学生集训纪念册。存于广东省档案馆。

了，快毕业了，不继续念不可惜吗？"① 他说，如果没有军训队组织的回校团，他就没有机会念书了，靠自己的能力到不了云南。就是在这种颠沛的环境下，张宏达开始憧憬科学救国之路，期待着自己和同学能在专业上做出成绩，通过自己的努力，使中国立于世界强国之林。

回校的学生长途跋涉，徒步赴滇，校方也尽量安排人力物力帮助学生返校。据负责迁校工作的校长室秘书萧寇英事后向全校师生报告："集训生由军训部主任蔡佩文教授、刘求南及各教官率领，由粤北经湘桂等地前来澂江，因车辆难雇，于 3 月 6 日始行抵南宁，内有 200 多名经龙州、越南入滇，46 名由百色经贵州入滇，余约 60 名有三分之一经香港来滇，三分之二留在韶关，由广东省政府分发各处工作。各处员生沿途由梧州、南宁、龙州，经同登或由汕头、香港、北海、广州湾等地经海防来澂者，20余批，计有 1000 多人，沿途设站招待接引。河内方面，由张揿、卢干东两教授负责。海防方面，由张云教授、梁瓯第处员负责。香港方面，古文捷、柳金田、萧鹏魂 3 教授负责。昆明至澂江方面，由石兆棠副教授、罗禹培助理秘书负责。"② 迁校过程中，学校在头绪万端的情况下，为返校学生做如此尽心尽力的安排，可见中山大学对学生高度负责的态度。

张宏达一行人，从粤北出发，首先取道衡阳，沿湘桂铁路走，但后来走不通，就分成几路，张宏达和几位同学经桂林、柳州、南宁、龙州、经越南同登再到河内，转铁路再进入云南。同伴中，据推测应该有同被编入学生集训队第一区团第二中队的中大生物学系同学黎尚豪、李国藩、谭儆吾。张宏达回忆说："那时河内还是殖民地呢，我们没钱，就赖着，不给钱，就吃饭买一点饭票，在河内坐车不用给钱，那个时候还是受中国影响，这样子就混进了云南。"③ 因为习惯野外生活，张宏达甚至觉得这种生活也有乐趣。在中山大学电视台为张宏达摄制的"学海人生"纪录片中，他对这段经历乐观地回忆说："到桂林住两天，吃柚子，到柳州又住几天，吃沙田柚，到南宁又住几天。"

---

① 张宏达访谈，2010 年 10 月 29 日，广州。资料存于采集工程数据库。
② 吴定宇：《中山大学校史 1924—2004》。广州：中山大学出版社，2006 年 6 月，第 168 页。
③ 同①。

张宏达至今还清楚地记得他返校的时间，那是在 1939 年 3 月 28 日，也就是黄花岗革命烈士纪念日的前一天，他和同学到了澂江，征尘未洗，便开始复课。

复课和毕业

国立中山大学在澂江的教学和生活条件非常艰苦。生物学系的大量的图书、仪器设备和标本，有些在迁校时失落在广州，有些流失在迁徙途中，据 1939 年统计，图书损失 80%，仪器损失 33%，标本由 26 万件减少到 10 万件[①]，其中有 4 万件标本被陈焕镛在广州失陷前运送到香港保存，余者遗失在广州。生物系没有实验器材，只能维持基本的课堂教学。

战时生活方面自然也是非常艰苦，张宏达很难收到家里的汇款，初到澂江时，连换洗的衣服都没有，还是任国荣送给他一条裤子让他渡过难关。1939 年 4 月，张宏达因为经济困难，曾向中大校长办公室申请到两个月的贷金共 20 元，以后又向中大的基督教会申请到 10 块钱的救济金，负责发放救济金的是当时地质学系主任杨遵仪[②]。

据张宏达回忆，那时云南流行病很严重，因为没有医疗设备，很多人失治而死，中大医学院迁去之后，澂江才开始有医疗。但因战时医药设备不足，而且对当地疾病缺乏认识，当时中大也死了几个人。澂江疾疫流行也是造成中大最终又迁回粤北的一个重要原因。

生物学系设在澂江的小龙潭，离县城 3 公里多。澂江每个村都建有两个寺庙，一座建于村头，被称为上寺，一座建于村尾，被称为下寺，一座寺庙有八九间屋子，留在村里的师生，一般集中在这两座寺庙中。教室也设在这里，学生们自己住，自己吃，跟老百姓没什么来往。据张宏达回忆，有了中大的师生，当地农民可以把农产品卖给他们，用这些收入补贴家用，所以中大师生在当地还是比较受欢迎的。

---

① 冯双：《中山大学生命科学学院（生物学系）编年史 1924-2007》。广州：中山大学出版社，2007 年 6 月，第 87 页。

② 张宏达干部档案正本二，张宏达交代问题，1970 年 6 月 10 日。存于中山大学档案馆。

在这种环境下，1939 年 3 月，张宏达在澂江校址恢复了大学的学业，当年选修了有机化学和生物化学等课程，这时已经是大四最后一学期，最重要的任务是准备毕业论文，张宏达选择对澂江本地的植物进行研究。

中山大学迁到云南后，董爽秋想对云南的植物进行大规模的采集，但因学校部署甫定，百端待举，只好先从澂江境内着手，由他指导学生对澂江的植物进行研究。确定这个选题的另一个原因是，中山大学多年辛苦积累的

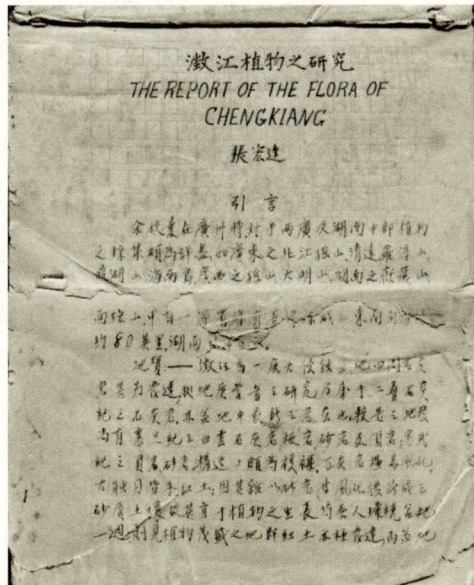

图 2-6 张宏达毕业论文手稿（资料存于张宏达藏书室）

珍贵标本大量损失，实验仪器亦严重不足，毕业研究只能因地制宜，对澂江当地的植物进行研究。据张宏达回忆，他的同学黎尚豪本来是做实验研究的，没有条件，只好改为研究当地的藻类，在董爽秋的指导下，黎尚豪在毕业后继续对淡水藻进行深入研究，终于成为国内淡水藻方面的专家。

张宏达在大学时代一直是研究大株高等植物的，他用 4 个月时间采集标本，由于澂江境内没有大山，而且人烟稠密，森林破坏严重，只有城东北十余里松子园一带，还保留着连绵数里的森林，另澂江的海口等处有人造林。在那里，张宏达采集了 1000 余号标本，其中包含 80 余个科。因准备论文的时间匆促，所采标本未能全部鉴定，经鉴定的有 62 科，170 种。在论文写作过程中，因参考文献不足，有一些标本不能确定种名，仅证其属名，写成毕业论文《澂江植物之研究》，这篇论文是张宏达进行地植物学研究的开端。未经鉴定的标本，本来准备进行后续研究。但此批标本后来被吴印禅和张宏达带往同济大学，抗战胜利后，同济大学回迁时这批标本沉没于长江中。

在论文最后定稿之前，6 月，张宏达这一届毕业班同学 8 人由董爽秋、

张作人、任国荣率领，赴大理进行毕业前野外实习。云南的植物资源非常丰富，但因山高谷深、交通闭塞，外面的植物学家很难到当地考察，之前只有奥地利植物学家韩德·马泽（Hander-Mazzitti）做过云南植物的研究。抗战期间，内地一些大学和研究机构搬到云南，包括云南农林植物研究所的成立，中国人才开始研究及报道云南的植物。当国立中山大学迁到澂江后，生物学系便一直计划开展云南植物资源的调查工作，但因学校经费困难，一直未能成行。直到6月争取到学校下拨考察经费700元，不足之数由同学分担。6月23日成行①。

当年张宏达记录的《大理点苍山采集日程》依然保存着，只是字迹已经模糊难辨了。文中详细地记录了此次考察的行程。考察队师生出发第二天抵达昆明，向苍山进发，一路在转车的间隙进行考察和采集。6月27日下午2时许抵达下关，晚6时许抵达大理。第二天，董爽秋等人去拜会大理县长，原来他亦是广东高师的校友，故对考察队非常支持。经他指点，考察队得知，大理附近有点苍山和鸡足山两座大山，后者距大理城百余里，雄伟异常，中有大小寺观几百个。根据考察队的经验，凡寺观所在，一般会保留相当规模的森林，所以想赴鸡足山考察，可惜当地治安不靖，大理县长苦劝考察队勿冒险前往，故考察队决定赴点苍山开展采集工作。下午2时出发，出大理城西门数里后开始登山。点苍山十九峰，中心山峰中和峰上建有中和寺，考察队便驻扎在此。采集主要以中和寺为中心进行，7月2日登最高峰马龙峰，直至海拔3800米处采集。5日，完成采集工作下山。在点苍山上，共采集高山植物标本300余号，鸟类标本100余号，其中有杜鹃花标本40余号，此行，张宏达对苍山的杜鹃花林留下了深刻的印象。6日，考察队游览了洱海，7日原拟回程，但因车停开，滞留到9日方才回程。《大理点苍山采集日程》记录到7月13日，此时已抵昆明，当天到云南大学和西南联大参观，其后的记录散失了。

————————

① 据《张宏达文集·六十年学术活动记事》记载，此次考察是在1939年7月下旬进行，《中山大学生命科学学院生物学系编年史（1924-2007）》亦采用此说。而张宏达手稿《大理点苍山采集日程》则说是6月23日成行，文中记载考察队6月28日抵达点苍山时，是旧历中旬，有"晚来一轮明月高挂树梢"之语，1939年6月28日为农历十二日，故考察队应该是公历6月下旬成行的。

在大理点苍山一带采得的高山植物标本，因为不属于毕业论文范畴，没有在论文中述及。张宏达本打算继续搜集，再发表研究报告，可惜的是，这批标本在坪石失陷时损失了。

1939 年 8 月底，张宏达完成毕业论文答辩，从中山大学生物学系毕业，结束了他的大学生活。大学时代往往是一位科学家学术生涯最重要的奠基阶段，对张宏达来说，尤为如此，因为他没有继续深造，也没有出国留学，国立中山大学的学习经历对他的一生影响都是非常深远的。名师的指导、野外考察的锻炼，帮助他培养起扎实的专业基础、严谨的科研作风和正确的工作方法。虽然历经战乱，但中山大学在建校之初即建立起的良好学术传统，广大师生救国不忘读书，彰显学人本色，更是帮助他树立起为科学献身的信念。

第三章
冰霜满路

1939 年 8 月，张宏达的身份由学生转变为教师，这时正值抗战，风雨飘摇，国运如丝，学校在战火中流离，一丝学脉却绵延不绝。在这种背景下，张宏达开始了他的职业生涯。从这时起直至广州解放，时局动荡不安，大时代的个人命运往往不由自己把握，但科学工作者坚韧的信念，使他在艰难的境地中依然实现着自己的人生价值。

师范学院博物系

澄江阶段

1939 年夏天，张宏达在澄江毕业，因为是抗战时期，谋生不易，中大把大部分毕业生留下来，这样收留了一大批学生。张宏达这一届生物学系共有毕业生 8 个人，留下黎尚豪、陈德淑、林东娣当助教。任国荣当时任中大师范学院博物系主任，把张宏达和黄维康、黄焕照 3 人留在博物系当助教，用张宏达的话来说："这样我们就有饭吃了。"其实留校远不止解决吃饭问题这么简单，如果不是这样，张宏达的人生轨迹可能有很大的不同。为了谋生，当时他已经找到中学的职位，在广西北部，[①] 如果当时不能留在中山大学，而是去中学任教，张宏达未必有机会继续从事学术研究工作，是留在中山大学给他创造了更好的环境和机会。

工作后，任国荣的角色从张宏达的老师转变成为他的上司，一如既往地支持他在专业上的发展，鼓励他认真做学问。每次去野外采集，任国荣不是和搞动物的一起去打鸟，而是和张宏达一起采集植物标本，这让他感受到前辈学者对他的关怀和支持，给了他极大的鼓励。头一年的助教工作，除了每周负责上一次植物形态学实验课的工作外，张宏达把全部时间用来翻译外国的植物解剖学和植物生理学教材，为上讲台做准备。任国荣很赞赏，认为这样做，既解决专业知识，又提高了外文阅读水平。有如此支持青年教师的上司，张宏达在教学工作和研究工作上都非常努力，进步很快。

当时中山大学师范学院博物系的教师全部由理学院生物学系的教师兼任，有时张宏达也会参与生物学系的教学和考察工作，所以工作环境对张宏达来说非常愉快，都是自己熟悉的前辈和老师，没有门户之见，没有人事纷争。

1940 年春，吴印禅从德国返国，接替董爽秋担任师范学院博物系植物形态学的授课任务，张宏达成为他的助教，吴印禅是又一位对张宏达的专业成长有所指导和帮助的师长。

吴印禅[②]（1902—1959），江苏沭阳人。毕业于国立武昌高等师范学校生物学系，经辛树帜推荐，任中山大学生物学系助教，1934 年 5 月由校长邹鲁派赴德国柏林大学学习，在著名教授迪尔斯指导下，从事植物区系研究，并在柏林植物

图 3-1　吴印禅（资料源于中山大学档案馆）

---

① 张宏达访谈，2010 年 10 月 29 日，广州。资料存于采集工程数据库。

② 吴印禅小传主要引自冯双：《中山大学生命科学学院（生物学系）编年史 1924-2007》。广州：中山大学出版社，2007 年 6 月，第 34-35 页。

园及柏林植物博物馆从事研究工作，精通德文、英文和拉丁文。1940年回国，任国立中山大学生物学系教授。1940年8月，中山大学迁回粤北之际，吴印禅应同济大学生物学系主任石声汉之邀，赴该校任教；1941年8月，被聘为同济大学理学院代院长兼生物学系主任；1946年，回到中山大学生物学系任教，后曾兼任华南植物研究所副所长，1959年10月10日因病逝世。

吴印禅在植物区系学方面造诣很深。他早期从事蕨类植物研究，所著《广西瑶山水龙骨科植物》一书，全面系统地论述了大瑶山蕨类植物区系的组成及地理分类概况，并附有精详的插图，是当时中国一部很完善的植物区系图表，也是水龙骨科植物研究的不朽之作。他编写的《植物分类学》是一部既具有高度科学系统性，又密切结合中国植物实际的讲义。在中山大学任教期间，他撰写了多篇高质量的论文，刊登在德国《植物学报》上。吴印禅对被子植物的起源和系统发育的重大学术问题勇于探讨，对各家系统理论都有深刻的研究，并做了一些有价值的修正和补充。他对苏联的格罗斯盖姆（A. A. Grossheim）的系统发展阶段学说有过深入的研究和评述，又发表自己新的见解，辩证地认识被子植物的起源和进化的规律。同时，他对单子叶植物原始类型的单一性及共通性给予密切注意，广泛搜取材料，进行深入探讨，试图揭露被子植物起源与发展的问题。在棕榈植物的原始性、单子叶植物地下茎的形成等问题上，吴印禅都提出过若干值得重视的论点。

吴印禅治学勤奋，注重实践，先后开设了高等植物学、地植物学、有花植物分类、植物地理学、拉丁文等课程。坚持教学和科学研究、理论研究和生产实践相结合的原则，在教学工作中创造了课堂讲授、实验实习和课外辅导等一系列教学方法。在中山大学任教的早期，吴印禅就到广西、青海考察，他最早收集并整理出鼎湖山植物名录，为中山大学生物学系和其他院校同行在鼎湖山进行生产实习及教学实习提供了基础科学资料。

吴印禅是一位立场坚定的爱国主义者。在柏林学习期间，他发现中国植物学研究的许多资料落在外国人手里，痛感国家积弱，受人欺凌，于是日以继夜，废寝忘食，以惊人毅力把柏林植物博物馆所藏中国植物区系的标本全部加以记录整理，描摹标本，共得万余帧，为祖国植物区系学研究保存了一批珍贵资料。后来，柏林植物博物馆毁于第二次世界大战，这部分幸存的资料就显得更加珍贵。新中国成立前，吴印禅十分同情爱国学生的民主进步活动，掩护校内地下工作者，并积极参与营救被捕师生的活动。

张宏达担任吴印禅的助教之后，吴印禅对他在教学工作上给予很多必要的指导。后来张宏达曾跟吴印禅到同济大学生物学系短期任职。1946年后，从吴印禅重回中大，直至他离世，张宏达一直与吴印禅在一起工作。除在中山大学的合作之外，两个人还同时兼职做中山大学植物研究所（华南植物研究所）的研究工作。在这个过程中，据张宏达长期的学术合作者王伯荪（中山大学1954届毕业生）说，吴印禅对张宏达的业务研究不会直接参与，但在教学和工作等各个方面，都会给予很多有力的支持和建议。在科研工作上，张宏达受吴印禅的影响，在工作初期，也曾进行过水龙骨科植物的研究。

吴印禅对张宏达勤奋治学的精神和植物学研究方面的天分非常欣赏。民国期间曾担任国立中山大学理学院院长的徐贤恭在"文化大革命"期间的一份"交代材料"中这样写道："张宏达当时是中大理学院生物系年轻讲师，就专业而言，他是偏重于植物分类学的，他在当时生物系搞这方面的教授吴印禅带领和协助下，搞教学科研和野外调查研究工作，我同张宏达接触很少，但有时听见吴印禅说，张搞业务相当努力，曾写过几篇科研论文发表。因此，使我收到一种印象，即张宏达在年轻教师中，业务上是有一定成就的，他是努力做学问的人。"[1]

这时中山大学在澂江已初步安定下来，生物学系和师范学院博物系开始将初赴澂江便产生的云南植物资源调查计划付诸实施。继1939年6月张宏达一班毕业生赴大理考察后，1939年8—9月间，任国荣带黄维康、张宏达等人去滇越铁路沿线的禄丰村农事试验场（现属临沧地区）采集旅行。此后，1939年8月到1940年8月中山大学迁回粤北之前，任国荣和

---

[1] 张宏达干部档案正本二，徐贤恭：关于张宏达的一点情况，1970年10月24日。存于中山大学档案馆。

张宏达多次带领博物系同学去澄江县所辖的海口、倮倮村、九村等地采集旅行，其中1940年2月，黄维康、黄焕照和张宏达三人利用寒假时间，到澄江县东南的松子园采集标本，历时10日之久。1940年6—7月，生物学系1940届毕业生举行毕业实习，任国荣和吴印禅邀请张宏达参加，于是他和董爽秋、任国荣、吴印禅一起，带领1940届毕业班5位同学组织考察队到云南屏边大围山考察。考察队经过云南河口进入屏边（金屏）大围山、宿戈寮和老寨等，考察持续了一个多月，共采集了700余号标本。这次考察对张宏达的影响极大，多年之后，张宏达在《六十年学术活动记事》中回忆：这次考察让他对莽莽林海感受极深，既欣赏了祖国山河的壮丽、资源的丰富，又深感个人的知识面对广大森林显得渺小和浅薄，虽然考察前他翻阅了韩德马泽的《滇南考察报告》，获得了一些信息，但并不能解决问题，思想上的震动和愧蘬对张宏达产生长期影响，并成为鞭策他致力于植物学研究的动力。

在云南学习和工作的近两年时间，张宏达共采得蜡叶标本2000余号，除部分在同济大学迁校途中和坪石沦陷时失落，余者现均保存在华南植物研究所。

澄江的生活非常艰苦，邹鲁《告同事同学书》中记载："数月以来，米价高涨，百物腾贵，一般同事同学，依然埋头教学，日则节膳忍饿，面多菜色，夜仍焚膏继晷，目注芸编，苦斗精神，始终不懈。而生活之困窘，今日更甚，一斗粗米逾五十元，一碗白饭贵至三四角，物价房租，飞涨至数倍、十数倍而势犹未已。"[①]中山大学在广州时，助教工资是80元，迁至澄江后，到张宏达留校当助教时，一个月的工资是60元，而一碗白饭则需三四角，可见当时生活之艰辛。张宏达没有自己开伙，也没有到膳堂去吃饭，中大医学院一个职工开了一个饭馆，这60块钱的薪金全部交给了这个饭馆，刚好够伙食费。

这时的中大，环境并不平静，1940年4月，在邹鲁多次请辞校长之职后，国民政府教育部任命许崇清代理中山大学校长。当年夏天，学校

---

① 转引自冯双：《中山大学生命科学学院（生物学系）编年史1924-2007》。广州：中山大学出版社，2007年6月，第84页。

扣发任国荣、董爽秋聘书，张宏达、黄维康与生物学系及博物系的师生一起到许崇清的秘书那里，为任国荣和董爽秋争取聘书，最后任国荣和董爽秋成功留任。这次活动，张宏达是出于为学校挽留两位好教师的目的参加的。

滞留云南

1940 年 8 月，国立中山大学在许崇清的主持下，迁往广东北部山区的坪石办学。中山大学由澂江迁回粤北，广东地方实力派的要求是重要因素，当时广东省会迁到粤北韶关，广东当局认为本省除敌占区外局势较为稳定，而本省及邻省湖南、江西等地区学生入大学读书十分困难，中山大学随省府迁回粤北可以解决这个问题。国民党在广东的元老们，也认为纪念孙中山的大学以迁回广东为宜。广东文化教育界进步人士，也积极支持把中山大学迁回粤北，希望中山大学在坪石能与桂林相呼应，开展进步文化工作。加之 1940 年 7 月日寇策划进逼越南，威胁滇境，教育部遂电令所有迁到云南的学校"立刻准备万一，快速搬迁"①。

中山大学迁校动议提出之初，理学院一些教授，如何衍璿、康辛元、董爽秋、任国荣等人均反对，张宏达也不主张搬回广东，参加了反对迁校的活动，跟反对迁校的教授一起开过两次会，还张贴过反对迁校的标语，但最终没能阻止学校回迁②。

此次迁校，张宏达没有与中山大学一起回到广东，而是随吴印禅一起去当时在昆明的同济大学生物学系任助教，同行的还有黎尚豪。当时同济大学生物学系主任是石声汉，他和吴印禅同为国立武昌高等师范学校的毕业生，在中大也曾共事过，当时同济大学生物学系刚刚成立，非常缺少师资，因此石声汉向吴印禅发出邀请，又因张宏达、黎尚豪亦不想回到广东，于是吴印禅带领张、黎二人同赴同济大学。3 个月后，同济大学也奉令迁往四川宜宾，张宏达选择回到广东。1940 年底，张宏达又回到中山大

① 吴定宇：《中山大学校史 1924–2004》。广州：中山大学出版社，2006 年 6 月，第 117 页。
② 张宏达干部档案正本二，张宏达交代问题，1970 年 6 月 10 日。存于中山大学档案馆。

学师范学院生物学系任助教。

在问及张宏达为什么不想跟中山大学一起回粤北时，他的回答是："怕，因为广东在前线，云南在后方，所以喜欢。"[1] 可能当时还另有原因，但现在已经无从追索。除这短暂的 3 个月外，张宏达没有再离开过中山大学。

回到坪石

张宏达何时回到中山大学坪石校区，在不同时期填写的履历表里有不同的记录，包括 1940 年 11 月、12 月，1941 年 1 月等说法。《张宏达文集·六十年学术活动记事》中有如下记载："1941 年春，中大迁回粤北，行李甫卸，便陪同任国荣教授率领中大博物系同学 12 人，第二次进入北江瑶山，仍宿芳洞，计采得标本 100 余号。"而据《国立中山大学日报》1940 年 12 月 21 日的报道《生物博物两系瑶山旅行队返校》，这一次到北江瑶山考察的确切时间为 12 月 7 日至 20 日之间，可见，张宏达返回中大坪石校区的时间应在 1940 年 12 月 7 日前。

坪石地处广东、湖南交界处，粤汉铁路贯穿其间，地方狭小，因此，除校本部设在坪石外，各学院分布在围绕坪石 100 里的范围之内。当时理学院院址在坪石塘口，师范学院的院舍在乳源县属的管埠，生物学系与博物系相距 20 多里。由于吴印禅滞留在同济没有回到中大，董爽秋在生物学系的教学任务非常繁重，无法奔波 20 多里来上博物系的课，而博物系的学生也不愿意跑 20 多里去理学院和生物学系的学生一起上课，因此在回到坪石后，张宏达作为助教，开始登上讲台，独立承担了博物系的植物形态学和植物分类学的课程教学和实习工作。

1941 年夏，广东省教育厅在曲江举办了一个中学教师的暑假讲习班，植物学本来是由董爽秋去授课，但董爽秋刚当选国立中山大学教务长，无法分身，董爽秋和任国荣就让张宏达代董爽秋的课，他负责讲授植物

---

① 张宏达访谈，2010 年 10 月 29 日，广州。资料存于采集工程数据库。

形态学，并带学员到野外认识植物，采集标本。代课讲习班期间，张宏达得识教育界耆宿、历史学家黄麟书，其时张宏达还担任家乡逢源小学的名誉校长，专门请黄麟书为逢源小学成立 20 周年纪念写了一幅题词。

这时，任国荣告诉张宏达，鉴于他已经能独立开课，师范学院院长齐泮林准备升他为讲师。张宏达拒绝了，理由是不想闹笑话。当时理学院地理系有一位助教，为地理系同学开英语地理学，很多英语名词不懂，经常向别人请教，现学现卖，理学院很多助教都在讽刺他，张宏达引以为鉴。任国荣劝他说，提升讲师可以增加工资。张宏达回答说："我不稀罕这些。"[①] 从这时起到退休后离开教师岗位，张宏达面对教学工作的态度始终都是充分准备，审慎对待，从来不会忽视。

坪石时期，张宏达的收入依然只够勉强维持生活，当时的坪石小城，由于中大师生的到来，商业有了较快发展，同时物价也迅速提高，大米从 30 元一石，渐渐涨到 40、50、60……120 元，薪水微薄的助教日子很难过。按规定，助教代课可以拿代课工资，但他也没有提出要求，只是认真踏实地上课。

在科研工作上，虽然这个阶段张宏达没有什么著作面世，但《国立中山大学日报》1940 年 6 月 20 日校闻版有一则《各学院助教向教务处报告研究工作进行》的报道，文中报道张宏达此时正在进行"广东北部水龙骨科（*Polypodiaceae*）之研究，山茶科（*Theaceae*）之研究，并从事广东北部植物之采集"。水龙骨科是吴印禅的专长，他在 1932 年就出版了《广西瑶山水龙骨科植物》，是这一领域的不朽之作，此后张宏达并没有在这一领域进行过多的研究，也从来没发表过相关著作。但是山茶科成为张宏达以后的研究重点，有大量卓有影响的重要成果问世，而他对这一领域研究的开端就源于中山大学的坪石时代。

当时坪石尚有老虎出没，张宏达回忆说，他住在楼上，下面就是猪栏，老虎进村里吃猪，猪嗷嗷叫，他们就拿瓶瓶罐罐砸，"第二天早上，我们就几个人，拿马铳、猎枪，到处去找那只老虎。那个时候不怕，其实

---

① 张宏达干部档案正本二，张宏达交代问题，1970 年 6 月 10 日。存于中山大学档案馆。

现在想起来有点后怕，如果两百多斤这样冲过来，受不了的。"[1]

1941 年底，任国荣辞去师范学院博物系主任，回到理学院生物学系，张作人兼任博物系的系主任。1942 年 6 月，师范学院爆发了反对院长齐泮林的"驱齐运动"，这场运动张宏达也参加了。

"驱齐运动"的经过，《中山大学在坪石时期（1940—1945）的学生运动》[2] 一文中有比较全面的记述：

> 1942 年 5 月，国民党教育部任命金曾澄接张云任中大代理校长。这是国民党"中统"企图利用和控制这位广东老教育家去扩充本派势力打出的一张牌。为了打击顽固派的气焰，师范学院师生发起一场驱逐"中统"派院长齐泮林的运动。起因是'饱和光'（中大学生要求增加贷金的运动）结束后，全部公费的师院学生要求改善膳食与其他学院达到同等水平。不料这一合理要求提出后，遭到齐泮林的拒绝和辱骂，遂引起学生们的愤慨。于是，从 1942 年 5 月 29 日起，在党员和进步学生的带动下，师院学生掀起驱齐运动，在师院礼堂的驱齐大会上，学生们纷纷起来指斥齐泮林治院无方，要求他引咎辞职。师院教务主任兼国文系主任陆侃如等发表书面声明，指出齐处事不当。连属朱家骅派的教授也表示支持学生的正义行动。面对广大师生的谴责，齐泮林恼羞成怒，于 6 月 1 日下午指使他的亲信和雇来的流氓共 30 余人手持尖刀、棍棒、砖头、石块，追殴同学，致博物系邝慎枋等 10 余人被殴伤。由此更加激起师生们的义愤。陆侃如、穆木天等 15 名教授上书校长，各年级、系代表和学生 184 人联合上书学校，要求惩办凶手和事件制造者，以保障学生的人身安全。师院女学生全体出动，包围齐泮林住宅，要求惩凶。齐泮林只好在两名保镖的护送下，悄然离开师院。校本部随即发出通告，由陆侃如教授代理院务，至此驱齐运动暂时告一段落。

---

① 中山大学电视台"学海人生"纪录片之《踏遍青山人未老——张宏达印象》。

② 张江明、吴逸民、李坚等：中山大学在坪石时期（1940-1945）的学生运动。《中山大学学报（哲社版）》，1989 年第 4 卷，第 59-60 页。

任国荣担任师范学院博物系主任时，对齐泮林的一些做法很不满，受他影响，张宏达也一直对齐泮林有看法。但一开始，张宏达并没有参加这场运动，而是在齐泮林一伙利用当地乳源县的保安队武装去镇压学生，打伤了博物系同学之后，才加入"驱齐运动"。可是事后齐泮林一派反诬卢文和张宏达等是打伤同学的元凶，在这种情况下，张宏达站稳立场，和齐泮林一派针锋相对，斗争到底。张宏达认为，齐泮林是代表国民党 CC 派的势力，因为当时陈立夫任教育部长，加强对各大学的控制，CC 派成为中大校内比较有影响的一派势力。对这件事的经过，他这样描述："毕业之后当上助教，原想埋头读书，但国民党 CC 派加紧对各大学的控制，派来一大批不学无术的御用教授，给人一种非常的反感。1942 年中大师范学院发生反对 CC 派院长的风潮（有地下党员参加领导，就是现在华南植物园工作的周钊同志），CC 派分子竟然行凶刺伤学生，激于义愤，遂投入反 CC 的斗争。"[1]

这之后，当年 6—7 月间，张宏达因受参加"驱齐运动"影响，没有接到中山大学师范学院的聘书。这个时期，是《中山大学在坪石时期（1940—1945）的学生运动》一文中所说"驱齐运动"取得暂时胜利，告一段落的时期，但张宏达在新中国成立后历次写材料时，都把"驱齐"定义为失败，因为当时的校长金曾澄在某种程度上受 CC 派的控制，齐泮林虽然暂时离开师范学院，但影响学校的一些势力对参与"驱齐"的人进行报复，张宏达则成为这场斗争的牺牲品。这个时候，中山大学确实存在不同政治势力的斗争，由于宗派斗争的原因，当年 7 月，理学院生物学系董爽秋也被金曾澄解聘。

张宏达渡过了一个月难熬的失业时光。他搬到理学院所在地，住在黄维康家，整天在两广地质调查所宿舍和莫柱荪等人一起消磨时光，就是在这段时间里，他学会了打麻将，兴趣很大，整天玩麻将和桥牌。从上初中起就努力读书求上进的他，从来没有过这样逍遥的日子，但是，这样无所事事的日子，让他觉得很煎熬，他期盼再度工作的机会，期待能早日重新

---

[1] 张宏达干部档案正本一，我的自传，1964 年 3 月 24 日。存于中山大学档案馆。

开始植物学的研究工作。这时，任国荣把他推荐给国立中山大学研究院院长崔载阳，为他谋得研究院农林植物学部助教一职。

研究院农林植物学部

1935 年 6 月 1 日，国民政府教育部批准国立中山大学、北京大学和清华大学设立研究院，由此中山大学成为中国最早设立研究院的三所国立大学之一。当时中山大学研究院设有文科研究所、教育研究所、农科研究所，其农科研究所下设农林植物学部和土壤学部。

农林植物学部的沿革和发展

1928 年 9 月，著名植物学家陈焕镛任中山大学理学院植物学系主任期间，创办植物研究室，开展对广东省植物的全面研究，为改良及发展广东农林事业提供根据。1929 年 12 月 4 日，经中山大学校长核准，成立植物研究所。1930 年 4 月又冠以"农林"两字，隶属农学院，既对植物分布做科学调查，也对经济植物进行研究。在陈焕镛的领导下，从建所开始，植物所为单一学科的植物研究机构，从事华南和西南部分地区的植物标本采集和分类学研究，研究工作取得了较大成绩。1930 年，植物所编辑出版了植物学专刊。为了纪念和缅怀孙中山先生，该专刊定名为 *Sunyatsenia*，译称《中山专刊》，这是中国最早用英文出版的植物学刊物。当时农林植物研究所已具有较高的学术水平和声誉。

1935 年，中山大学成立研究院，农林植物研究所与原农学院的土壤调查研究所合组为农科研究所。这时农林植物研究所挂有两块牌子，一个是国立中山大学农林植物研究所，一个为国立中山大学研究院农科研究所农林植物学部，植物所既是研究单位，又是教学单位。

1938 年陈焕镛被聘任为中山大学理学院院长兼生物学系主任，在广州沦陷前，为了确保标本安全，由陈焕镛报请中山大学同意后，于 1938 年 1 月，将收藏在植物所的 15 万余号珍贵植物标本，4000 余册中、外文图书文献及各种仪器设备等分批运往香港九龙保存。后来又由陈焕镛个人出资于 1938 年 9 月在九龙码头围道建成三层楼房一幢，设立香港办事处，继续开展研究工作。1941 年底，太平洋战争爆发，香港亦被日寇侵占，植物所在香港的办事处被封闭。由于标本、图书均有国立中山大学标志，被视为敌产，办事处被查封，陈焕镛多年积累的标本、图书面临被掠夺的厄运。在困境中，汪伪广东教育厅厅长林汝珩建议陈焕镛，将农林植物研究所迁回广州，愿协助运返标本、图书，并将之前留存广州的研究所公物一并交还。陈焕镛与全所职员共商后认为："与其慕清高之行为而资敌以珍藏，曷若利用权宜之措施以保存其实物，名城弃守，光复可期；文物云亡，难谋归赵，为山九仞，岂亏一篑之功；来日大难，当抱与物共存亡之念，赴汤蹈火，生死不辞，毁誉功罪，非所敢顾。"遂同意林汝珩的计划，但仍以纯粹科学机构自命，拒绝涉及政坛。几经波折，在 1942 年 4 月底将存港标本运回广州，安置在康乐广东大学（原岭南大学）校园内，农林植物研究所易名为广东植物研究所，陈焕镛仍任所长，兼广东大学特约教授。为此，陈焕镛多次奔波于广州和香港之间，使得植物所得以维持，研究工作得以延续①。

陈焕镛在港、穗两地保护标本和文献期间，农林植物研究所另一批员工在蒋英带领下，随中山大学迁至云南澄江。1940 年 10 月，研究所随中山大学从云南澄江迁至湖南宜章县栗源堡办学，距坪石校本部约 15 公里，蒋英任国立中山大学研究院植物学部主任兼农林植物研究所代理主任，主持所务。这一时期，张宏达是在蒋英的指导下工作。

蒋英（1898—1982），江苏昆山人。1925 年获得美国纽约大学林学学士学位，1928 年到国立中山大学生物学系任教，兼植物研究室研究员。此后，他连续两年在珠江支流的东江、北江、西江流域采集植物标本，足迹遍及 30 多个县。1930 年 2 月，经秦仁昌建议，蒋英被调至中央研究院自

然历史博物馆任技师，担任植物标本室主任，兼江苏、江西、云南、贵州等地植物调查队队长。1933 年 7 月，蒋英又回中山大学任教，协助陈焕镛发展农林植物研究所，开展科研工作。抗战期间，他协助陈焕镛将标本运至香港后，随中山大学辗转搬迁。蒋英主持农林植物学部和农林植物研究所工作期间，在抗战的艰苦岁月中，仍组织研究人员进行植物调查，并带领研究生在莽山、衡山、阳明山一带采集标本，建立起新的植物标本室。1952 年院系调整后，蒋英先后在华南农学院、广东林学院、中南林学院、广东农林学院任教。

蒋英在植物调查方面做出了突出贡献，在植物分类学方面也有很多开拓性成果，主要著作有《中国植物志》第 63 卷和第 30 卷第 2 分册，详尽记载了中国夹竹桃科、萝藦科、番荔枝科植物，由他发现及定名的新种230 个，新属 10 个，为中国植物学研究做出了贡献。

张宏达在农林植物学部

张宏达在农林植物学部任助教期间，主要工作是协助蒋英鉴定标本，并代蒋英上农学院的课，张宏达说："当时老头——蒋英蒋先生，他讲的是上海话，学生听不懂，只好让我去教。"[①] 当时在一起工作的有何天相、陈少卿、梁宝汉等人。这时，有人劝张宏达借助研究院的良好环境，兼读研究生，但张宏达觉得他更喜欢自学，不愿意只为一个学位去读书。

这个时期农林植物学部最主要的工作是对粤北和湖南的森林进行调查研究。农林植物学部及农林植物研究所迁到湖南后，即计划从事湖南省植物研究，并决定先从南部着手，于 1942 年 5 月到零陵的阳明山考察，1943年 5 月到衡山考察，1942 年 9 月到莽山采集，至于栗源堡附近方圆 60 里的植物，亦作详尽搜罗。在此基础上，蒋英和张宏达合作发表《湘南植物分布之概况》，这是张宏达第一篇正式发表的学术论文，当时农林植物研究所侧重对经济植物的研究和调查，文中特有一节论经济植物，统计

---

① 张宏达访谈，2010 年 11 月 11 日，广州。资料存于采集工程数据库。

了湘南的木材、药用植物和牧草。而张宏达从到达坪石起就开始从事广东北部植物的采集，经长期积累，这时写成了约 7.5 万余字的《广东北部植物》，这本著作一直没有刊行。这个时期农林植物研究所的研究成果还有《衡山植物分布初稿》、《澂江植物志》、《中国西南各省植物之研究》、《亚洲夹竹桃科及萝藦科之专题研究》、《中国药用植物研究》等。

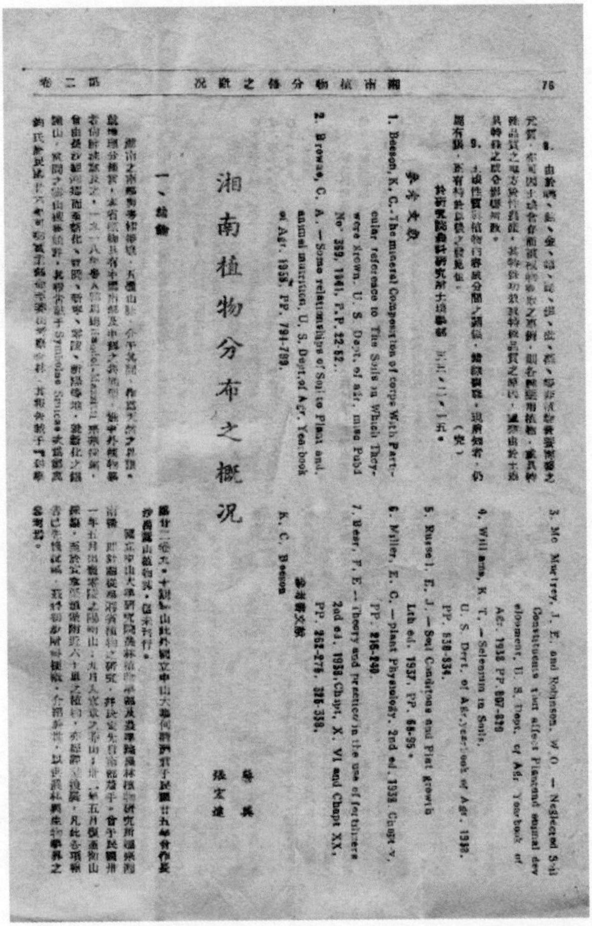
湘南植物分布之概况
参考文献
一、绪论
蒋英
张宏达

图 3–2 《湘南植物分布之概况》（资料存于张宏达藏书室）

在植物学部工作期间，蒋英两次布置张宏达单独一人出差采集标本，一次是莽山，一次是衡山。1942 年 9 月，张宏达进入宜章莽山，恰逢秋雨连绵，又罹痢疾，被迫下山。1944 年 6 月，日寇为打通粤汉线正疯狂进犯长沙之际，张宏达第二次到南岳衡山考察，先后宿广济寺和方广寺，采得标本 200 余号。6 月底，日寇进陷长沙，窥伺衡阳，张宏达幸得南岳农校校长张农教授通知，仓促下山。当时日军活动频繁，张宏达昼伏夜行，两天后才返回坪石。关于这次考察，张宏达曾赋诗记之：

南岳方广寺苦雨

一九四四年五月 ①

炉香无烬案封尘，几杵疏钟伴客鸣。

云凝雾结添淅沥，蝉鸣鸦噪二三声。

山下倭骑烧杀抢，人间何处有桃源？

昂藏七尺空惆怅，收拾书剑挽长缨。

理学院生物学系

抗战时期

1944 年 4 月，任国荣被聘为生物学系主任，因董爽秋和黎尚豪都已经离开中大，植物学方面的教师只有于志忱一人，缺乏授课教师，很多植物学课程没有办法开课，于是当年 10 月，任国荣把张宏达从研究院植物学部调回理学院生物学系，接替原来董爽秋所留下的两门课程，这时张宏达由助教晋升为讲师。

此时战事又紧，日寇为打通粤汉线进犯粤北，生物学系的教师都在做疏散的准备，到处找转移师生的房子。刚到生物学系一个月左右，张宏达就同任国荣、戴辛皆等人到坪石塘口后面约 30 里的一个四面皆山的村落看疏散的地方。11 月左右，任国荣又派张宏达去仁化寻找地方，同去的共 3 个人，除张宏达外，还有代表校办公厅和中大先修班找房子的人。到仁化后，通过韶州师范学校校长黄焕福（国立中山大学生物系第一届毕业生，任国荣的同学），去和仁化县当局联系，寻求当地人士的帮助，用了一个月左右的时间，最后在距仁化 50 里的扶溪找到了疏散用的房子。

---

① 指农历五月。

1945 年 1 月 16 日，坪石陷入日军的包围之中，学校仓促通告紧急疏迁。1 月 21 日，学校师生转移到仁化，分赴石塘、仁化县城、扶溪等地。在这次疏迁中，张宏达没有与生物学系同人去扶溪，而是在到了仁化后第二天便取道南雄、赣南去梅县。到梅县后，住在松口黄维康家。仁化各地紧邻前线，日军曾窜到扶溪骚扰，中山大学在这里无法安顿下来，3 月，中大又转移到梅县，这时张宏达才由松口到梅县县城。3—4 月间，为了找地方复课，张宏达、黄维康曾跟随任国荣到兴宁，通过罗雄才（原国立中山大学理学院化工系教授，时任广东省兴宁高级工业职业学校校长）帮忙找房子，最后还是决定在梅县复课。任国荣等人回到梅县后，在城西找到一处房屋作为理学院的教室，于 4 月 18 日复课。

在梅县复课这段时间，张宏达租赁梅县城西杨屋居住，同住的有李国藩、地理系的林趁、物理系的黄杏文、化学系的张昌佑。这段时间张宏达的主要工作是备课，因为要开课，又没有一本参考书，他从大学同学黄焕照那里借到一本董爽秋编的低等植物学讲义，可是书中无图，后来打听到梅县城北的广东省立高级农业学院图书馆里有一本美国出版的淡水藻专著，便每天去那里绘图，贴在讲义上，作为教学参考，先后共绘了几百张图。后来又独立完成了《下等植物分类学》讲义，约 12 万余字（未刊行）。

在梅县复课这个学期，张宏达讲授植物分类学。期末考试的时候发生了一个小插曲，体现张宏达性格中年轻气盛的一面。考试的时候，他给了一位女同学不及格，这位女同学约了几位到理学院来借读的同学，到他的住处吵闹。事后李国藩、黄维康二人陪张宏达到任国荣处告以原委，没有料到任国荣反而批评他处理方法不妥当，他们觉得无法理解，第二天就和黄维康夫妇还有李国藩 4 人离开梅县，到松口黄维康家住了一段时间。这件事也体现了张宏达和黄维康、李国藩之间深厚的友谊。

在烽火连天的岁月里，中山大学全体师生坚持学人本色，教学、研究、读书，都没有停顿过，在国难深重的岁月里，使科学事业得以薪火相传。师范学院博物系、农林植物学部、生物学系，从云南到粤北，再到湘南，始终坚持教学和科研工作，即使在战火的间隙，一有机会，便开展对当地植物的调查工作。张宏达形容那时的生活："日本人赶来了，我们就跑，他不来了，我们就做。"[1] 这质朴的语言中，表现出科学工作者对事业的忠诚和对祖国的热爱。在这种困难的情况下，虽然张宏达仅有一篇论文发表，但对于广东北部植物和山茶科植物的研究，都已打下了重要的基础。

1945 年 8 月 15 日，日本宣布无条件投降，张宏达与中大师生、当地民众一起，欢庆中华民族的胜利。

复员广州

经过 7 年的颠沛流离，1945 年 10 月间，中山大学迁回广州旧址办学。11 月 24 日，国立中山大学复员委员会召开会议，通过了校舍分配决议案，生物学系被分配到石牌原址，但此时石牌校舍被军队占用，张宏达等人只好暂时到文明路工作。经学校负责人多方奔走，历时两个多月，才将校舍收回，交付各院系使用，1946 年 1 月 7 日，生物学系迁回石牌校区办公。

中山大学有优良的学术研究传统，复员广州之后，时局动荡，条件艰苦，但中山大学马上恢复了教学和科研局面。1945 年至 1949 年期间，中山大学名师云集，师资力量空前雄厚，学术研究异常活跃。1946 年 6 月，新开学不久，吴印禅、张宏达、黄维康就带领生物、博物两系学生，到肇庆鼎湖一带实习考察[2]。

这一时期，张宏达在学术研究上所做最重要的工作是赴西沙群岛考察植被。

1946 年，国民政府派军舰永兴号宣示接收西沙群岛。1947 年 4 月国民政府为纪念接收西沙、南沙群岛，以所派接收军舰之名为岛名，改西沙群岛中的最大岛屿武德岛为永兴岛，南沙群岛中的长岛为太平岛。当时国民政府派员乘中基号登陆舰到西沙群岛调查，一行中，除海军司令部进驻指挥官、参谋、海军部电工处长及其他工作人员外，还有以中央研究院为首

---

① 张宏达访谈，2010 年 11 月 11 日，广州。资料存于采集工程数据库。

② 吴定宇：《中山大学校史 1924-2004》。广州：中山大学出版社，2006 年 6 月，第 220 页。

组成的科学考察团，包括中央实验所、经济部中央地质调查所、资源委员会矿勘处等单位所派专家8人。广东省政府也组织专家参与这次科学考察，派出的考察成员主要由中山大学的教师组成，以地理系教授王光玮为负责人，还包括农学院陆发熹以及生物学系的张宏达和李国藩。

广东省组织考察的主要目的是资源调查。当时，广东省正在进行《西南沙群岛志》的编纂工作，需要植物、动物方面的专家参与西沙群岛的资源调查，当时负责此事的是广东建设研究会，由罗香林和萧次尹具体执行。时任中大生物学系主任的张作人向广东建设研究会推荐了张宏达与李国藩。1947年4月1日，张宏达被聘为广东建设研究会兼任研究员，同日，广东省政府主席罗卓英签发广东省政府令（人四威字）："广东建设研究会兼任研究员张宏达，兹派该员前往西南沙群岛考察，并指定王参议光玮主持考察事务。"①

在考察团中，张宏达和李国藩得以与老同学黎尚豪共事，他在中央研究院植物研究所工作，此次参加考察团主要是调查西沙群岛的海藻，而张宏达则负责植物方面的调查，李国藩负责动物调查，陆发熹负责调查土壤，考察团中还有古生物学家穆恩元。

考察团乘中基号到达永兴岛，在岛上及邻岛石岛和东岛（树岛）等地采集，张宏达在西沙群岛采集了60多号高等植物标本和几十份海藻标本，回程又在海南崖县榆林港报山等地采集，第一次在榆林红沙港考察了红树林。整个考察持续了两个月左右时间。

考察结束后，广东建设研究会筹备西沙群岛物产展览会，张宏达又被聘为物产展览会征集委员，替这个展览会鉴定全部植物标本，其后又被聘为《西南沙群岛志》编纂委员会委员。

1948年，通过对西沙群岛的植被调查，张宏达在 *Sunyatsenia* 第7卷1—2期上发表了 *The Vegetation of Paracel Islands*（《西沙群岛的植被》），这是第一次对西沙群岛植被全面系统的报道，文中不但介绍了西沙群岛的植物区系，而且从植物的生态特性、植物的群落及动态方面进行研究。此

---

① 张宏达干部档案正本一。存于中山大学档案馆。

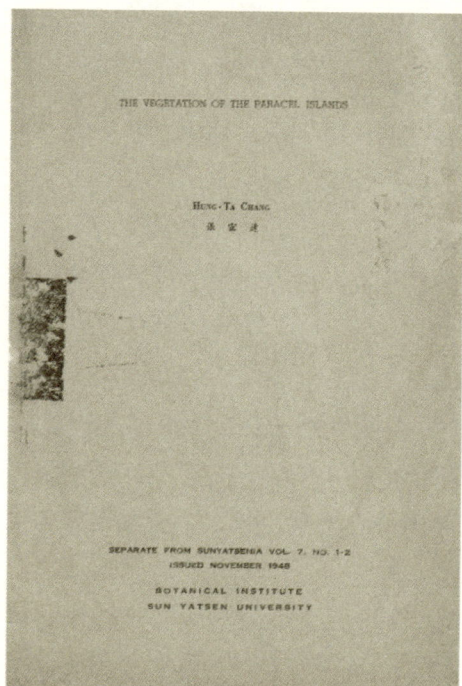

图 3-3　*The Vegetation of Paracel Islands* 论文封面（资料存于张宏达藏书室）

文发表之后，在国际上产生一定影响，开始有一些国外同行给张宏达来信，咨询或索要数据。

西沙群岛的考察工作是张宏达学术生涯中的一个重要机遇，此次考察能够实现，得益于抗战胜利对西沙群岛的收复，也得益于当时国民政府对资源考察工作的重视，因此才能在局势甫定的情况下，对西沙群岛组织如此大规模的考察。

在 *Sunyatsenia* 第 7 卷 1—2 期上，张宏达还发表了 *Additions to the Hamamelidaceous Flora of China*（《金缕梅科植物补遗》），这是他发表的关于金缕梅科研究的第一篇论文，并一举树立了他在这一研究领域中的地位，在这篇文献中，他发表了山铜材新属（*Chunia*）[①]，并对壳菜果属（*Mytilaria*）花的特征进行了补充。

这两篇论文发表之后，张宏达成为理学院年轻教师中的佼佼者，对他寄予厚望的前辈和老师，也不遗余力地向外界推荐这位有前途的年轻学者。吴印禅就多次向理学院院长徐贤恭说起张宏达在植物学研究方面的成绩。1949 年任国荣由南京返回广州后，张宏达曾经把这两篇文章赠送给任国荣。1950 年时，在任国荣迁居香港之后，张宏达曾在任国荣家里发现自己这两篇论文，封面上有任国荣亲笔题签的"骝公校长赐正，学生张宏达赠"。显然任国荣本意想把这两篇论文送给原中大校长朱家骅的，目的是想在校长面前为自己的学生争取更好的发展机会，由此可见任国荣对张宏达的爱护。

---

① 当时命名为陈琼木属。

恩师陈焕镛

1946 年，国民政府教育部颁布《废止大学研究院暂时组织规程》，并订定《大学研究所暂行组织规程》。根据规定，中山大学各研究院自 1947 年起取消，所属研究所由各学院兼办。1947 年 9 月 10 日，国立中山大学理学院文件（理贤字第 265 号文）："查农科研究所农林植物研究学部奉部令改称植物学研究所，划拨本学院办理。主任一职亦经钧长函陈焕镛教授兼任。"从此，中山大学研究院农科研究所农林植物学部改隶理学院，名为"国立中山大学理学院植物研究所"。

植物研究所划归理学院后，生物学系植物学教师都兼任研究所的研究人员，此时植物研究所下设分类学部（主任吴印禅）和生理细胞学部（主任于志忱），张宏达被聘为副研究员。在植物研究所工作期间，张宏达最大的收获是遇到了他一生中最重要的老师——陈焕镛。

陈焕镛（1890—1971），广东新会人。1919 年在美国哈佛大学森林学系获得硕士学位。1920 年任金陵大学农学院森林学系教授，1921 年受聘国立东南大学教授，1927 年受聘国立中山大学，历任理学院植物学系教授、农学院林学系教授、生物学系主任、理学院院长。其间创办植物研究所。1954 年，中国科学院接收中山大学植物研究所和广西大学经济植物研究所，分别改名为华南植物研究所和华南植物研究所广西分所，任命陈焕镛为华南植物研究所所长兼广西分所所长。陈焕镛于 1955 年当选为中国科学院生物学部委员。

陈焕镛是中国近代植物分类学的开拓者和奠基人之一，对华南植物区系有精湛的研究，在此基础上，对中国樟科、壳斗

图 3-4　陈焕镛（资料源于网络）

科、绣球花科、苦苣苔科、桦木科和胡桃科等的分类有深厚的造诣和开创性见解。发现的植物新种达百种以上，新属10个以上，其中银杉属和观光木属的发现，在植物分类学和地史研究上有重大的科学意义。

陈焕镛是中国植物调查采集的创始人之一。早在1919年，他就赴海南岛五指山区采集，成为登上祖国南部岛屿采集标本的第一位植物学家。20世纪20年代，他到湖北、广东、香港、广西、贵州等地采集标本，同时还与英、美、德、法等多个国家的学者和标本馆建立标本交换关系，因此积累了相当数量的标本。1928年他在中山大学植物研究室创建了中国南方第一个具有一定规模的植物标本馆。

陈焕镛不但是中国植物分类学的先驱和权威，在国际学术界也享有很高的声望。1930年，陈焕镛作为中国植物学家代表团团长，出席在英国剑桥大学召开的第五届国际植物学会议，并代表中国植物学家向大会致贺词。在这次会议上，他作了题为《中国近十年来植物学科学发展概况》的专题报告，内容述及中国植物学的发展以及从事教学与科研的中国学者的奋斗及开拓精神，得到与会者的重视，因而大会将中国植物研究列为重要议题之一，且为中国在国际植物命名法规审查委员会中争得两席，会上他和胡先骕被选为该委员会委员，成为中国加入国际植物学会及成为命名法规委员会成员国的开端。1935年陈焕镛应邀出席在荷兰召开的第六届国际植物学会大会，被选为国际植物学会分类组执行委员会委员和植物命名法规小组副主席。

陈焕镛在"文化大革命"中遭受迫害，1971年1月18日，在广州沙河人民医院病逝[①]。

陈焕镛来到中山大学后，先后分别在生物学系和林学系任教，在生物学系的任教分三个阶段，1928—1930，1938—1939（虽受聘，但不久广州即失陷，遂滞留香港），1947—1954。因此张宏达读书时，并未受过陈焕镛的亲炙。1938年，陈焕镛任理学院院长期间，转移生物系标本，并把生物系的房舍让给农学院，因为不理解这种做法，年轻气盛的张宏达还和

---

① 陈焕镛小传主要参考冯双：《中山大学生命科学学院（生物学系）编年史1924-2007》。广州：中山大学出版社，2007年6月。

陈焕镛发生过争执。但自从来到植物研究所工作后，张宏达就一直把陈焕镛看成他一生中最重要的老师。因为在中山大学植物研究所工作的时期，是张宏达确定学术发展方向的时期，也是他植物分类学研究的奠基时期，正是因为有了陈焕镛的指点，他才能在学术上迅速有所建树。所以他说："归根我是陈老的学生，我的老师董先生、张作人先生反倒是次要的，因为我的研究工作是研究所为主的，所以我还是认陈老是我第一老师。"[①] 他也自认为是陈焕镛的得意门生，认为当时在陈焕镛身边工作的人，称得上是陈焕镛弟子的，除了侯宽昭、何椿年，第三个就是他。

张宏达将陈焕镛的执教风格概括为：你不做，他不管你；你做，他帮你。陈焕镛是非常认真的学者，对学术上特别投入、特别认真的年轻人，如果想做一点研究工作而求助于他，他会给予热情的帮助。

刚到研究所工作时，张宏达没有方向，他征求陈焕镛的意见，陈焕镛对他说："你就搞金缕梅，你的老师董爽秋，就是在德国搞金缕梅，他现在不搞了，你就跟上去吧。"[②] 张宏达认为陈焕镛的这个建议对他的帮助特别大。金缕梅科于 1818 年建立，最初只有 4 属约 20 余种，现在已经发展到 30 属 140 多种，金缕梅科植物在外部形态、花粉形态等方面的强烈分化，使它成为植物学家探讨被子植物起源与早期分化的重要类群，也是当前植物系统学家研究的热点类群之一。张宏达继承和发扬了董爽秋对金缕梅科的研究，进一步在金缕梅科做了大量的工作，他在这一科中发表了两个新属，山铜材属和半枫荷属（*Semiliquidambar*），他建立的金缕梅科分类系统有较大影响，是这一科公认比较科学的分类系统。对于在陈焕镛的指导下开展金缕梅科研究，后来回忆起来，张宏达感慨地说："我走这条路，走对了。"[③]

开展对金缕梅科的研究工作后，很快，张宏达发现了该科的一个新属。他十分激动地告诉陈焕镛，陈焕镛兴奋地拍着他的肩膀说，你真走运，因为这个标本陈焕镛自己用过，但他没有发现。张宏达想跟陈焕镛

① 张宏达访谈，2010 年 11 月 11 日，广州。资料存于采集工程数据库。
② 张宏达访谈，2010 年 12 月 6 日，广州。存地同上。
③ 同上。

图 3-5　山铜材标本（资料源于中国数字植物标本馆）

一起发表，陈焕镛说："你发现的，当然你发表。"张宏达便把这个新属命名为陈琼木属（*Chunia*，即山铜材属），以此来表达对陈焕镛的崇敬之情①。

张宏达说，他在跟随陈焕镛从事分类学研究后，发表过好几个新种，陈焕镛不跟他争，因为陈焕镛已经成名成家，他更乐于把机会让给学生②。关于金缕梅科的研究，张宏达所撰写的论文 *Additions to the Hamamelidaceous Flora of China*（《金缕梅科植物补遗》），是陈焕镛亲自为他修改英文句子和拉丁名词，让他把论文发表在 *Sunyatsenia* 上。

张宏达说，陈焕镛在研究过程中，定下了许多新种和新属，从不急于发表，而是反复推敲求证。以观光木属为例，从发现到正式发表经过了十几年的观察。写作学术论文，必每字每句反复斟酌，有疑难处，必博考群书，方才命笔。每写成一篇论文往往要改三四稿，甚至五次、六次修改，才肯定稿，从不草率行事③。这样严谨的治学精神，对张宏达也有很深的影响。新中国成立初期，他曾在一份材料中这样写道："他在学术上的成就，大大地鼓励了我，他诲人不倦的精神，使我在研究工作上奠下了稳定的基础，我承认，我今天的植物分类学上的成就，完全是他给予的指示和启迪，在我以后的事业上，的确忘不了他。"④

在此之前，张宏达一心想出国留学，像自己的老师一样，到生物学发

---

① 郭晓鹭：人生与植物的一场旷世"苦恋"。资料源于广州市图书馆网站，2008-03-24。
② 张宏达访谈，2010 年 12 月 22 日，广州。资料存于采集工程数据库。
③ 张宏达，怀念陈焕镛老师，未刊稿。存地同上。
④ 张宏达干部档案正本一，反动党团登记材料，1950 年。存于中山大学档案馆。

达的国家去深造，再回来报效祖国。1946年上半年，他除了上课之外，一直努力地准备留学考试，当年7月，他参加了公费赴瑞典的留学考试，但是失败了。自从加入了植物研究所，得到陈焕镛的直接指导，张宏达开始对研究中国植物区系充满理想与信心，"自以为找到了做'专家'的门径，决心从事区域性的研究，留学的念头稍微看得淡了，我常自许十年以后，一定要在这方面成为独到的专家！"①

张宏达曾多次表达对陈焕镛的感激和崇敬之情，他在诗稿《萍踪琐记》（未刊手稿，存于张宏达藏书室）中批注："陈老有如海纳百川，不拘一格，显其博大精深，众望所归。陈老在解放后曾受到委屈，他毫不介意，一心忙他的工作，陈老有十多位得意门生，对我这不速之客同样关心，经他指导，我才有可能登大雅之堂。"

现在年事已高的张宏达，有很多往事已经淡忘了，但他对陈焕镛的感激之情从未磨灭，在采访中，他说："我就是陈老（的学生），陈老也愿意把我当作他的学生……"② 一语未尽，已哽咽难言。张宏达生性平和豁达，很少如此激动，这未尽之言中包含的是对老师深沉的感激之情。20世纪90年代，张宏达曾写过一篇文章《怀念陈焕镛老师》，就陈焕镛在科研上取得的成就总结了一些有价值的史料，也反映了陈焕镛和张宏达的师生之情（见附录五——张宏达未刊稿选编）。

建 立 家 庭

1947年10月10日，张宏达经过自由恋爱，与任善勤结婚。当天请了一些老师、同学和好友吃饭，请大家见证，从此两人结为志同道合的终生伴侣。任善勤不仅是张宏达生活中的伴侣，也是工作上的战友，张宏达一

---

① 张宏达干部档案正本一，清算我的反动思想和资产阶级腐朽思想，1951年6月27日。存于中山大学档案馆。

② 张宏达访谈，2010年10月29日，广州。资料存于采集工程数据库。

生在科学的道路上孜孜以求，取得的成果与任善勷默默无闻的工作和全心全意的支持是分不开的。

任善勷生于 1920 年 4 月 8 日，广东惠阳人。父亲任吉云，母亲韩品容，兄长就是张宏达极为爱戴的恩师任国荣。任善勷的父亲是中医，而且家里开中药店。1937 年，任善勷的父亲去世，就开始跟随哥哥生活。

任善勷初中就读广东省女子中学，高中读惠阳中学。1938 年，正读高中二年级时，她也在广州参加广东省大中学生集训队。广州沦陷时，她和哥哥一家搬到云南。在云南就读昆明华侨中学，1940 年，考入中山大学师范学院英语系。大学三年级的时候，任善勷也参加了师范学院"驱齐运动"。1945 年毕业后，先后任中山大学师范学院助教，广州女子师范学校和中山大学先修班英语教员。

张宏达和任善勷是因为长期相处，自然产生的感情。据张宏达回忆说，他读书的时候，有时参加野外考察，任国荣也会带上任善勷，就这样认识了。任善勷和张宏达一样，喜爱运动，上学的时候是学校篮球队的队员，还擅长排球、垒球和游泳。大学一年级时，广东省组织体育访问团到湖南耒阳、衡阳和广西桂林、柳州访问，任善勷是代表团里的篮球、排球和游泳选手。从这方面来说，任善勷和张宏达也是志趣相投的，任善勷在中大师院读书的时候，曾经观看过张宏达参加师生篮球比赛，多年之后还常跟张宏达的弟子提起当年他在球场上的英姿。

张宏达和任善勷确定恋爱关系的时间不详，但据张宏达说，他们当时是背着任国荣谈恋爱的[1]，任国荣出于一些不可知的原因，反对两人恋爱结婚，两人结婚时，任国荣在南京，两人没有征得他的同意，只是写一封信通知他两人结婚了。张宏达与任善勷结婚后，和任国荣的关系有所疏远。曾参加婚礼的张梦石在"文化大革命"中所写的证明材料提到："张宏达的爱人是任国荣的妹妹，在他们结婚之前，张宏达和任国荣的关系怎样我不了解，在将结婚之前（约在 1946—1947 年），任国荣夫妇不愿意他和他的妹妹结婚，任的妻曾到我家请我告诉张宏达不要和他的妹妹结婚，

---

[1]　张宏达干部档案正本一，清算我的反动思想和资产阶级腐朽思想，1951 年 6 月 27 日。存于中山大学档案馆。

免辱任的家门。结婚那晚宴会，任国荣夫妇都不到场。"①

1954年，经吴印禅的介绍，任善勤到华南植物研究所当图书管理员，她从头开始学习图书编目和管理。"大跃进"年代，图书资料室承担编辑植物

图3-6　晚年的张宏达夫妇（资料源于《张宏达影集》）

名录和植物学名词的工作，通过这项工作，任善勤对植物学有了较全面的认识。她编的《英中生态地植物学名词》作为1958年的国庆献礼作品，在当年中国科学院图书工作会议上受到表扬。1960年她调进中山大学，负责生物系植物标本室的管理工作，开始系统学习植物分类学，以便掌握标本室管理所需的知识。

张宏达的植物分类学研究主要依靠标本室，出于强烈的责任心，也出于对丈夫工作的支持，任善勤放弃了自己的专业，数十年如一日，从事标本分类、鉴定、登记、归档这些枯燥乏味的工作，退休后接受返聘，依然在岗位上兢兢业业，一丝不苟。中山大学植物标本馆发展到现在，在国内称得上是最好的标本馆之一，其中当然凝结着任善勤的毕生心血。张宏达和任善勤的儿子张鲁对我们说："我母亲管标本室，管到后来，跟其他人有点合不来了，我们感觉，她把标本室看成自己的了。"这其实就是对工作高度负责的一种表现。因为任善勤的工作对张宏达的学术给予的极大帮助，张宏达的一些论文和专著署了任善勤的名字，包括《中国植物志》（第49卷，第3分册）。任善勤还发挥自己的专业特长，与张宏达一起编著了《朗文英汉植物图解辞典》。

在生活上，任善勤一手操持家务，勤俭持家，让张宏达没有后顾之忧。2002年7月4日，任善勤因病去世。张鲁回忆说："当时我们的全部

① 张宏达干部档案正本二，张梦石：关于我所了解的张宏达，1956年8月1日。存于中山大学档案馆。

精神都放在父亲身上，觉得我妈妈就是铁人，虽然我们也成家，有孩子了，但都不了解母亲的辛苦，好像她就应该这样做，到了我们四五十岁了才觉得，老妈真可怜，到了我妈病的时候，才知道，原来老妈也会病。"1999年，80岁的任善勤还每天买菜，家里二老，长子家三口，次子家三口，都在一起吃，每次买菜都要买十几斤，家属区的人都知道她能干。病发那天，她去买了一大篮菜，提着走，回来之后，坐在沙发突然站不起来了，是中风。出院后，好强的任善勤，不愿意让别人看到自己拄着拐杖走，从此不愿意下楼锻炼身体，身体机能慢慢就差了。2002年6月，任善勤突患感冒，继发肺部感染，送医院两个星期后，宣告不治，于2002年7月4日逝世。

　　张宏达和任善勤育有两个儿子，虽然因为"文化大革命"的原因，没有机会接受高等教育，但通过个人努力，在各自的工作岗位上都有良好的表现。长子张志，1948年4月25日出生，后来在广州市交通运输学校当讲师。次子张鲁，1950年3月5日出生，后来在广州市电力公司任经理。长孙张乐琦，现在德国发展，次孙张一弛，现在读大学。

图3-7　1962年张宏达与儿子张志（左）和张鲁合影（资料源于《张宏达影集》）

第四章
砥砺奋进

　　广州解放前夜，1949 年 10 月 13 日晚，因广州市内秩序混乱，张梦石住到张宏达家里（当时在文明路中大附中平山堂）。回忆当时的情形，张梦石说："外面枪声卜卜，他们夫妇（张宏达、任善勤）的心情和我一样都希望解放军快到，广州早日得到解放。"[①]

　　1949 年 10 月 14 日，广州宣告解放。张宏达这一代知识分子，经过军阀割据、抗日战争、内战，尽管充满爱国激情，但在动荡的社会环境中报国无门。中华人民共和国成立，揭开了中国历史的新篇章，新政权在整顿社会秩序和开展经济建设中表现出勃勃生机。早已把自己的命运和祖国的命运结合在一起的知识分子，对国家和民族的未来充满希望，满怀激情地投入到工作中去。

中山大学生物学系

　　1949 年 11 月 2 日，中国人民解放军广州军事管制委员会文教接管委

---

　　① 张宏达干部档案正本二，张梦石：关于我所了解的张宏达，1956 年 8 月 1 日。存于中山大学档案馆。

员会正式接管中山大学。1950 年 1 月 20 日，广州市军事管制委员会命令中山大学成立临时校务委员会，在过渡时期，临时校务委员会为全校的最高领导机关，领导学校的教学、行政事宜。临时校务委员会的首要任务是医治战争创伤，稳定局势，恢复学校正常的教学、科研和管理工作。1951 年 1 月，政务院提请中央人民政府委员会批准，许崇清为中山大学校长，冯乃超为副校长，中央人民政府委员会第 11 次会议通过了这一任命。4 月 19 日，中国共产党中山大学党支部组织公开，冯乃超任首届党支部书记。9 月 9 日，中央教育部批复中南军政委员会教育部：经政务院核定，公立学校概不加冠"国立"、"省立"、"县立"或"公立"字样。根据这一规定，"国立中山大学"改称"中山大学"。

1951 年，根据国家建设和高等教育发展的需要，中国开始了全国范围内的院系大调整。中山大学的院系调整分两次完成，一次为 1952 年在广东省范围内的调整，一次为 1953 年在中南区高等学校院系调整委员会指导下的调整。在第一次调整中，原中山大学工学院、农学院、医学院、师范学院被划出，与岭南大学、华南联合大学的有关科系合并在一起，分别成立了华南工学院、华南农学院、华南医学院、华南师范学院。新中山大学主要以原中山大学和岭南大学的文理学院构成，岭南大学生物学系并入中山大学生物学系。与岭南大学的合并，使生物学系的师资队伍得到加强。1953 年 9 月底，进行第二次院系调整，在这次调整过程中，理学院的设置被取消。

院系调整后，中山大学以广州东南郊康乐村（原岭南大学校址）作为新校址。1953 年 10 月 21 日，中山大学从石牌迁到新校。同时，中山大学植物研究所也迁到康乐村。院系调整和校址的迁移，实现了中山大学教学体制的重新建构，奠定了中山大学在新时代的发展方向。

新中国成立后，在高等学校的教学和管理工作中，全面引入苏联的高等教育模式，具体措施有：改变原有系科，重新设置专业，由按系招生改为按专业招生，制定教学计划和教学大纲，建立基层教育组织等。按照这种模式，中山大学生物学系进行了一系列变革。1950 年 8 月，生物学系新设植物学、动物学本科专业，取消原生物学专业，首批植物学、动物学专业本科生入学，原来的二至四年级学生也重新选择进入植物学组还是动物学组。1952 年，生物学系本科学制改为 5 年。

这个阶段，张宏达对生物学系的教学工作充满了热情，他认为，共产党学习苏联模式办大学，有了严格的组织制度，有了周密的计划，改变了新中国成立前大学里科研和教学人员一团散沙、各做各的局面，对促进教学和科研工作是很有意义的。1950 年 2 月，刚刚解放 4 个月，中山大学还处于过渡时期，张宏达就晋升为副教授，这激发了他对教学工作的积极性。在教学中，他曾先后担任植物形态解剖学、植物生态学、地植物学、普通生物学、高等植物分类、低等植物分类等多门基础课的授课和实习指导工作。

新中国成立后的张宏达与之前埋头于学术研究不同，在完成自己的教学工作之余，还非常热心系里的各项事务，关心生物学系教学工作的开展。1949 年 11 月，中山大学进入军管时期，生物学系由 3 人领导小组管理工作，戴辛皆任组长。此后的 1 年零 10 个月里，生物学系没有设立系主任。没有系主任的状态，不可避免地影响到生物学系教学工作的正常开展，张宏达和系里其他老师多方奔走，想早日解决这一问题，并曾多次向当时中山大学军管会联络小组组长、校务委员会代主任刘渠提出意见，因问题没有得到及时解决，在全系的师生大会上，张宏达公开表达了对刘渠的不满[①]。在全系师生的争取下，最终在 1951 年 9 月，于志忱被任命为生物学系主任。

1953 年 3 月，中山大学全面实行系主任负责制，将系作为教学的行政单位，制定《中山大学"系"工作暂行条例》，生物学系由戴辛皆担任系主任。为协助系主任的领导工作，各系成立系委会，张宏达被推为系委会委员。

1953 年 9 月底，生物系开始设立教研组，动物学教研组和植物学教研组相继成立，于志忱任植物学教研组主任，1954 年 8 月，改由张宏达担任。从这时起，直到 1992 年，除了"文化大革命"期间教学工作中断的几年，

---

① 张宏达干部档案正本一，清算我的反动思想和资产阶级腐朽思想，1951 年 6 月 27 日。存于中山大学档案馆。

张宏达一直担任植物学教研组（室）的负责人。

在此期间，生物学系依然保持着重视野外考察的优良传统，张宏达经常亲自带领同学们进行野外考察。1950年7月，他带领应届毕业班植物学组到湘南武冈云山考察，采得蜡叶标本300余号。1951年、1953年、1954年和1955年，4次带领学生去肇庆鼎湖山进行毕业实习。

1954年冬天，中山大学开始推行生产实习的制度，这也是学习苏联高等教育制度的一个举措，每年安排三年级的同学进行生产实习。这个时期，生产学习制度比较强调专业性，生产是手段，而不是目的。植物学专业的生产实习主要以植物资源调查的方式进行，1956年夏天，张宏达带领当时就读三年级（1957届）植物学专业同学，到雷州半岛进行生产实习；1957年7月，张宏达和吴印禅一起，带领1958届植物学专业同学到英德滑水山、温塘山及英德全境开展植被调查，写成6万字的《英德植被调查报告》。这两次考察都是新中国成立后中国科学院组织进行全国资源普查工作中的一个重要部分。对植物学专业学生而言，在生产实习过程中，学生的确实现了将理论较好地与生产实践相结合的目的。

1956年1月，中央召开关于知识分子问题的会议。周恩来代表党中央明确提出了"向现代科学进军"的号召。周恩来指出：高等学校中的科研力量占全国科学力量的绝大部分，必须在全国科学发展计划的指导之下，大力发展科学研究工作，大量培养合乎现代化水平的科学和技术的新生力量。在"向现代科学进军"的热潮中，高等教育出现了教学和科研并重的办学特色。

1956年10月，生物学系制订了《1956—1957学年度教学工作计划》，在教学工作、科研工作和师资培养等各方面都进行了详细而合理的规划。

该计划对教学工作进行了大胆改革：停开一年级生物引论和三年级政治经济学。把三年级教育学和生物教学法合并为教学实习。普通昆虫学和经济昆虫学合并为昆虫学，鱼类学停开，以便学生能有更多的时间自由支配，培养和提高学生独立工作能力；规定教研组要坚持备课小组制度，重视具体帮助和及时总结经验；改变实验课的包办代替以及时间安排上的机械做法，重视理论联系实际和培养学生独立工作的能力；继续贯彻对学生全面负责制，强调每一位教师不仅是科学家，而且是教育家，在教学和生活中教导学生深入专业知识领域外，还要注意培养他们深入思考和独立工作的能力，以及共产主义道德品质修养。

该计划强调科研工作的重要性：拟于当年建立3个研究室，即昆虫学研究室、寄生虫学研究室和高等植物研究室；坚持举行小型教学组和室系性的科学讨论会；规定各教研组在制订或修订教师个人科学研究计划的基础上，订出本学年教学研究组科学研究计划要点；强调要保证教师有5/6时间进行业务工作。

在师资培养和提高方面，该计划一方面注重充分发挥老教师的力量，提出要建立师传带徒弟的制度，也可考虑由几个老教师共同培养一个新教师，要求老教师应有较多的时间指导研究生、进修生和毕业论文；另一方面则有计划地培养新生力量[1]。

按此计划安排教学和科研工作，将使生物学系有较快的发展。可惜的是，1957年6月，反右派斗争开始，破坏了学校的正常工作秩序。同年10月，中山大学进入整改阶段，整改中又掀起新一轮的"鸣放"高潮。11月18日，生物学系成立整改工作组，根据"鸣放"阶段群众提出的批评进行整改。植物学整改的核心内容就是"精简教学内容"。主要做法包括：①三年级的课程论文根据学生的具体情况考虑部分暂停进行。②各科实验课精简为隔周上一次。③专门化课程上课和实验时间酌情减少。④各科测验停止进行[2]。这次调整，使生物学系的教学、科研工作受到很大影响。

1958年6月，中山大学提出了改革教学与科研的"双改运动"，重心是"政治挂帅，开展教学和科研"、"到生产劳动中去"。"双改运动"开展起来后，中山大学全体师生放下书本，转而投入到生产劳动中去。同年

---

① 冯双：《中山大学生命科学学院（生物学系）编年史 1924-2007》。广州：中山大学出版社，2007年6月，第126-127页。

② 同上，第132页。

9 月，中共中央和国务院发布《关于教育工作的指示》，强调党对教育领导的重要性，制定了教育必须为无产阶级政治服务、必须与生产劳动相结合的方针。指示还要求，走群众路线，实行全党全民办学。此后，以"政治挂帅"、勤工俭学、教育与生产劳动相结合为指导方针的教育大革命在全国开展起来。

在这种形势下，从 10 月开始，生物学系 350 多名教工和学生下乡到广州市郊新滘人民公社，参加为期两个月左右的劳动，组成高校大队，协助当地办社。在下乡期间，高校大队参加了抢修广州钢铁厂铁路的劳动。在这次下乡劳动中，张宏达被评为修铁路积极分子，先进事迹有"政治立场明确，在下乡劳动中很注意贯彻阶级路线。劳动肯干，争取干重活，不怕累，不怕脏，虚心向社员学习。对人态度很好，没有摆教师架子，群众关系好，纪律性很强。"[1] 1959 年 1 月，生物学系师生到广州的棠下、三元里、杨箕、赤岗 4 地进行科学研究、教学、生产劳动的三结合。

与此同时，1958 年，中国开始了以"鼓足干劲，力争上游，多快好省地建设社会主义"为指导思想的"大跃进"运动，中山大学各系都被要求提出本系在教学和科研工作上的跃进指标，这些指标很多是背离客观规律的，比如生物学系提出要"研究如何喂养'五千斤'一头的大肥猪"等等[2]。植物学方面，以吴印禅和张宏达为首，提出发挥专业特长，编写《广东植物志》作为"大跃进"的奋斗指标，同时向国庆十周年献礼。本次编志"打破传统的束缚，实行群众动手编志的创举"[3]，组织了 10 位教师和 21 位同学，仅用半年时间完成了 500 万字的《广东植物志》初稿。1959年"反右倾"斗争之后，在党委的指示下，植物学教研组决定进一步充实《广东植物志》内容，把未编写进去的海南岛 1200 余种植物编写进去，成为 700 余万字的更"完整"的《广东植物志》，并将原定在 1962 年才能完成的审稿和出版工作加速进行，提前到 1961 年"七一"前全部定稿，打算

①　张宏达干部档案正本一，中山大学积极分子登记表，1958 年 12 月。存于中山大学档案馆。
②　吴定宇：《中山大学校史 1924—2004》。广州：中山大学出版社。2006 年，第 277 页。
③　张宏达：六十年学术活动记事。见《张宏达文集》。广州：中山大学出版社，1995 年。

分 8 卷陆续出版，作为向中国共产党成立 40 周年的献礼[1]。而据张宏达弟子吴七根[2]（毕业留校即担任张宏达的助教，这个时期是张宏达的主要助手）回忆，《广东植物志》的编写持续到 1964 年才结束，[3] 自 1959 年吴印禅去世后，张宏达一直主持这项工作，不断进行修订。

编写《广东植物志》被当作是"科学研究工作中大搞群众运动"的先进典型被推广，认为"把它和 41 位世界有名的分类学家花了将近 40 多年编写的《印度支那植物志》比起来是不会逊色的。同样也击破了资产阶级学者们'乱哄哄，一场空'、'群众搞科研质量不高'等谰言"[4]。但客观来讲，《广东植物志》是特定历史时期和特殊政治环境的产物，片面强调群众参与，编写人员中，虽然有吴印禅和张宏达这样对广东植物区系有比较深入认识的专家，但更多的是专业基础比较薄弱的学生，而且是"赶工项目"，导致书籍质量较低。

这时，传统上以植物分类学、植物群落学研究为基础的野外考察已经受到批判，认为不解决生产中的实际问题。为顺应这种形势，1959 年 9 月，张宏达带领 1960 届植物学专业学生进行野生资源普查，这次的野生资源普查队，是由中山大学生物学系与罗定县土产系统的干部共同参与的，主要目的是调查罗定县鸭刀山的药用植物资源，此次考察共采集了458 号标本。

1959 年 9 月，植物学教研组建立了党支部，代替教研组主任，领导教研组的一切工作。1960 年 4 月，在"反右倾"斗争结束之后，中山大学掀起新一轮教育改革运动，依然采取鸣放及张贴大字报的方式，重新全面检查教学上的"少慢差费"现象，检查"资产阶级学术思想"。在这次教学改革运动中，生物学系提出了以下几项措施：①暂停植物学、动物学专业招生，调整为生物地理学专业，张宏达任生物地理学教研组主任；②继续大幅度削减专业课、基础课，大量增加政治课；③撤掉系主任，实行系党

---

① 中山大学植物教研组先进事迹，油印稿，1960 年。存于中山大学档案馆。

② 中山大学生物学系 1957 届毕业生，华南植物研究所研究员，曾任华南植物所副所长，植物形态研究室主任。主要从事植物形态解剖研究，对木兰科、姜科研究非常深入。

③ 吴七根访谈，2011 年 5 月 19 日，广州。资料存于采集工程数据库。

④ 同①

总支领导下的系务委员会负责制。

教学改革运动后，中山大学与相邻的广州市新滘人民公社制定了"长期挂钩，全面协作"的方案，生物系师生被安排到新滘人民公社小洲农场、凤凰大队养猪场等地下乡，支援农业生产。1960年8月，响应中共广东省委发出全党全民总动员抢插抢种的紧急号召，生物学系、化学系师生共600多人奔赴花县，帮助农民插秧。11月，张宏达带领生物地理学专业同学40余人，到高州团结农场及广潭大队进行教学与生产、劳动"三结合"，近一年时间，生物学系没有正常的上课。

1961年1月1日，中共八届九中全会正式通过"调整、巩固、充实、提高"八字方针，开始对社会经济进行全面整顿。1月，教育部在北京召开全国重点高等学校工作会议，着重研究在教育界贯彻执行中央关于"调整、巩固、充实、提高"的方针。3月，教育部开始起草《教育部直属高等学校暂行工作条例（草案）》（简称《高教六十条》）。《高教六十条》针对当时教学质量降低、劳动过多等主要问题，规定了高等院校必须以教学为主，努力提高教学质量。《高教六十条》于同年9月正式下发，此前，政治形势的变化已经对纠正高等教育中的混乱情况产生了正面的影响。

1961年3月开始的新学期里，生物学系开始大力加强四年级同学的基础课学习。张宏达带领学生从高州回校复课。回校后，马上为大四同学进行了紧张的补课，在短短的四个月时间里，张宏达为大四学生开设了植物形态学、植物解剖学、植物系统分类学和植物生态学等基础课程。这时，生物学系的教学质量和科研环境都有所好转。

1961年下半年的招生工作中，生物学系将专业重新调整为植物学与植物生理学、动物学与动物生理学、生物化学，同时，在各专业下设置专门组及植物生理学专业设地植物学、植物生理学两个专门组，地植物学专门组被确认为生物学系的重点专门组。在学科建设方面，学校初步确定了八个学科为科学据点（即重点学科），这八个学科包括生物学系的昆虫学、地植物学两个学科。学校要求学科据点逐步实现三个"成套"：人员成套、资料成套、仪器设备成套；实现"五定"：定方向、定人员、定任务、定设备、定制度①。"学科据点"的确认，使植物学专业得到有力的扶持，日后得以发展为国家重点学科，张宏达作为植物学教研组的主任，以后发展成为本学科的学科带头人。

1961年秋天，张宏达开始招收研究生，首届招收了黄培佑等3人，1962年又招收了翟应昌。

1961年12月1日，张宏达晋升为教授，在当年填写的《高等学校确认与提升教师职务名称呈报表》②中，校务委员会审批意见如下：

> 历次政治运动表现尚积极，要求进步，近年来进步较快，能依靠组织，贯彻党的意图，在系的老教师中起积极作用，工作埋头苦干，很刻苦。业务上能刻苦钻研，曾发表过论文和翻译，特别是大跃进干劲大，在编写《广东植物志》和地植物学工作中有显著成绩，表现在植物分类学、植物学和地植物学方面有一定研究成果，教学上先后开出植物生态学，地植物学，达尔文主义等课程，效果尚好，培养青年师资和指导学生毕业论文方面有一定能力。根据该同志的政治业务条件，拟提升为教授。

从审批意见中，可以看出，在张宏达晋升教授的过程中，学校是以业务能力为主要考核标准，而不单重视政治表现。

1962年1月，中山大学第二届校务委员会组成，张宏达和生物学系的于志忱、戴辛皆、蒲蛰龙等人担任校务委员会委员。此时，系内各教学研究组正式统称教学研究室，张宏达兼任植物学教研室主任。在植物学教研室的管理工作中，张宏达非常重视青年教师的培养，为他们的成长创造很多机会，鼓励助教尽快登上讲台。张宏达对学科建设也有长远的打算，由于这时吴印禅已经因病去世，生物学系在低等植物方面的师资比较薄弱，为了改善这种局面，在张宏达的建议下，生物学系先后把1959年留校的

---

① 冯双：《中山大学生命科学学院（生物学系）编年史 1924–2007》。广州：中山大学出版社，2007年6月，第145–146页。

② 张宏达干部档案正本一。存于中山大学档案馆。

图 4-1　1962 年的张宏达。（资料源于《张宏达影集》）

李植华和钟恒送到外校培训，派李植华学习苔藓，派钟恒到农学院学习真菌，以后两人都成为各自领域的专家。

这一时期张宏达亲自讲授的课程有植物形态学、低等植物分类学、普通生物学、进化与遗传、达尔文主义、植物学（第一册）、植物生态学、地植物学。

1961 年，教育部决定建立各专业、各课程教材编审委员会，负责制定相应专业、课程的教材建设规划，编审、评价有关教材，生物学教材编审委员会成立。5 月，张宏达出席了在上海召开的教材编审会，这次会议遴选了吴印禅主编的《植物分类学》作为植物学专业的教材。

1963 年，中山大学历史上第一个自然科学学术委员会成立，由 19 名学术委员组成，张宏达和其他 3 位生物学系教授于志忱、戴辛皆、蒲蛰龙当选。

野外考察工作开始恢复，1961 年冬天，张宏达带领研究生去海南岛考察植被，先后到达吊罗山、尖锋岭，并于翌年元旦登上五指山。1963 年，带领 1964 届同学到海南霸王岭实习，1964 年 7 月，带领 1965 届植物学

图 4-2　1961 年在海南五指山二峰峰顶（后排左三为张宏达。资料源于《张宏达影集》）

专业同学赴粤北五指山林场实习，实习过程中，在山脊发现大片的乐东木兰，并发现了樱井草，共采得300余号标本，同时在林区内测定了莽山常绿林树种的蒸腾、呼吸及光合作用，开展了实验生态学的研究。

1961年12月5日，经广东省高等教育局批准，张宏达就任生物学系副主任。1962年2月，在《高教六十条》精神指导下，中山大学重新启用系主任负责制，从此，张宏达与生物学系主任戴辛皆密切配合，通力合作，领导生物学系的教学和科研工作。

戴辛皆（1894—1970），又名平舆，字笠，湖北省云梦县人。著名生物生理学家。1917年毕业于武昌高等师范学校，1928年赴法国留学，1933年获里昂大学生物学博士学位，曾任职法国海军部海滨生物研究员。1933年秋回国，任北平研究院研究员、生理研究所研究员、青岛观象台海洋研究所研究员，在青岛从事船底附着生物研究，1936年8月，受聘为国立中山大学理学院生物学系教授。

图4-3　戴辛皆（资料源于网络）

戴辛皆担任生物学系主任后，着力推进师资队伍的建设，尤其是培养青年老师和研究生等方面做了很多工作，他力主聘请蒲蛰龙和利翠英两位教授到生物学系任教，延请费鸿年重返中大，筹办海洋生物学专业，并先后选送一批优秀教师去苏联学习。

戴辛皆在政治上积极靠拢共产党，新中国成立后，分别在1950年、1951年当选广东省第一、二届各界人民代表会议代表。担任系主任后不久，就向中大党组织申请入党。他积极开展教学工作和科研工作的改革，能紧跟当时的形势，在特定的历史环境下，对生物学系的发展是有利的。他能把握教育工作和科学发展的客观规律，在政治运动频繁的环境下，尽量推动和保障教学和科研工作的正常开展。

1936年，戴辛皆来生物学系任教时，张宏达是他的学生，曾听他讲授生理学等专业课程。中大坪石时期，张宏达在研究院农林植物学部工作期间，每周回坪石度周末，经常到戴辛皆家里打牌，私人感情很好。张宏达回到生物学系任教，二人成为同事，在抗日烽火中，和生物学系其他老师一起，坚持教学工作，在坪石失陷前夕做疏散准备的过程中，张宏达和戴辛皆等人一起寻找疏散地点，做迁校准备，在战乱中结下了深厚的感情。张宏达被任命为生物学系副系主任后，在行政工作上和戴辛皆有了密切的合作。在别人眼中，他是戴辛皆的得力助手[①]，两人共同对系里的教学、科研及其他各项工作进行决策，使生物学系的工作得以正常开展。

由上述情况可见，在《高教六十条》精神指导下，从 1961 到 1964 年，中山大学生物学系的教学和科研工作有了全面的改观，正常的教学秩序得以恢复，但随着"四清"及社教运动的展开，情况又有反复。学校组织师生下乡参加"四清"，同时广东省委也派出社会主义教育运动工作队进驻学校，冲击了学校正常教学秩序。1964 年 8 月，刘少奇在中共中央召集的党内报告会上提出，要把半工半读制度作为正规的劳动制度，正规的教育制度。同年 12 月，戴辛皆和张宏达带队去江西共产主义大学参观，学习半工半读制度和办学经验，回校后，根据生物学系的专业特点，开始酝酿半农半读的改革。1965 年起，生物学系开始实行半农半读，把 1964 级动物学和植物学专业作为试点，调整了课程，修改了教学方案，增加生产劳动的时数，半天学习，半天劳动。张宏达和其他老师都住到学生宿舍，与学生实行三同（同学习、同劳动、同生活），坚持了一年时间。

1966 年 5 月，中山大学组成参观团，赴京参加教育部主办的"高教系统科研和生产成果展览会"，张宏达和戴辛皆都是参观团的成员。同行的还有物理系的高兆兰和化学系的龙康侯。就在这个时候，"文化大革命"爆发了。

1966 年 7 月 24 日，中共中央、国务院发出《关于改革高等学校招生工作的通知》，决定"从今年起，高等学校招生，取消考试，采取推荐与选拔相结合的办法"。并指出："高等学校选拔新生，必须坚持政治第一的原则"，"贯彻执行党的阶级路线"。但这两项通知由于各院校相继进入"停课闹革命"的阶段，并没有得到执行，从这时起，直到 1970 年，中山大学没有进行招生工作。

---

① 张宏达干部档案正本二，梁庆煌：关于张宏达的证明材料，1970 年 8 月 1 日。存于中山大学档案馆。

华南植物研究所

新中国成立初期，植物研究所仍隶属于中山大学，陈焕镛担任所长，同时兼广西大学经济植物研究所所长。

1952 年 10 月 19 日，广西大学校长呈文中南军政委员会教育部，再次提出经济植物研究所与中山大学植物研究所合并的意见，并建议合并后由中山大学或中国科学院领导。1953 年 8 月 22 日，中国科学院计划局局长钱三强在第 27 次院常务会议上指出，考虑接收中山大学植物研究所、广西大学经济植物研究所。11 月 4 日，中山大学呈文中国科学院，同意将植物研究所改归中国科学院领导，该所标本、藏书、仪器等财产全部无偿转给中国科学院。1954 年 5 月 1 日，植物研究所正式从中山大学生物学系划出，改名为"中国科学院华南植物研究所"，归属中国科学院领导，所长陈焕镛，副所长吴印禅[①]。

图 4-4　20 世纪 50 年代张宏达与同事在华南植物研究所旧址（后排右起第一为张宏达。资料源于网络）

植物研究所隶属于中山大学时期，生物学系植物学专业的教师都兼任

---

① 冯双：《中山大学生命科学学院（生物学系）编年史 1924-2007》。广州：中山大学出版社，2007 年，第 110-115 页。《中国科学院华南植物园大事记》华南植物园网站，http://www.scib.cas.cn/ykjs/dsj/200909/t20090917_2490718_12.html。

研究所的研究工作，院系调整后，部分研究人员被分配到华南农学院，划归中科院后，所里的研究力量又有所削弱。由于当时华南植物研究所的工作重点是从事两广及西南地区的植物标本采集和植物分类学研究，当时在中山大学生物学系从事分类学研究的主要是吴印禅和张宏达二人，因此，华南植物研究所划拨中国科学院后，吴印禅和张宏达都同时兼任中山大学的教职和华南植物研究所的工作，他们的工资由中山大学与华南植物研究所各出一半[①]。张宏达在该所的兼职一直持续到1960年，作为陈焕镛的得力助手，承担了很多工作。

1953年7月至9月，中国科学院组织召开各学科的座谈会，讨论学习苏联，发展中国科学的问题，张宏达陪同陈焕镛到北京参加这次座谈会，讨论在植物学领域如何学习苏联的问题；1954年7月，张宏达再次陪同陈焕镛到北京参加，"中国科学院学习苏联先进科学经验交流座谈会"。

在此期间，加强干部的培养和提高是华南植物研究所的一项重点工作，主要内容就是政治学习和苏联先进科学技术的学习，华南所学习苏联先进经验的主要内容有两项：一项是俄文学习，当年8月部分研究人员参加了华南师范学院的俄文速成学习班，通过学习，"研究人员90%以上通过了，学者都能掌握基本文法，并能阅读专业书籍。"[②]华南植物研究所的研究人员中，吴印禅、张宏达、何绍颐、陈德昭、高蕴璋参加进修班，陈焕镛、何椿年参加初级班。另一项内容是学习米丘林学说，1954年在张宏达主持下进行的，该年度要求达到的学习目标是，初步了解米丘林学说的理论学说基础，并与本所实际工作相结合。学习方式是运用达尔文主义的基础文献为学习参考资料，进行集体阅读和讨论，组织专题演讲会。要求全体研究人员参加，每周学习3小时[③]。

华南植物研究所在划归中国科学院之前，主要从事单一的植物分类学

---

① 档案号319-1-1-15-18，华南植物研究所1954年至1957年工作计划纲要，1954年。存于广东省档案馆。
② 档案号319-1-1-30-38，华南植物研究所1954年工作总结，1954年。存地同上。
③ 档案号319-1-1-1-14，1954年研究工作计划表，1954年。存地同上。

研究，1951 年 12 月 29 日《中山大学理学院植物研究所概况》①一文中反映了当时所内研究人员的正在进行或已完成的研究，如陈焕镛、侯宽昭的《鱼藤属植物新种记载》，何椿年的《中国五加科植物补志》、张宏达的《中国紫珠属植物之研究》，贾良智的《中国素馨属植物之研究》，以及黄成就的《中国拢牛儿苗科植物之研究》。同时陈焕镛最为重视的是植物志的编纂工作，先后纳入工作计划的有《广州植物志》、《华南植物志》、《海南植物志》等。

1954 年 5 月 1 日，在中国科学院正式发出接收"中山大学植物研究所"，改名为"中国科学院华南植物研究所"的通知，将该所研究任务与方向确立为华南热带亚热带植物资源的发掘利用、引种驯化和保护研究。在这种形势下，单纯进行植物分类学研究已经不符合形势的要求。在 1954 年制定的《华南植物研究所 1954 年至 1957 年工作计划纲要》中，将调查热带林作为中心工作，同时开展热带植物的引种和栽培。并计划在 4 年之内做好分组准备，建立植物分类学组、资源植物组、生态学组，以解决生产实践中所产生的问题。1955 年，原担任中国科学院植物研究所副所长的张肇骞②被调到广州任华南植物研究所副所长，兼任总支书记、分党组副书记、党委委员，协助陈焕镛改组华南植物研究所。他非常重视在生态学和地植物学方面培训干部，之后，华南植物研究所先后筹建生态地植物学研究室、植物生理学研究室、植物资源研究室。在生态地植物研究室筹建过程中，他非常倚重张宏达的学术能力，也给予很多支持和帮助。

---

① 档案号 306-12-1-8。存于广东省档案馆。

② 张肇骞（1900-1972），号冠超，浙江温州人，一说浙江永嘉人。1920 年考入南京金陵大学农学院，时值五四运动爆发不久，他投入"外争国权、内惩国贼"的斗争中，带领同学闹学潮而被校方开除，遂转读东南大学生物学系。1926 年毕业后在中央大学任助教、讲师。1932 年赴英国皇家植物园邱园留学。1934 年回国后，从事教学和科研工作。曾任北京大学、清华大学、北京农业大学、浙江大学、江西大学、广西大学教授，中正大学生物系主任，以及北平静生生物调查所技师等职。中华人民共和国成立后，任中国科学院植物分类研究所（后改名为植物研究所）研究员。1953 年起兼任该所副所长，进行植物分类学研究，并承担很多科学组织和管理工作，当选为中国植物学会副秘书长。1955 年到华南植物研究所担任副所长，后曾任代所长。1955 年被选聘为中国科学院生物学地学部学部委员。

张肇骞学术思想活跃，非常重视学科间的协作与渗透。他强调，植物分类学和区系学的发展必须从"量的增长到质的提高"；描述性植物分类学固然重要，而单纯追求发表新种的做法束缚了年轻人的成长。为扩展植物学在国民经济建设中的作用，他还着手建立古植物学组织，以便为地层鉴定、矿产开发及研究植物的进化提供理论依据。张宏达同样是在科学上勇于创新的学者，对张肇骞这些观点非常赞同，因此常向他请教。据原广东省生态学会秘书长张社尧（张肇骞的女婿）回忆，在 20 世纪五六十年代，张宏达常去张肇骞家里拜访，对他非常尊重。

张宏达在筹建生态地植物学研究室方面做了很多工作，该研究室在 1955 年成立，张宏达在 1960 年前任研究室负责人。

关于张宏达是否曾出任生态地植物学研究室主任，现有说法存在争议，在华南植物园八十周年《园庆文萃》① 中，陈德昭的《往事追忆》一文和伍辉民《纪念植物学与植物生态学家王铸豪研究员》一文中都指当时是何绍颐、王铸豪、周远瑞 3 人负责筹建生态地植物学研究室。在采集小组对自 20 世纪 50 年代开始就在华南植物研究所工作的吴德邻和伍辉民进行采访时，两人都说张宏达没有担任室主任职务。同样从 20 世纪 50 年代即在该所工作的何道泉则指出：20 世纪 50 年代，张宏达负责筹建华南植物研究所生态地植物学组（生态研究室前身），并长期指导该室工作，但没有提及张宏达担任室主任职务② 。而张宏达的弟子和学术合作者王伯荪，从 20 世纪 50 年代就与张宏达有密切合作，据他回忆，那个时期，张宏达在华南所担任生态研究室主任③ 。

上述材料都出于个人回忆，由于华南植物研究所的档案保存不完整，张宏达不同时期填写的履历表就成为更可靠的依据。张宏达在 1960 年填写的《高等学校确认与提升教师职务名称呈报表》中写到：1954 年 1 月至 1960 年 7 月，任中国科学院华南植物研究所副研究员，地植物学组负责人；1979 年的《干部履历表》填写：1953—1960 年，在中国科学院华南植物

---

① 华南植物园 80 周年专题网站，http://xuebao.scib.ac.cn/yuanqing/newslist.asp?lm=72&page=3.

② 何道泉写给采集小组的信，2011 年 1 月 15 日。资料存于采集工程数据库。

③ 王伯荪访谈，2010 年 12 月 10 日，广州。存地同上。

研究所任地植物室负责人；1987 年填写的《干部履历表》中写到：1954 年1 月—1960 年，任中科院华南植物研究所生态室负责人，证明人为王铸豪；1987 年填写的《高等学校重点学科点申请表》中写有：1954—1960 年，在华南植物研究所任室主任。其中在 1961 年填写的《高等学校确认与提升教师职务名称呈报表》，年代较早，记忆可靠，且处于当时特殊的政治环境中，人们对组织上要求填写的履历表态度是非常认真的，填写在表格中的事项一般都是确切可靠的。由此可见，张宏达在 1954—1960 年期间，确实负责生态地植物学研究室工作，并被任命为主任。至于任职时间和该室名称上稍有出入，可能是不同时期该室处在不同的发展阶段，有不同的名称造成的。

生态地植物学研究室筹办前后，正值国家提出要开展"华南热带、亚热带生物资源综合科学考察"、"橡胶宜林地调查"和"植物资源调查"等工作，生态地植物学研究室由此提出了"通过参加国家任务带动学科发展"的策略，积极参加了这些调查活动。橡胶宜林地调查始于 1952 年，当时吴征镒、罗宗洛等著名植物学家和全国各大高校农、林和植物专业的学生都集中在广东进行这次调查，非常遗憾的是，张宏达没有参加这次调查。1956 年，中科院继续进行中国各大区综合资源调查，将雷州半岛的植被调查工作委托给华南植物研究所。出于锻炼学生的目的，张宏达主动请缨，要求中山大学生物学系参与这次调查工作，遂以他为首，以 1957 届植物学专业同学为主，组成调查队，完成了这项工作。当时植物生态学在中国还没有得到充分的发展，华南植物研究所的研究人员都是从分类学转而研究生态学，而这时张宏达已经在生态学方面做了诸如鼎湖山植物群落的研究等很多工作，并已在中山大学生物学系开设了植物生态学的课程，因此在华南植物研究所生态学的工作方面，张宏达和中山大学植物学专业的同学，承担了很多工作。

对于华南植物研究所建立生态地植物学研究室，陈焕镛有一些不同意见，陈焕镛一直专注分类学研究，筹建新的研究室，需要抽调很多分类学研究室人员，这项工作主要由副所长张肇骞主持。从学科发展的角度来看，这是大势所趋，但陈焕镛觉得分类学是该所的优势方向，如果抽调太多人手，分类学研究室的优势也被无形中削弱了。他在一些场合表示，他从美国回来就建立了植物研究所，希望能守住植物分类学的阵地。据陈德昭回忆：1959 年侯宽昭去世时，陈焕镛有失去臂膀之痛，情绪有些激动。一次，他含泪向吴征镒谈及华南植物研究所的学科阵容和建立镇守南大门、作为对外窗口的全国最大植物园的设想和计划尚缺得力助手的困难处境，希望吴征镒能向时任中国科学院副院长的竺可桢反映。中科院非常重视陈焕镛的意见，后来从武汉植物园调来陈封怀以及刘玉壶、吴容芬夫妇和胡启明、李应兰夫妇，并从昆明植物所调来黄成就，以充实分类学研究室，使在北京主持《中国植物志》的陈焕镛无后顾之忧[①]。从这件事可见一门学科在发展的早期阶段会产生种种争议。

1954 年 11 月 17 日，中国科学院第 50 次院务常务会议批准，成立华南植物研究所第一届学术委员会，张宏达和国内著名植物学家共 19 人当选学术委员会成员，其中有：陈焕镛、张肇骞、吴印禅、丁颖、仲崇信、何康、吴征镒、李庆逵、罗宗洛、侯宽昭、秦仁昌、彭光钦、蒋英、郑万钧、钟济新。

1999 年，华南植物园成立七十周年之际，张宏达撰写了纪念文章《光辉的七十年》（见附录五——张宏达未刊稿选编）。

科 研 工 作

新中国成立后植物学研究的学科背景

新中国成立后，中国在政治、经济、文化等各个领域全面学习苏联，体现在生物学研究方面，是在教学和研究中彻底贯彻学习米丘林生物学，打击不同学派的观点，这一举措堪称是中国生物科学的一场浩劫，尤其是对建立在遗传学理论上的各分支学科的研究造成了极大的破坏。米丘林

---

① 陈德昭，往事追忆，华南植物园 80 周年专题网站，http://xuebao.scib.ac.cn/yuanqing/newslist.asp?lm=72&page=3.

（Ivan Vladimirovich Michurin）是一个朴素的果树育种专家，并不以生物学家自居，直到1935年去世，他都没有提出建立一门科学的理论和方法体系。1948年8月，苏联召开全苏列宁农业科学院会议（又称"八月会议"），这次会议上，苏联农学家李森科（T. D. Lysenko）以米丘林的名字命名了自己的"学说成果"，称之为"米丘林遗传学"，坚持生物进化中的获得性遗传观念，否定基因的存在性。在以苏联为首的社会主义阵营国家，李森科的这个"遗传学理论"被贴上了"社会主义的"、"唯物主义的"、"无产阶级的"标签，独领风骚；而主流的孟德尔－摩尔根的关于基因的遗传理论，则被贴上了"资产阶级的"、"反动的"、"唯心主义的"标签，遭受排斥和打击。李森科获得了苏联两任领导人斯大林、赫鲁晓夫的支持，借助政治手段干预学术论争，使苏联的生物学研究陷入黑暗时期。

全面学习苏联的中国，在生物学领域，把米丘林生物学尊奉为神圣不可侵犯的正统。1952年6月，《人民日报》发表署名文章《为坚持生物科学的米丘林方向而斗争》，文章中说："米丘林生物科学的伟大，在于它彻头彻尾为提高农业生产、改造自然服务。但这一点好像没有引起我们的生物学者的注意。我们的植物分类工作，仍然片面地致力于野生植物，且为分类而分类。不注意植物的分布、产量、生活习性、经济价值等方面的研究，因而不能密切联系实际工作。"认为"我国生物科学的现况已经到了不能容忍的地步"，要求"从批判旧生物学、旧遗传学的工作中来学习米丘林生物科学。大学生物学系，应把各种课程彻底地加以改革；要认真地把纯理论加以彻底批判，生物统计、生态学等部门中的有害部分也要予以批判"。

1955年，著名植物学家胡先骕在《植物分类学简编》一书中，对李森科进行了客观的批评。此时，苏联国内学术界对李森科已有反对的声音出现，但在中国，还不允许提出不同意见。此书出版后，有人认为胡先骕反苏、反共，反对共产党领导科学。在1955年10月中国科学院与中华全国自然科学专门学会联合会举办的"米丘林诞生100周年纪念会"上，胡先骕受到政治批判，《植物分类学简编》被全部销毁，从此在生物学界没有人敢发表和李森科不同的观点。在这种形势下，植物学的教学和研究工作进行彻底的变革，植物分类学被认为不解决生产实践中的问题而受到压制。

中山大学生物学系及华南植物研究所的教学、研究工作也受到苏联植物学的影响，学习米丘林生物学是放在政治高度上进行的。1954 年，中山大学举行了两次跟米丘林有关的纪念活动，一次是在 5 月 1 日举行的纪念米丘林逝世 19 周年学术报告会，一次是在 10 月 27 日举行的米丘林诞辰 99 周年纪念。而在 6 月 4—7 日，中华全国自然科学专门学会联合会广州分会、广东科学技术普及学会、中国新民主主义青年团广州市委员会、广州市中苏友好协会等 4 个单位联合举行大型报告会、座谈会，总结广东学术界几年来研究米丘林学说及试验推广的情况，张宏达在会上发表了《米丘林学说对社会主义农业建设的意义》一文，文中提到米丘林学说在中国的发展："在全国各大学的生物系及农学院都按照苏联大学的制度，设置各种专业，完全采用米丘林科学的理论和技术来指导学生，并且对资本主义国家流行的唯心的、反动的莫尔根（摩尔根）学说加以彻底的批判，现在已完全树立起崭新的唯物辩证的米丘林科学。"

米丘林生物学在中国的统治地位对张宏达个人的学术研究工作产生了极大影响，张宏达在"三反"运动和知识分子思想改造的交代材料《清算我的反动思想和资产阶级腐朽思想》中做了这样的检讨：

在工作作风上，我又犯了主观的、唯心的方法，喜欢发表新种，为了发表新种而工作的念头在过去是非常浓厚的，认为多发表新种，名誉和地位都随着提高了，我就没想过多发表几个新种，实际上对于人民事业有什么好处，更没有想到这种研究工作，是否切合客观事实和需要，一直到我读了李森科关于"种"的界说后[1]，这种好发表新种的观念，才逐渐改变了。

解放初期，对米丘林学说在农业应用上，也有一些皮毛的认识，

———

① 指《科学中关于生物种的新见解》一文。

但因为自己有着腐朽的专家思想，遂使我抱残守缺，以为自己最好还是继续做分类学的工作吧。所以对米丘林学说就不能十分重视，认为重新来学习米丘林的工作路线，不知道要到何年何月才有成就，倒不如做分类学，也算有一技之长，可以一样为人民服务，因此对米丘林学说只做表面的认识工夫，但求应付应付而已，我把学识看作个人向上爬的梯阶，完全不认识科学是服务于人民的需要，这种工作态度如不根本改变过来，怎能为人民服务呢？

可见当时学术界所面临的政治环境，对张宏达从事分类学研究是非常不利的，虽然他还是陆续发表了一些分类学方面的研究成果，但都是在非常大的压力下进行的。

新中国成立后，张宏达参加了一些学术组织，以求在中国科学工作者团结的旗帜下，为发展祖国的科学事业共同努力，1950年，他加入了中国植物学会；1951年，加入广东省植物学会；1952年，加入中华全国科学技术普及协会。1956年起，担任广东省植物学会理事、秘书长。1963年10月作为广州代表，他参加了中国植物学会30周年年会。

在植物学领域，张宏达首先是植物分类学家，但是他很早就开始了对植物生态学的研究，他最早的研究成果，对湖南植物分布和西沙群岛植被的研究，都属于植物生态学领域，"文化大革命"之后，他发表了极具创见的"华夏植物区系学说"。可以说，他的学术成果集中于植物分类学、

图4-5　中国植物学会30周年年会，植物生态学与地植物学专业组全体代表合影（前排右一为张宏达。资料源于《张宏达影集》）

植物生态学、植物区系学三个方面，而在这个阶段，他在这三方面的研究都已经有重要成果出现。

植物分类学研究

我们从张宏达 1951 年填写的《广东省公私立高等学校教职员概况表》"学术研究（研究计划及进行情形）"一栏中，可以看到他此时正在进行研究的科目和进展情况："1. 中国金缕梅科植物之研究：第一阶段工作已结束并将结果刊于中山大学植物研究所专刊（西文）第七卷，第一阶段亦告完毕；中国紫珠属植物之研究：本文由 1950 年 6 月间开始，现已脱稿；中国灰木科植物之研究：开始。"这是新中国成立初期，张宏达研究的主要内容，其灰木科植物研究后来未见著述发表。由此可见，新中国成立初期张宏达工作的重点还是植物分类学。

1949—1966 年，在分类学领域，张宏达主要从事以下几个方面的研究。

紫珠属植物（*Callicarpa*）

张宏达从 1950 年 6 月开始对马鞭草科紫珠属植物进行系统的研究。当时，陈焕镛、胡先骕等老一辈植物学家正在积极倡议开展《中国植物志》的编撰工作，陈焕镛组织华南植物研究所的研究人员，将各科属的植物加以系统整理，以为将来编撰《中国植物志》的参考资料，张宏达研究紫珠属就是出于这个目的。

成果《中国紫珠属植物之研究》，于 1951 年发表在《植物分类学报》第 1 卷第 3—4 期。该论文将 1753 年以来所发表的中国紫珠属植物加以整理。主要根据中山大学植物研究所的材料来进行，因为有一部分模式标本保存于国内外其他标本室，其中有一些被毁于战火，因此有些地方是根据原种记载和前人意见加以判定。

张宏达认为 J. Briquet 将紫珠属植物分为管萼组（*Tubulosae*）和杯萼组（*Cyathimorphae*）的分类系统不尽完善，进而提出自己的分类系统，建立真紫珠组（*Eucallicarpa*）及顶裂药组（*Verticirima*），将 Briquet 的组修正后，作为真紫珠组之下的两个亚组。张宏达的这个分组抓住了紫珠属两种不同型而且很固定的特征，有利于分类上的运用，可以减少种与种之间的混乱。

这篇文章记载了中国紫珠属植物 35 种，13 变种及 5 型，约为马鞭草科专家裴鉴在 1939 年统计结果的两倍。发表了少花紫珠（*Callicarpa pauciflora*）、长苞紫珠（*Callicarpa longibracteata*）、裴氏紫珠（*Callicarpa peii*）、尖叶紫珠（*Callicarpa acutifolia*）、拟红紫珠（*Callicarpa pseudorubella*）、鼎湖紫珠（*Callicarpa tingwuensis*）、华紫珠（*Callicarpa cathayana*）、膜质叶紫珠（*Callicarpa membranacea*）共 8 个新种。

鼠刺属植物（*Itea*）

张宏达的《中国的鼠刺属植物》发表于 1953 年《植物分类学报》第 2 卷第 2 期。同样是为《中国植物志》参考而作，资料取材于中山大学植物研究所标本室，记载了中国鼠刺属植物 12 种，3 变种及 1 型。

金缕梅科植物（*Hamamelidaceae*）

张宏达对金缕梅科的研究始于 1947 年，进入植物研究所之后所发表的第一篇论文《*Additions to the Hamamelidaceous Flora of China*（金缕梅科植物补遗）》就很有影响，之后他一直在这方面继续进行研究，20 世纪 50 年代初，中国科学院统合全国力量进行的橡胶宜林地调查，张宏达之所以没有参加，就是忙于完成金缕梅科的研究。据《中山大学 1955 年科学研究工作总结》统计显示，该年度中山大学进行的科研项目有 202 个，该报告评价到：在已完成的项目中，达到国内领先水平的 5 个，其中 4 项属于社会科学领域，自然科学领域仅有 1 项，即张宏达的《中国金缕梅科植物之研究》。但在这时，这一重要的研究成果还没有正式发表。之后，张宏达继续对中山大学、中国科学院植物研究所、华南植物研究所及南京中山植物园所藏标本进行研究，不断充实自己的成果，陆续在《中山大学学报（自然科学版）》发表了《中国金缕梅科植物补志Ⅱ》（1960 年）、《中国金缕梅科植物补志Ⅲ》（1961 年）、《中国金缕梅科一新属》（1962 年），还在

《华南植物志资料》系列论文中发表金缕梅科的 9 个新种。

《中国金缕梅科植物补志》Ⅱ—Ⅲ主要记载金缕梅科的新种和新变种，共发表小叶金缕梅（*Hamamelis subaequalis*）等 9 个新种、5 变种，对壳菜果属（*Mytilaria*）和檵木属（*Loropetalum*）进行修正和补充说明，并取消了美国植物学家梅乐尔（E.D.Merrill）发表于 1930 年的新种 *Liquidambar edentata*，从它的叶片特征鉴别，断定它是槭科槭属（*Acer*）下的一个种。

1962 年的《中国金缕梅科一新属》，发表了金缕梅科半枫荷属（*Semiliquidambar*），新属的特征介乎枫香属（*Liquidambar*）与阿丁枫属（*Altingia*）之间，张宏达认为可能是自然杂交的产物。并发表了这一新属下的 5 个种，包括半枫荷（*Semiliquidambar cathayensis*）、秦氏半枫荷（*Semiliquidambar chingii* 细柄半枫荷）、厚叶半枫荷（*Semiliquidambar coriacea*）、长尾半枫荷（*Semiliquidambar caudata*）、尖叶半枫荷（*Semiliquidambar cuspidata*）。

山茶科植物（*Theaceae*）

张宏达对山茶科的研究始于民国时期，新中国成立后，陆续发表了一些论文。1954 年 7 月在《植物分类学报》发表《中国柃属植物志》，对中国柃属植物进行重新整理，记载柃属植物 59 种、9 变种及 5 型。提出了柃属植物分类的主要特征，发表了大毛果柃（*Eurya. megatricarpa*）、耳叶柃（*Eurya auriformis*）、五柱柃（*Eurya pentagyna*）、岩柃（*Eurya saxicola*）、半齿柃（*Eurya semiserrata*）、韩氏柃（*Eurya handel-mazzettii*，丽江柃）、蔡氏柃（*Eurya tsaii* 怒江柃）、钝叶柃（*Eurya obtusifolia*）、卵叶柃（*Eurya ovatifolia*）、拟多脉柃（*Eurya pseudopolyneura*）、川柃（*Eurya szechuanensis*）、红褐柃（*Eurya pseusopoyneneura*）、长果柃（*Eurya longistyla*）共 13 个新种。

约填写于 1956 年的《中山大学教师提升（评定）教授、副教授学衔呈报表》中，张宏达在"现从事何种研究工作"一栏中写到："中国山茶科植物研究（集体）"。这一时期，除了柃属植物属于系统研究之外，山茶科其他研究成果以发表新种和新属为主。1961 年《广东一油茶新种》发表了新种高州油茶（*Camellia gauchowensis*）。1963 年，张宏达的论文《山茶科一新属——猪血木属》发表了山茶科单种属植物猪血木（*Euryodendron*），此物种现为珍稀濒危物种，由于其木材结构细致，适用于建筑用材，且主要在人类活动频繁的乡村分布，人类生产活动的干扰造成其数量急剧减少。目前只在广东阳春的鹅凰嶂自然保护区尚存，为世上仅存的一个居群，已被列为国家二级保护植物。此物种张宏达曾在 1959 年 11 月中山大学第四次科学讨论会上发表，当时命名为时珍木属（*Liodendron*）。1963年 10 月，张宏达在《植物分类学报》第 8 卷第 4 期发表《华南山茶科植物一新属》，发表了拟核果茶新属（*Parapy renaria*，后重新命名为多瓣核果茶）。1963 年 10 月，张宏达到北京参加中国植物学会成立 30 周年年会，在会上报告了这两个新属。

《华南植物志资料》系列研究

从 1959 年开始，至 1963 年，张宏达共发表《华南植物志资料》Ⅰ—Ⅳ共 4 篇论文，均发表于《中山大学学报（自然科学版）》。在这 4 篇论文中，张宏达发表了大量新种，其中包括樟科植物 17 个新种，山茶科植物15 个新种、1 个新组合，鼠刺科植物 1 个新种，金缕梅科 9 个新种，冬青科 1 个新种、1 个新组合、1 个新变种，鼠李科 1 个新种，山毛榉科 3 个新种，马鞭草科 2 个新种，木兰科 5 个新种。《华南植物志资料》的研究缘自中山大学生物学系《广东植物志》的编写工作，在这个过程中，张宏达接触大量标本，发现了广东及其邻近地区的许多植物科、属都有一些未经记录的种类，因此将这些科、属中的新种和新组合进行整理并发表。

可见，虽然《广东植物志》在学术上并非成功之作，但通过这个工作，张宏达接触了大量标本，对广东植物区系进行了全面的梳理，这对他的植物分类学研究，乃至其后进行广东植物区系、华夏植物区系的研究都有极大帮助。据吴七根回忆，在 20 世纪 50 年代，为了编写《广东植物志》，张宏达每天从早到晚在标本室工作，当时大量标本是保存在华南植物研究所，由标本采集员曾沛每天去华南植物研究所借标本，等张宏达用完还回去，再借下一批。

　　曾沛对张宏达的学术生涯也有重要帮助。曾沛是标本采集员出身，原在岭南大学工作，1952 年院系调整中，岭南大学生物学系并入中山大学，曾沛就成了中山大学生物学系的老师。此后，曾沛在张宏达科学研究工作中给予很多的帮助。多次野外考察，都有曾沛的参与，包括雷州半岛的考察，就是由曾沛带队进行标本采集。张宏达工作中使用的很多标本，包括他发表的大量新种都是曾沛采集的。标本采集员是一个辛苦而又不为人所知的行业，植物分类学的研究，离不开标本的采集、制作和管理。虽然标本采集员的名字不会出现在研究成果的著者栏里，但研究者命名、鉴别或取消一个属、种，都要注明使用的标本和采集者，张宏达发表的大量文献里，都出现过曾沛的名字，从这个角度说，曾沛是他科学研究上的一个重要的合作者。

　　对张宏达此时的分类学研究，吴印禅给出了较高评价："著者对植物分类学方面的各篇论著，已接近国际水平，其中如紫珠属研究、柃属研究以及两篇关于中国金缕梅科植物研究，造诣很高，结合形态、生态、地理分布、系统理论等各方面来探讨分类上的问题，这样做法，在国内著述方面，还是很少见的。"[1]

　　据张宏达本人回忆，这一时期，他的植物分类学研究主要在华南植物研究所完成，研究成果也被视为华南植物研究所的业绩[2]。华南植物研究所良好的科研条件和科研环境对他助益颇多，而众多勤奋耕耘、严谨治学的同事，对他本人的科研工作也有很多帮助和启迪，其中最重要的，除陈焕镛、吴印禅外，要属侯宽昭。

　　侯宽昭（1908—1959），广东梅县人。1931 年毕业于国立中山大学农学院林学系，毕业后即到中山大学农学院农林植物研究所，跟随陈焕镛从事植物分类学研究。侯宽昭和张宏达，二人都是长期追随陈焕镛工作，正如张宏达所说："跟着陈老的，一个侯宽昭，一个何椿年，第三个恐怕是

---

　　① 张宏达干部档案正本一，中山大学教师提升（评定）教授、副教授学衔呈报表，1956 年，存于中山大学档案馆。

　　② 张宏达访谈，2010 年 11 月 11 日，广州。资料存于采集工程数据库。

我。"① 从这个角度来说，侯宽昭与张宏达不仅是同事，而且有同门之谊。侯宽昭主要从事分类学研究，是华南植物研究所植物分类室的负责人。多年从事海南岛植物的采集和调查工作，仅在海南岛，就发现 201 个新种和 1 个新属，参与编写《海南植物志》，主编《广州植物志》，对茜草科、清风藤科、楝科等分类学研究造诣尤深。侯宽昭与何椿年合著的《中国红树植物科志》和《中国红树林》，对张宏达从事雷州半岛的红树林研究工作，提供了很重要的借鉴和参考。这一时期，在从事分类学研究时，张宏达经常请吴印禅和侯宽昭为自己的工作进行指导，也因此，张宏达在 1951 年发表的《中国紫珠属植物之研究》中写道："本文蒙中山大学植物研究所所长陈焕镛及副所长吴印禅赐予指示与鼓励，复得侯宽昭教授在工作进行中给予批评和建议，谨此志谢。"在 1953 年发表《中国的鼠刺属植物》时，也写道："本文蒙吴印禅、侯宽昭两教授提示了许多宝贵的意见，谨此志谢。"此言并不全是溢美之辞。侯宽昭对学术的勤奋和严谨，让张宏达感佩不已，在日后，他更是常以侯宽昭的事迹来教导自己的学生。惜侯宽昭英年早逝，给他的老师陈焕镛带来很大的伤痛，也是中国植物学界的一大损失。

植物区系学研究

张宏达从事植物区系研究目前已知的最早成果，是在 1958 年 4 月 20 日召开的广东省第一次科学工作会议论文报告会（农科）上发表的《金缕梅科植物的区系分布》一文，张宏达通过长期对金缕梅科植物的研究，通过大量资料研究，分析金缕梅科植物的地理分布和地质时代分布，认为金缕梅科是亚热带起源，可能有几个中心，如中国南部季风区、小亚细亚。否定了过去认为金缕梅科是泛北极区起源，再逐渐向南发展的权威说法。之后，在此基础上，他对植物区系的起源学说继续进行研究，不断完善，又产生了更成熟、更全面的研究成果。

---

① 张宏达访谈，2010 年 11 月 11 日，广州。资料存于采集工程数据库。

1962 年，张宏达在《中山大学学报（自然科学版）》发表《广东植物区系的基本特点》一文，此文可以看作张宏达"华夏植物区系"理论的雏形，也是张宏达从事植物区系学研究的开端。实际上，该论文早在 1959 年 7 月 21 日中山大学生物学系举行的科学研究报告会上就曾经发表过。

论文分析了广东植物区系发展的地质简史，认为在大地构造方面，广东及海南岛均属于震旦纪华南地台的一部分，在侏罗纪以后的地壳运动中，形成一系列轴向为东北—西南的带状山脉，这时正是有花植物出现的阶段，它们就在这里获得了定居的场所。琼州海峡的出现并把海南岛与大陆分割开可能是在第四纪初期，马来半岛、苏门答腊及加里曼丹与大陆分开也是和琼州海峡出现在同一时期，因此，广东大陆及海南岛保存着一定数量的马来西亚成分，是可以理解的。文中详尽统计了广东植物物种，指出广东植物长期以来一直是在比较稳定的条件下发展起来，没有遭受过严重的改变和破坏。广东植物区系的一大特点是子遗植物数量众多，且拥有大量的特有属、种，说明广东植物区系的邃古性；而广东植物区系中很多属具有复杂的种系，说明广东植物区系经过了长期的历史发展过程。广东植物区系是在华南地台这块古陆的南部，当侏罗纪后海侵现象不再发生，在地台的盆地出现的。文中，他把广东植物区系和广西、海南、中印半岛北部、云南东南部、福建南部及台湾合在一起，划入华南亚区，作为古热带植物区系的一个新的亚区。

该论文有两大创见，首先，认为被子植物起源于侏罗纪，否定了此前在植物学界占统治地位的被子植物起源于白垩纪的说法；其次，认为广东植物区系是本地发生的，而不是来自热带（西南太平洋马来西亚、斐济一带）。

植物生态学研究

鼎湖山植物群落的研究

鼎湖山处于北回归线附近（北纬 23°10′、东经 112°34′）。由于受副热带高压控制的影响，整个北回归线附近的纬度带 2/3 以上的陆地属于沙漠、半沙漠或干旱草原，只在印度、中印半岛和中国，因受太平洋季风的影响，湿润多雨，分布有森林，因此在"沙漠带"上出现绿洲。然而其他地方的森林数量少，且森林残缺不全，唯独鼎湖山地区有近 400 年记录历史的地带性森林植被——南亚热带季风常绿阔叶林和其他多种森林类型保存完好。这里被生物学家称为"物种宝库"和"基因储存库"。该地区 17 000 亩的面积内，生长着约占广东植物种数四分之一的高等植物。

张宏达第一次到鼎湖山考察是在 1946 年 6 月，与吴印禅一起带生物学系和博物系同学去实习。当时发现，鼎湖山上有一座建于明崇祯年间的庆云寺，该寺周边的自然林在 400 年间未受到严重破坏，植被类型比较复杂，从而引起了张宏达研究的兴趣。后来在 1951 年 7、8 月份，他又与吴印禅一起带学生到当地考察。直至 1953 年 9 月第三次去考察，在张宏达主持下，开始进行植物群落的调查工作，做了样方和样条调查，考察进行了 12 天。

1954 年 7 月张宏达带领学生第四次去鼎湖山考察，继续进行了 10 天的植物群落调查，在此基础上，开始写作《鼎湖山植物群落》的研究报告。同年 10 月 18 日，植物学教研组举行成立以来的第一次科学讨论会，华南植物研究所的十多位研究人员参加讨论会，中国科学院北京植物研究所的吴征镒也应邀参加，张宏达在会上作了《鼎湖山植物群落的初步分析》专题报告，得到较高的评价。11 月 3 日，中山大学举行的首次科学讨论会上，张宏达又做了《鼎湖山植物群落》的报告。1955 年 6、7 月份之间，张宏达带领实习同学再次到鼎湖山进行调查，这次有 30 余人参加工作，调查持续了 20 余天，根据此次调查结果，对报告做了进一步完善。1955 年张宏达、王伯荪[①]、张超常、丘华兴 4 人共同完成的论文《广东

---

　　① 王伯荪，出生于 1932 年。1954 年毕业于中山大学生物学系植物学专业并留校任教，1978年任副教授，1983 年任教授。曾任广东省生态学会副理事长，国家教委生物学科教学指导委员会委员，担任《植物生态学学报》、《应用生态学报》编委。长期从事植物生态学及植物系统学的教学及研究工作，在热带亚热带常绿阔叶林的群落生态学、种群生态学等领域有较高的造诣，在植物分类学领域对禾本科与蕨类植物有深入的研究。先后主持国家自然科学基金以及省部级基金项目多项，著有《植物群落学》、《植物种群学》，前者被中山大学评为优秀教材，此外还翻译了惠塔克的《植物群落排序》一书，1991 年成为博士生导师。

高要鼎湖山植物群落之研究》在《中山大学学报（自然科学版）》发表了。

对鼎湖山的调查工作，以庆云寺为中心，东至百丈岭，西至老鼎及老龙潭一带，南到迪坑一带，北至白马山、石仔岭一带，调查区面积约两万余亩，以鼎湖山主峰三宝峰的自然林为主要对象。初步总结了鼎湖山植物群落的类型、性质、组成特征、分布规律及其与环境因子的相互关系，对鼎湖山植被垂直分布带的研究非常有创新性。这篇文章是"广东植被研究方面最早的研究报告"[①]，问世以后，产生了强烈的反响，也被视为广东群落生态学的开山之作。吴印禅认为"鼎湖植物群落研究，对林型分析颇有创见，目前这方面的论文也很少，更觉得这篇文章对华南植被研究的重要，由这个基础出发，努力钻研，将来对中国植被问题，一定有更大的贡献"[②]。

1955 年，在张宏达等人的研究结果发表后，陈焕镛提议，在肇庆鼎湖山建立"自然保护区"，以便建立以自然森林生态系统为研究对象的"鼎湖山树木园"，作为广东植物学科的一个全面的研究基地。1956 年 2 月 1 日，华南植物研究所向广东省委和中科院提出，在鼎湖山设立植物园树木园的建议，2 月 27 日，中共广东省委批复同意设立鼎湖山树木园，6 月，华南植物研究所在《南方日报》上刊登《中国科学院华南植物研究所重要启事》，告知公众："本省高要县的鼎湖山自然林区，业经本省领导机关划归我所作为一个自然保护区。"6 月 30 日，由秉志、钱崇澍、杨惟义、秦仁昌、陈焕镛 5 位科学家，在第一届全国人民代表大会第三次会议上提出的关于"请政府在全国各省（区）划定天然禁伐区保存自然植被以供科学研究的需要"的提案（92 号提案）获得通过，由国务院交林业部会同中国科学院研究办理。从此，鼎湖山确定为中国第一个"国家自然保护区"。鼎湖山自然保护区的成立，可以说是建立在张宏达等人对鼎湖山植被研究的基础上，从这个意义上来说，这篇文章对推动

---

① 《广州市志·科学技术志》，转引自冯双：《中山大学生命科学学院（生物学系）编年史 1924-2007》。广州：中山大学出版社，2007 年，第 120 页。

② 张宏达干部档案正本一，中山大学教师提升（评定）教授、副教授学衔呈报表，1956 年。存于中山大学档案馆。

广东省乃至全国的生态保护事业起到了重要作用。而在鼎湖山被确定为国家自然保护区后，地方政府也没有忘记中山大学生物学系所起的作用，直至今日，中山大学生命科学学院的师生前往鼎湖山自然保护区进行研究工作，都会得到充分的支持和配合，至少从来不会对中大的师生收取门票。

协助张宏达完成鼎湖山植物群落调查工作最主要的助手，是他的学生，也是他后来学术上最密切的合作者王伯荪。鼎湖山植物群落的调查，是王伯荪那一届植物学专业学生的毕业实习课题，王伯荪在大学二三年级时曾随吴印禅参加全国橡胶宜林地的调查工作，在植被调查方面积累了一定经验，因此在鼎湖山植被调查做样方和样条的工作，主要由他和他的同学们承担。在随后的研究报告撰写中，张宏达也非常信任王伯荪，在拟出大纲和写作重点之后，由王伯荪和他的同学张超常、丘华兴承担了大部分的文字工作。王伯荪因为成绩优异，在大四还没有正式毕业，就肩负起助教的工作；毕业后，又协助张宏达两次到鼎湖山进行植被调查，完成了余下的工作。1955 年，《广东高要鼎湖山植物群落之研究》的发表，标志着张宏达与王伯荪学术合作的开端。

在鼎湖山植被调查过程中，张宏达对王伯荪的科研能力和专业水平有了较深入的了解。之后，张宏达开设植物生态学课程，主讲一年后，就把这门课程教学工作交给王伯荪承担。王伯荪的研究方向也随之向植物生态学发展，而张宏达的重点一直在植物分类学。张宏达在开展有关植物生态学的研究项目时，王伯荪都是课题的主要参与者，如 1956 年雷州半岛植被调查工作和 20 世纪 80 年代的香港植被调查工作。在后来教育部热带亚热带森林生态系统实验中心黑石顶站的建设过程中，以及 CERP 中德生态学研究合作计划中，王伯荪也承担了大量的工作。

迄今为止，张宏达和王伯荪共同署名的论著超过 50 篇（部），张宏达很多重要的科研项目，都是与王伯荪合作完成的。除此之外，在教学工作中，他们也有密切的合作。张宏达招收的生态学专业硕士生和博士生，都是与王伯荪共同指导的。他们从师生、同事，到科研搭档，几十年合作密切无间，他们都是为学严谨、为人宽厚的人，从来不会在排名、利益分配方面出现纷争。多年来，王伯荪始终保持着对张宏达的尊重，一些课题和项目，张宏达建议由他牵头，他也总是谦让。

雷州半岛植被调查

1956 年，华南植物研究所接受中科院进行全国资源普查的任务，拟在雷州半岛进行植物资源调查，当时正值中山大学生物学系 1957 届植物学专业需要做生产实习，加之张宏达已经主持完成鼎湖山植物群落研究工作，在植被调查方面有丰富的经验，华南植物研究所就将这项任务委托中山大学生物学系完成。张宏达、王伯荪、张超常和华南植物研究所的伍辉民一起带队进行这项考察，参与考察的还有中山大学地理学系的一位教授。

雷州半岛位于热带的边缘，自然条件比较特殊。境内没有山岳，也没有较大的河流，气候方面，旱季较长，年蒸发量大于降雨量，土层深厚，但地下水位极低。土温很高，在缺乏植被的地面，土温高达 62 摄氏度。除东南部仍保持有一定面积的森林外，半岛绝大部分地区都为热带草原所占据，因进行垦殖砍伐森林，加之当时开始种桉树，搞防护林，对自然林有所破坏，这些人工破坏引起地面水土流失，使大面积的土地在规划和利用方面发生困难，因此，对雷州半岛的植被进行调查研究，成为植物学、农学、林学工作者在这里开展工作的基础。

张宏达带领学生，分队对雷州半岛的徐闻、海康、遂溪和雷东 4 县考察，做样地和样方调查，并在 1957 年写成《雷州半岛的植被》，被《植物生态学与地植物学资料丛刊》（即《植物生态学报》的前身）作为专刊，由科学出版社出版。该书就雷州半岛的植被性质、特点、群落和群落之间的关系进行研究，对雷州半岛植被与自然条件的相互关系和土地利用等问题提出了一些意见。提出要发展热带作物，必须先从事改造自然条件的工作。开筑蓄水塘、拦河坝，设法利用天然降水。利用半岛三面临海的优势发展红树林植被。关于防护林的树种问题，建议采用当地土生树种菜豆树、半枫荷、鸭脚木等为先锋树种，同时考虑采用耐阴种类来接替林带及造林的更新。关于恢复冲刷地的植被，提出第一步要停止铲草皮，圈定部分禁铲区，等禁铲区草被生长起来，开放禁铲区让农民割草，同时停止开放原来的铲草区，使矮草地逐步变成中草或高草地，以后再植树造林。以上意见对雷州半岛植被恢复起到很大的作用。考察回来后，张宏达参加了在广州市南方大厦举行的亚热带垦殖会议，报告了雷州半岛植物概况。在会议上，张宏达第一次同苏联同行接触、交流。

对雷州半岛进行植被调查的研究成果，除《雷州半岛的植被》一书外，1957 年，张宏达、张超常、王伯荪合作的《雷州半岛的红树植物群落》在《中山大学学报（自然科学版）》发表。该论文指出了雷州半岛沿岸红树群落的一般特征与东南亚红树林中心地区马来亚红树林的区别，对不同的群落加以区分，分析彼此之间的关系和演替的规律，及其与生存环境的相互关系。中国对红树林的研究起步较晚，20 世纪 50 年代初期是中国红树林研究的启蒙阶段，当时的研究主要停留在分类学研究上，代表作是侯宽昭、何椿年的《中国红树植物科志》和《中国红树林》，发表于 1953 年。而对红树林的研究从分类学延伸到生态学，则始于张宏达等人的这篇论文。红树林是一种由陆地向海洋过渡的特殊生态系，除了具有复杂的群落成分和特殊的生理特征等具有研究意义的特性，还具有非常重要的生态效益，它能为海洋生物提供良好的生长环境，也是海鸟重要的栖息地，更因为具有防风消浪、固岸护堤的作用，被称为海上长城。之后，张宏达还曾经对红树林的起源和全球区系分析、生态保护等课题进行过深入研究，成为红树林研究领域的核心学者之一。

这一时期，关于植物生态学，张宏达的另一重要贡献是他和何绍颐、王铸豪等共同翻译了英国植物学家理查斯（P.W.Richaids）的植物学经典著作《热带雨林》，1959 年由科学出版社出版。

这一时期，虽然频繁的政治运动对科研工作有所冲击，"李森科主义"对中国植物学研究的影响恶劣，但在植物分类学、植物区系学及植物生态学方面，张宏达都有多篇重要论著问世，其中很多在他个人学术生涯中具有里程碑的意义，如金缕梅科的研究在这一时期几告圆满，树立了他在这一学科领域中的权威地位；对山茶科的研究已非常深入，有两个新属和大量新种发表；《华南植物志资料》对广东植物的系统梳理，一方面是分类学上的重要成果，一方面启发了他对广东植物区系研究的灵感，促使他最终提出华夏植物区系学说；对鼎湖山和雷州半岛的植被调查工作，不但有学术上的意义，而且对生态保护工作影响深远。这其中，除了张宏达对学术的执着所起的作用，他所在的中山大学、华南植物研究所这两个有着优良学术传统的单位，不管在怎样的政治条件下，依然崇尚科学，追求真理，为他营造了一个良好的工作环境。这其中也有大背景的因素，新中国成立后，为解决民生问题，政府非常重视植物资源的调查和开发工作，这直接促成了对鼎湖山和雷州半岛的植被调查工作；而不管是对经济植物、药用植物的调查还是引种和栽培等工作，都必须有分类学的工作为基础。新中国成立初期陈焕镛等人提出编纂《中国植物志》的建议得到了政府的重视，所以，尽管单纯的植物分类学研究遭到批判，但分类学的实际作用是不容忽视的，因此张宏达得以在植物分类学领域发表了大量的研究成果。

坦 诚 无 畏

　　张宏达这一代科学家，从半殖民地社会走过来，多年来在动荡社会环境中学习、工作，有强烈的爱国主义情怀，渴望在一个统一、和平的社会环境中为国家的科学事业工作。新中国的成立，给他们带来民族复兴、国家富强的希望，因此新中国成立后，在感情上，他们是向共产党靠拢的。1949年，不懂政治的张宏达，从客观现象上判断认为："本市解放后秩序日趋良好，解放军肃清匪特办法好，治安亦转安定。"还诚恳地给政府提意见："只是匪特仍在捣乱金融市场，应予扑灭。"① 可以看到，张宏达对新社会是充满希望的。

　　张宏达不懂政治，可能和父亲在张宏达小时候对他说的"一世做官三

---

① 张宏达干部档案正本一，文教机关旧任公教职工人员登记，1949。存于中山大学档案馆。

世绝"有关，张宏达一直觉得政治就是"做官"的学问，因此在新中国成立前对政治基本上没什么认识，他曾说："在读书期间，我瞧不起当时在反动派里搞'军事'和'政治'的人，以为他们都是一些在学校里最没出息的人，读书不成，才来搞那一套，我把学术和政治对立起来，自以为读好了书，就可以不问政治。"[①]但新中国成立后进行的家庭成分、阶级划分，给他思想上蒙上了阴影。一个人，或是依靠对象，或是团结对象，或是斗争对象，都要从家庭成分加以区分，政治上加以定性，这个时候，谁都不能逃脱政治生活。

1950年至1966年，政治运动频发，知识分子思想改造运动（1951—1952）、反右派斗争（1957）、"大跃进"（1958—1960）、"四清"运动（1964），一场接着一场，每一场运动，都对知识分子的命运产生重要影响。

张宏达政治上的"问题"主要存在于三个方面：首先，他出身地主家庭；其次，他曾经加入过国民党；最后，他与"反动分子"、"文化特务"任国荣关系密切。在历次政治运动中，基本上是因为这三个原因被批判。当然还有一个原因，也是知识分子在各项运动中遭受冲击的普遍原因，就是当时对知识分子阶级属性的定位。1957年3月，毛泽东说："我们现在的大多数的知识分子，是从旧社会过来的，是从非劳动人民家庭出身的。有些人即使是出身于工人农民的家庭，但是在解放以前受的是资产阶级教育，世界观基本上是资产阶级的，他们还是属于资产阶级的知识分子。"[②]

"反动党团"登记

1951年1月25日，张宏达到中山大学"反动党团"登记处报到，填写了《曾参加反动党团报到登记表》，叙述了他加入国民党的经过：

---

① 张宏达干部档案正本一，清算我的反动思想和资产阶级腐朽思想，1951年6月27日。存于中山大学档案馆。

② 《建国以来毛泽东文稿》第7册，北京：中央文献出版社，1992年，第119-120页。

　　约在一九四四年五月，在粤北坪石，中山大学的国民党区党部，发动了拉人进入国民党，那时区党部的书记是任国荣，介绍我入党的是该区党部干事陈大年。那时候，我一心一意想考公费留学，听说要考公费，非入党不可，以是我就申请入党了，记得当时原要交好几张照片，但我只有一张照片，所以发下来的党证是用指模代替照片的，我虽然加入国民党，实际上并没有参加过国民党任何集会及活动，连党费都没有缴过分文，更没有在党内负任何责任及职务。至一九四五年一月粤北陷落，我从乐昌仓促退去，一切行李书籍连党证都遗失了，连那党证是第几号我都记不清，我只记得那党证上是写明学校党务的，党证遗失之后，我再没有去报失或申请补发，至一九四六年（确实的时间记不清楚），广州市的国民党党部举行总登记，声明不去登记的，作为丧失党籍，我即时决定退出国民党，所以没有去参加总登记。

　　张宏达加入国民党的具体时间，在不同时期填写的履历表和各种材料中有不同的说法：1958 及 1964 年撰写的自传和其他一些材料所说的入党时间为 1943 年春，1993 年和 1996 年填写的《干部履历表》中入党时间为 1942 年春，但更多的材料中还是写 1944 年 5 月加入国民党的。

　　民国时期的国立中山大学带有国民党"党校"的色彩，是受国民党控制较多的一所大学，在中山大学读书和工作的人，加入国民党也是顺理成章的事。在"反动党团"登记中，张宏达除了比较客观地叙述了加入国民党的经过之外，没有对自己做过多的批判，只在最后写下了这样的感想："对于我个人，我觉得很幸运，使我有机会向人民面前，说出我是怎么样为了个人的出路的糊涂的思想，而一度参加了反人民的阵营，虽然我没干过反人民的事情，但心里也很难过，今天我在人民面前坦白过来，好像是把心头一块大石卸下来了。"

知识分子思想改造、"三反"运动和忠诚老实运动

　　1951 年 9 月，知识分子思想改造运动开始。同年 11 月，反贪污、反

浪费、反官僚主义的"三反"运动开始，全国的知识分子都要结合"三反"运动改造自己的"资产阶级思想"，要清算帝国主义的文化侵略，要批判个人主义、宗派主义、教条主义，以及"超阶级、超政治、纯技术"的错误观点，要交待自己的历史问题和政治问题。在思想改造和"三反"运动的末期，张宏达写了长篇检讨《清算我的反动思想和资产阶级腐朽思想》[1]，检讨内容包括以下几个方面：

（1）对于追求学术上的进步，张宏达检讨自己存在着"自高自大的个人英雄主义"和"自私自利的名位思想"。他分析自己"这种自高自大的恶劣作风，是地主家庭出身带来的封建剥削的残余思想的表现，如果让它发展下去，做学问就会成为学阀，垄断学术；做事情就会独断独行，形成法西斯的行为，这是今天新社会，人民政府所绝对不能容许存在的，是民主的敌人。解放以来，我认识了自己的恶劣作风，并时刻深自反省，提高警惕，要大力加以克服"。他检讨"由于自高自大，出人头地和名位思想支配着我，遂一变而为不择手段的向上爬，所以后来就做了许多错误的事。我留校当助教，积极准备考留学，想着一举成名，依附了反动派，为骑在人民头上，过着更进一步的剥削生活。……在工作上我也和别的'专家'一样，死心塌地去追求英美式的'国际标准'，严重地中了买办思想的毒害，以为用外国文字发表的文章才有价值，才可以博得国际地位。我的外国文字虽不好，但拼命去学，并认为用中文写稿，会被人瞧不起，被人认为没价值的文章，我没有想到我的研究，应该是一种生产的知识，研究的结果应属于人民的，我只图博得外国人的青睐，可见我是多么严重地中了学术无国界的毒，抹煞了科学要大众化，要有民族的形式，这完全是无祖无宗的忘本思想，已丧失了民族的自信心，更看不见中国文化的优良传统"。

（2）检讨与任国荣的关系。对和任国荣在学术和工作上的正常交往，在思想改造运动之前，张宏达是比较坦然的，他认为自己从来没参与过任国荣的政治活动，只是对任国荣学术成就很敬佩，私人感情比较融洽。在

---

[1]　张宏达干部档案正本一。存于中山大学档案馆。

思想改造运动中，他则必须要深挖和任国荣交往的思想根源："由于我是地主家庭出身，有着浓厚的宗派思想，加上资产阶级灌输给我的名位思想，所以在大学读书时就学会搞小圈子，依附权势，以期达到向上爬的目的，这样就使我和文化特务任国荣气味相投，异常接近……现在检讨起来，我过去虽因工作环境关系，接近了任匪，但我的思想上是存在着和任匪完全一致的反动本质，就是从封建家庭带来的专横霸道，跨在人民头上的剥削意识，加上资产阶级的投机取巧，巧取豪夺的腐朽思想，才会有奶便是娘，和他臭味相投，在他的丑恶的狰狞的面目下，做了一名帮凶，助长了恶势力的发展，危害了革命事业。"

（3）对于自己的家庭出身，张宏达做了这样的批判："我出身地主家庭，靠剥削人民的血汗来养活了自己，自从解放以后，感谢党给予我的教育，使我能逐渐体会到地主对农民的残酷剥削和压迫，是怎样阻止了社会的发展，把中国维持着半封建的社会性质的罪恶。我决心背叛我原来的阶级立场，和反动的地主哥哥斩断关系，加强对地主阶级的仇恨，肃清我思想上的地主阶级剥削意识，才能使自己今后更好的为人民服务。"

（4）对加入国民党的问题，张宏达做了深刻的批判："我当时加入了反动的国民党，虽没有参加过他们的任何活动，甚至连党费都没有交过，但我当时完全看不见反动国民党是与人民为敌，一贯进行反革命，残杀人民的暴行，才会决心投靠反动派，打算与人民为敌，充分表现了我是站在反动派的一边，一方面打算为它们效劳，壮大反动派的声势，另一方面为自己可耻的个人名位的前途打算，这完全和我的家庭出身及资产阶级的教育分不开的，这种反动思想发展下去，就会被反动派利用，走向直接反人民的道路上去，人民政府对于我这类反动党团分子，不但不加以惩处，反而争取我们，教育和改造我们，真使我无地自容，我决心在今后要好好地改造自己，替人民服务，来赎取我的罪过，并决心肃清一切反动意识，和反动派斩断一切的关系。"

张宏达还对自己"宗派主义思想和作风"、"教学上的资产阶级腐朽思想"等进行检讨。在政治思想上，检讨自己对社会主义苏联的友好态度存在怀疑，对美帝国主义侵略中国的事实认识不足。在学术上，检讨自己对孟德尔－摩尔根学说的"毒害"没有充分认识，对米丘林学说的学习只做表面功夫，等等。

思想改造运动告一段落之后，忠诚老实运动又开始了，这个运动要求每个人都必须详细交代自己历史上做过的事情。张宏达在1952年8月8日写成的《张宏达的忠诚老实坦白的事实》中，交代的问题多达20项，关于和任国荣的关系一项，事无巨细，将他和任国荣每一次接触的情况，包括任国荣去香港前送他一件旧大衣、一件羊毛衣、一对胶鞋这样的小事都做了交代。其他诸如和某"反动分子"曾有一面之交，十三四岁时曾经和兄长一起到农民家收过租等，一一做了交代。

可以说，张宏达在思想改造和忠诚老实运动中，确实是觉得自己存在着在新社会看来是错误的思想作风，抱着诚恳的态度向党交代问题的。张宏达幼年生活经历造成他对自己的家庭有所不满，尤其是父亲去世之后，兄长们为争遗产纠缠不休，让张宏达对地主家庭的唯利是图非常反感，他觉得有必要批判自己的家庭出身。另一方面，他也意识到，必须要对自己的思想进行改造，"使自己能适应于新的社会，然后才能继续工作和学习下去。"[1]

整风和反右派斗争

反右派斗争中，由于张宏达在"大鸣大放"过程中表现比较冷静，没有发表太多过激言论，所以受冲击不大。张宏达在1964年撰写的自传中有这样的回忆[2]："在大鸣大放初期，看问题是清醒的，当时一些右派学生急不及待，鼓励停课鸣放，记得在一次刘望运同志主持的生物学座谈会上，我曾正告一些右派同学，要他们认识到党是在一个胜利接着一个胜利的基础上进行整风，必须听党的话，免得搞出乱子。以后在陶铸同志主持

---

[1]　张宏达干部档案正本一，我的自传，1964年3月24日。存于中山大学档案馆。

[2]　同上。

的几次全校座谈会上，听到各种反党言论都非常反感，并且还有许多人为他们鼓掌，我当时就对陈伯康先生说，这些人简直可恶之极。到了后期，乌云漫天，就表现出有点动摇，对许多右派言论表示迟疑，并且在小组会上也提了些消极性的意见，提到一些党员对人不礼貌的意见。通过这次运动才认识到，右派分子中的个人野心家有一些是以专家学者为幌子，进行反党的勾当，一个人如果政治不挂帅，迟早要迷失方向，从此比较认真对待自己的思想改造问题。"而他在1958年的《自传》中，对在整风后期出现的"动摇"做了比较详细的描述："右派分子趁着党整风的时候，大举向党进攻，我不能坚决而明朗地靠拢党，为维护党的利益和革命的利益而去和右派分子做坚决的斗争，反而在这一个乌云漫天的刹那，在某些问题上发生不正确的想法和言论，显然在思想上有一定程度和右派言论起着共鸣。当我看到人民大学的右派分子污蔑人民大学是教条主义的大蜂窝时，我也在小组上说，人民大学的教条主义很严重，当反右开始，右派分子大叫'收了'，我也怀疑'是不是收了'（在滑水山实习时问过吴印禅同志）。右派分子硬说党员与群众之间有一道墙，我也曾在小组会上说，有些党员不理睬别人。我也曲解了党对知识分子的政策，以为党是利用知识分子，而对老教师的帮助不够，并在去年校务委员会会议讨论毕业生分配问题时，怀疑领导上是否尊重教师的分配意见。"

1960年填写的《高等学校确认与提升教师职务名称呈报表》中对张宏达在反右派斗争中的表现作了这样的鉴定："1957年全民整风反右派斗争中，没有发表过严重的错误言论……整风反右前，政治排队中，后升为中左。"

红专辩论

1958年3月3日，中共中央发出关于开展反浪费、反保守运动的指示，全国展开了反浪费、反保守运动。中山大学校园气氛紧张，各种大字报纷纷出炉，引发了校园内"红专关系"的大辩论，后来逐步扩大为"拔掉资产阶级白旗，树起无产阶级红旗"的运动。通过大会动员、贴大字报、以教研组为单位进行讨论，学生派代表参加的方式，目的是批判教授的"反动立场"，帮助讲师"从白专迷途"中觉醒。

在这场"红专辩论"中，张宏达要对自己的纯技术观点做彻底的批判，并把纯技术观点和个人主义结合起来，"把隐藏在纯技术观点后面的个人主义加以揭露，才认识到纯技术观点是知识私有的反映，它和新社会所要求的全心全意为人民服务的观点是背道而驰的，死抱住纯技术观点必然会在工作中迷失方向。正如毛主席所说的，没有正确的政治观点，就等于没有灵魂，严格说来，是对革命进行投机的行为。"[1]

收藏"军事设备机密照片"的问题

这一事件的起因是中山大学师范学院博物系 1946 届毕业生冯肇南，在解放初期应聘去东北农学院任助教，在抗美援朝期间，冯肇南在哈尔滨市郊拍了一些照片（包括飞机场、松花江铁桥），因此被视为有拍摄国防设备的嫌疑，受到审讯，并被判刑一年（未执行）。冯肇南在被捕期间交代，他曾经把这些照片寄给广州的一些老师，其中包括张宏达。1958 年 4 月，生物学系党总支向张宏达调查，问他曾否收过冯肇南在东北工作期间寄来有关军事设备的照片，张宏达确实未曾收到，于是写信询问此时已经调回华南植物研究所的冯肇南，冯肇南复信说，曾经寄过照片给他，并说这张照片已由冯肇南单位的党组织派人来广东向张达宏索取收回。张宏达反复回忆，对于收受照片一事，没有印象，也记不起东北方面有谁来向他索取照片，或者了解与冯肇南有关的事。张宏达没有其他办法，只好把他和冯肇南交涉的信件，加上自己的意见交给学校党委。张宏达收藏"军事设备机密照片"一事，当时没有给出明确的结论，这给张宏达带来极大的精神压力，多次向党组织说明情况，加以澄清，在 1958 年、1964 年撰写的自传中，都对此事做了详细的说明，直到 1970 年，在冯肇南档案中找到他写给张宏达但并未寄出的信件和照片，才水落石出。

---

[1] 张宏达干部档案正本一，我的自传，1964 年 3 月 24 日。存于中山大学档案馆。

与任国荣的关系

与任国荣的亲属关系，在新中国成立后，成为张宏达在政治上的一大"污点"，在各次运动中，他都要对他和任国荣的交往进行坦白，对任国荣的"反动罪行"进行检举。1956 年前后，中山大学党组织对张宏达和任国荣的关系做了大规模的外调。现在中山大学人事档案中保存着陈德淑（张宏达在知用中学的同学、中山大学的同学和同事，1956 年在华南农学院任教）、黄亦衡（原中山大学电气工程系教授，1956 年在成都电讯学院任教）、张梦石 3 人的外调材料，三人本着知识分子的良心，对张宏达与任国荣的交往如实提供材料[①]，起到了保护张宏达的作用。

陈德淑（写于 1956 年 6 月 23 日）：

> 张宏达与任国荣的关系最初是师生关系，张宏达念大学时，任国荣是生物系脊椎动物的教授，以后变成了同事关系，张宏达毕业后，留在前中大师范学院博物系当助教，任国荣是该系的系主任，1947 年，张宏达与任国荣的妹妹结婚，这样就进一步地近到了亲戚关系。据我所知，他与任国荣的妹妹是自由恋爱而结合的，而并没有因为是亲戚关系而参加到任国荣的政治活动。

黄亦衡（写于 1956 年 7 月 27 日）：

> 任国荣是张宏达的教师，在张读书和做助教时，任都对他很好。后来，大概在 1945 年以后，张和任国荣的妹妹任善襄恋爱，任国荣极力反对，1947 年张与任妹结婚，张与任国荣就断绝了来往。

张梦石（写于 1956 年 8 月 1 日）：

[①]　张宏达干部档案正本二。存于中山大学档案馆。

……

结婚那晚宴会，任国荣夫妇都不到场，结婚后张很少谈及任国荣，这样看来张和任的关系似乎不是好的。

对于各种政治运动的态度，张宏达在 1964 年撰写的自传中有比较客观的描述："当时对国内各种政治改造运动，对于阶级斗争并不是一开始就习惯的，一般说来总是小心翼翼怕犯错误。对待各种运动是采取跟上去不落后的态度，没有决心真正把自己改造过来，平时更多地在打算如何掌握业务，更快提高自己，把党所提倡科学技术、建设社会主义看成是'盛世好读书'，当时抱着一种错误的思想，以为学好科学技术，自然会受到党的重视，党是英明正确的，党的组织性纪律性都很强，值得令人钦佩的。自己出身不好，历史复杂，应该安分守己，不应该冒什么风险，所以一心一意在业务上下工夫，在政治上以为只要听党的话，跟得上去就够了，这是反右以前的思想状态，即所谓三分政治七分业务的打算，实质上是对党进行投机。"

以上虽然是从检讨的角度来分析自己对政治运动的态度，实际上也是张宏达心理的一个真实写照。这是在那个特定的政治环境中一种理性的抉择。也是当时在很多人已经不敢进行科学研究的情况下，张宏达还能坚持工作的原因。

另一方面，在各种政治运动中，张宏达得益于他平和的性格，对各种比较尖锐的批判能够坦然的接受，也能够客观地分析其中的合理性。包括植物分类学被批判为脱离生产，他直到今天也觉得"批评不是没有好处"。他说："脱离实际，全搞理论是不好的。中国那个时候还很穷啊，不管生活，专门搞理论，跟实际情况不符合的，要结合点生产。科学应该为生产服务，这是首先的第一项工作。"[1]

总的来说，在"文化大革命"前 17 年，张宏达确实做到了"听党的话，跟党走"，拿出知识分子对党的赤诚，配合开展各项运动，也相对积

---

[1] 张宏达访谈，2010 年 12 月 6 日，广州。资料存于采集工程数据库。

极地参与社会事务。如 1955 年 2 月 18 日，张宏达与戴辛皆、于志忱等老师，代表全系教工声明"完全拥护并热烈响应全国政协和中国保卫世界和平委员会党委扩大会议关于发动反对使用原子武器签名运动的决议"。1962 年 11 月 4 日，张宏达参与广州各界群众"声援古巴人民，反对美帝国主义"的示威游行。

1958 年，张宏达被评为中山大学积极分子。1960 年 5 月 23 日，张宏达参加广东省召开的文教战线"群英会"，并获得广东省"文教战线社会主义建设先进工作者"称号。1961 年，他晋升为教授，并被提拔为生物学系副主任。1962 年 11 月 20 日，中山大学党委提出对该校党外人士校外政治生活的安排意见，安排张宏达为广东省人民代表。1963 年 11 月，张宏达当选为广东省第三届人民代表大会代表。1966 年，张宏达再度荣获广东省"文教系统先进工作者"称号，并出席广东省文教系统 1965 年先进单位和先进工作者代表会议。获得这样的奖励，一方面是因为张宏达在教学和科研方面做出了优异的成绩，一方面也说明张宏达获得政治上的信任。

1964 年 3 月 24 日，张宏达写了入党申请书①，全文如下：

植物组党支部：

韩德聪同志：

四十多年来，党领导全国人民解放了全中国，接着进行了社会主义改造，社会主义建设，实行总路线，大跃进，人民公社，反对现代修正主义，自力更生，把我国建成一个强大的社会主义国家。党不仅是全国人民的救星，同时捍卫了马列主义，成为全人类谋求解放的希望。

党的伟大，在于党中央和毛主席创造性地运用了马列主义与我国具体实际相结合，正确地领导了全国人民不断地进行革命，为全国人民指出了一条壮阔瑰丽的社会主义大道，把全国人民紧密地团结在自己的周围。党经常以马列主义理论，国际主义精神教育人民，不断提高他们的阶级觉悟，鼓舞着人们为解放全人类，实现美好的共产主义

---

① 人事档案中保存的入党申请书写于 1964 年 3 月 24 日，不能确定之前有没有要求过入党。

而奋勇前进，党的光辉照亮了每个人的心，使人们在最艰苦最困难的时候，斗志昂扬，前仆后继，把革命进行到底，这一切崇高的事业，伟大的理想，教育了全国人民，也教育了我，使我逐渐理解到，一个人活着应该为了使别人过得更美好的道理，从而激发和提高了我的无产阶级觉悟，在这里，我庄严地向亲爱的党提出请求，我决心争取参加中国共产党，为建成社会主义祖国和共产主义社会而竭尽一砖一瓦的力量。我很清楚我的政治水平还很低，在通向共产主义的道路上，横亘着无数的困难和障碍，但我坚信，只要坚决听党的话，听毛主席的话，就能获得力量和智慧，去克服缺点，战胜前进道路上任何困难。

为了使自己更好地端正态度，提高认识，并且便于党对我有充分的了解，特提请邓仕汉同志，庄豪同志，作为我申请入党的介绍人。
谨致
革命的敬礼

张宏达

1964.3.24

中山大学档案馆中现在保存的张宏达入党申请书仅此一份。张宏达始终没有加入中国共产党。

第五章
风雨前行

坦 然 面 对

　　1966年5月，"文化大革命"开始，狂潮横扫社会的每一个角落，中山大学也不例外。打倒"走资本主义道路的当权派"、批判"反动学术权威"、"横扫一切牛鬼蛇神"，学校的主要负责人冯乃超、李嘉人以及一大批干部被关押批斗，学校工作陷于无政府状态。揭发、批判"走资本主义道路的当权派"、"反动学术权威"和"牛鬼蛇神"罪行的大字报铺天盖地。各种形式的红卫兵组织纷纷成立。

　　1967年7月，广州武斗升级，8月13日，生物学系植物学专业五年级学生吴镜煊在生物楼楼顶中弹身亡[①]。

　　1968年7月31日，解放军毛泽东思想宣传队进驻中山大学。8月13日，广州工人毛泽东思想宣传队进驻中山大学，与军宣队一道，执行中央"七三"、"七二四"公告，学校停止武斗。9月11—23日，全校9个系及机关、

---

　　① 冯双：《中山大学生命科学学院（生物学系）编年史1924-2007》。广州：中山大学出版社，2007年6月，第152页。

总务等11个单位成立革命领导小组，9月29日，中山大学革命委员会成立。革委会和革命领导小组是学校和各基层单位的领导机构。

"文化大革命"之前，由于生物学系主任戴辛皆年事已高，张宏达作为系副主任和代系主任，承担了系里的很多行政工作，"文化大革命"开始后，作为系里的"当权派"，无疑是批斗对象。同时地主家庭出身问题，以及与任国荣的亲戚关系，都成为被批斗的理由。

据张宏达的长子张志回忆，张宏达被批判还有一个原因，张宏达对当时中山大学办附设工农速成中学的制度不满意，提出了一些反对意见，因此被认为是破坏工农速成中学的政策。1949年，教育部召开的第一次全国教育工作会议草拟了工农速成中学的实施方案，入学条件为参加革命工作三年以上的工农干部或有三年以上工龄的产业工人，具有相当于小学毕业文化程度，即可入学，毕业后即可升入高等院校继续进修。张宏达认为这种速成式教育很不合理。事实上，在实践中，这种制度也暴露了很多缺点，因此1955年7月12日，教育部、高教部联合发出《关于工农速成中学停止招生的通知》，指出："对工农干部文化科学知识的学习，不用循序渐进的方法，使之升入高等学校，从根本上说来，并不能达到预期的目的。"但"文化大革命"开始后，张宏达之前针对工农速成中学提出的一些合理化建议成为他的罪名。

此外，1994年3月23日张宏达填写的履历表中，有以下文字："'文化大革命'中，因当时任生物系代理系主任期间开除过5名成绩太差学生，被诬为迫害工农子弟受过批判，'文化大革命'后期认为当时是执行教育部条例，不属于错误。"开除学生一事发生的时间较难推断，但是"文化大革命"中开始招收工农兵学员时，各系由革命领导小组负责管理工作，不设系主任，据此推断，开除学生是"文化大革命"之前，而此举在"文化大革命"开始后成为遭受批判的罪名。

据王伯荪等人回忆，生物学系在"文化大革命"期间所受冲击不算太大，就是"照例"把当权派们每天集中一下，拉去游街。其他教师也中断了教学和科研工作，去从事体力劳动。张鲁回忆父亲"文化大革命"期间的遭遇，说："曾经听学校的大喇叭里喊：'张宏达，勒令你九点半到什么地方去接受批判'，（父亲）做好高帽戴上去。"作为儿子，张鲁说："我不敢面对这些。"而据张志回忆，那时他从读书的学校回到家，看到家里桌上端端正正放着糊好的高帽子，父亲心平气和跟他说："不要乱动，批斗的时候还要戴的。"可见张宏达对这些政治上的风雨是泰然处之的。此外，早在"文化大革命"开始的当年，1966 年，张宏达就被抄了家。

张宏达在"文化大革命"中所受的冲击远不止此。他曾经进了中山大学的管教队（"牛棚"），这意味着张宏达已经成为"专政"对象，对他的斗争就上了"一个台阶"。张宏达入管教队的具体时间和原因已无法查证，可能仅仅因为是"走资本主义道路的当权派"，也可能有更严重的罪名。可供参考的是，打入"牛棚"是在 1968 年下放前后的事。而当年 5 月，"文化大革命"中最残酷的"清理阶级队伍"运动开始，中山大学在校革委会的主持下，在当年国庆后开始"清理"。革委会组织了 170 多人参加的专案组，采取办学习班的做法，动员互相揭发和自我交代问题。在此期间，化学系教授肖锡三（曾担任中山大学先修班国民党区分部委员）揭发张宏达在1945—1947 年期间担任旧中大理学院区分部委员，并且在 1942 年下半年参加旧中大"防奸小组"（为打击中山大学地下党活动成立的反共组织）。这是极其严重的罪名，很有可能就是张宏达被打入"牛棚"的原因。当时围绕这一问题进行了大范围的外调工作，直到 1974 年才结束调查，形成如下调查结论：

张宏达几个历史问题的调查报告[①]

一、是否担任分部委员的问题

在清队期间，据 1968 年肖锡三揭发材料称"张宏达是旧中大理学院国民党区分部的委员"，又据 1969 年 8 月黄更生交代的材料说："1947 年 10 月在我印象中我和谢钦尧……与肖锡三，张作人（生物系主任）、张宏达（植物研究所助理研究员）等……"根据以上揭发材料对张宏达是否担任过区分部委员的问题进行了调查。

---

① 张宏达干部档案正本一。存于中山大学档案馆。

调查情况和结果：

据三次调查原问题揭发人肖锡三，肖再次肯定张宏达在 1945 年至 1947 年期间曾任旧中大理学院国民党区分部委员，但根据不足，所写材料又自相矛盾，如 1970 年 10 月 13 日的材料说"我揭露中大理学院区分部委员是根据我新中国成立前的所知所闻提供给党组织调查研究参考的……我与张宏达从没有任何政治联系，也从没有与张宏达开过会"，间接否定了自己的揭发。

并调查了肖锡三所揭发的同案人徐贤恭、黄润本，也否定有此问题。

又据黄更生 1970 年 11 月 5 日的证明材料称："新中国成立后在忠诚老实运动时，听说张宏达参加过国民党，但是否担任过理学院区分部委员不清楚，详细回忆新中国成立前我与张宏达没有一起开过国民党理学院区分部会议……"

又调查旧中大理学院历任区分部书记，据当时在区党部任职的陈大年提供的历届理学院区分部书记委员名单，其中没有张宏达的名字。

张宏达本人否认有此问题。曾参加国民党的问题，张在"文化大革命"前已做过交代。

根据上述材料，张宏达担任国民党区分部委员的问题，查无实据，应予排除。

二、是否参加"防奸小组"的问题

根据肖锡三的有关新中国成立前旧中大反动组织的材料揭发"在旧中大有机密的防奸小组，1942 年重庆国民党中央组织部长朱家骅派任国荣搞的……参加防奸小组有李鹊起，黄瀛源，黄毓生等人。"上述各人都没有提供张宏达参加过"防奸小组"。

查在敌伪档案中，有关旧中大的防奸机构，中大《党的干部会组织大纲》（1942）12 条，其中第二条称，本校为防制奸伪之工作起见，特成立国立中山大学党工干部会报，会报之下，各院设防奸小组，以构成全校调查网。第三条称，本校党工会主席以校长兼任，教务长，训导长，各学院院长及国民党区分部书记，青年团分团主任干事暨指定教授二人，训导员二人为出席参加会报人员……第四条称，各学院设小组长一人，由院长兼任，各系主任，训导分处主任，训导员任组员。

从上述组织成立的条件来看，张宏达当时未有作为此组织成员的条件，本人又否认有此问题，故张宏达参加防奸小组的问题查无实据，可以排除。

三、张有无收藏冯绍南（笔者注：即冯肇南）在哈尔滨拍摄的（1951年）机密照片问题

冯绍南（原张宏达的学生）于1951年在东北农学院工作时，曾因拍摄机构禁地被捕判刑一年。冯在被捕时曾交代他所拍摄的松花江铁桥等照片曾寄给过张宏达，但张宏达一直否认曾收过这些照片。

据1970年9月，在查阅冯绍南（现在华南植物研究所工作）的档案资料时，发现在冯的档案中，保存有冯于1951年1月（冯被捕前）寄给张宏达的原信件及所附松花江大铁桥等照片。因此张宏达收藏冯绍南寄给他的泄露机密照片的问题，可以排除。

以上张宏达历史上的三个疑点，经过调查，均已清楚，给予排除。

复查级，罗畹华整理。

74.11.23

关于这个时期的批斗和在"牛棚"的生活，张宏达在2004年12月接受中山大学电视台的采访时回忆说："在校园里游街，然后去劳动，我无所谓啊，还好笑。那个时候，打进"牛栏"，我在"牛栏"里老是说笑，那个法学系的老李，他说：'嘿，老张，这个时候你还笑得出来？'我说：'有什么？没有啊，我又没有做坏事，如果你有问题，你交代，没有问题，你就别理他。'我就这样子，斗了我两三场，无可奈何，就算了。"可见，张宏达还是以之前面对各种政治运动的态度，面对"文化大革命"的批斗和审查，因为坚信自己没有做坏事，坚信一切问题都能向组织交代清楚，就这样，抱着乐观的态度渡过了这个艰难的时期。当时，他的学生吴七根负责管"牛棚"，在能力范围内给他一些照顾，吴七根回忆说，这个时期，张宏达从来没有表现出抵触、想不通的情绪[1]。

---

[1] 吴七根访谈，2011年5月19日，广州。资料存于采集工程数据库。

下放"天堂"

1968年10月5日，《人民日报》刊登了黑龙江柳河"五七"干校的报道，并引述了毛泽东的有关指示："广大干部下放劳动，这对干部是一种重新学习的好机会。"从此，干部下放劳动，开办"五七"干校之风席卷全国。中山大学在"清理阶级队伍"的同时，1968年11月中旬，第一批430名教工被下放到广东省乐昌县坪石公社天堂大队建"五七"干校，张宏达也在其中。

中山大学筹办"五七"干校前，由军宣队、工宣队负责人前往坪石选点，因为抗日战争时期中大曾迁往坪石办校，那里还有中大的房产，选点人员考察坪石中大旧校址后，认为该校址位于坪石镇，生活条件较好，不利于锻炼干部，因附近的天堂山条件非常艰苦，于是将中山大学的"五七干校"校址设在天堂山。

教师们在天堂山安家之后，名义上与贫下中农"三同"（同吃、同住、同劳动），实则一切都是各自独立。中山大学教师在天堂山住的房子都是自己砍树建的，床和其他家具也都是自制的。劳动锻炼是去干校"改造"的基本要求，但山上耕地很少，又是冬天，农民都不出工，当然谈不上"同劳动"。干校学员主要的劳动内容都是为了维持正常生活。干校建在天堂山下，离一个叫罗家渡的集市不远，学员们自己修了一条通往罗家渡的简易公路，除了修路的人，剩下的人每天劳动的内容就是背米、挑菜、砍柴。除了煮饭、烧水要用的木柴之外，还要为过冬取暖准备燃料，所以张宏达和其他老师每天最主要的工作就是砍柴、运柴、劈柴。

夫人任善劝与张宏达一起下放到天堂山干校，但下放后，张宏达还是被管制对象，关到"牛棚"里。而且干校采用军队的编制，都要睡大通铺，因此即使是夫妻，也得分开住。

粤北山区的冬天很冷，据同时下放干校的吴七根回忆，那年冬天特别冷，经常下雪，地面都结了冰，有的老师因此摔伤了手①。中山大学在下放前已经组织缝纫组做棉衣，但出发之前还来不及做好。留在家里的张志接到父母的信，说粤北的雪很大，有膝盖那么深，衣服不够，让他催一下缝纫组快点把棉衣做好。张志去催了，棉衣做好后，又到邮局去寄，他说："写地址的时候知道有个罗家渡。"那时，张志才20岁，刚刚参加工作，弟弟张鲁则已经上山下乡去了海南岛。

下放大约半年后，中大干校由天堂山搬到英德，位于现在的英红镇，这里原来是劳改场，"文化大革命"时改为红旗茶场。在这里，干校的生活条件比天堂山好很多，不用睡通铺，而是睡双层床，每人都有一个床位；茶场有公路，可以用汽车去采购生活用品，伙食也因此有很大改善，因为在茶场劳动，近水楼台，每天都可以喝茶。这里每天劳动的主要内容是采茶和制茶。张宏达研究了几十年山茶科植物，这时真正把自己的学问联系到生产了。

1969年4月，中共"九大"提出"搞好斗、批、改是全党的任务"，这标志着"文化大革命"进入"斗、批、改"阶段。在"斗、批、改"运动中，教育革命在全国各地广泛展开。1969年下半年，因"教育革命"需要，中山大学陆续从干校调回一些教工参加"教育革命"，张宏达也被抽调回校。

中山大学从6月开始抽调教师回校，而张宏达从干校调回学校的时间，约在1969年9—10月间。因张宏达在1970年写的一份交代材料中写到，在1969年8—9月间，曾有长沙矿冶学院的外调人员到英德红旗茶场找他进行外调。而10月，生物学系的教学改革已经正式开始了。

"教育革命"中最具代表性的是学校领导体制、教学体制和招生制度的革命，这也是"教育革命"的实质，即：一是三结合的领导机关；二是教学、科研、生产三结合的教学体制；三是废除统一考试的招生制度。在这次教育改革过程中，学校建立党委会和革委会，工人、解放军毛泽东思想宣传队参加学校各级领导班子，并担任一定的领导职务，各系分别建立

---

① 吴七根访谈，2011年5月19日，广州。资料存于采集工程数据库。

党总支和三结合的革命领导小组。为了实现教学、科研与生产结合，1969年10月，中山大学生物学系植物学专业改为药用植物专业。

新专业设立起来，张宏达首先考虑的是重新编写教材的问题，为此，他先后到紫金、从化和罗定等地调查中草药，收集民间验方。正在张宏达将全副精力投入新教材编写工作时，中共中央于1970年1月31日发出《关于打击反革命破坏活动的指示》，2月5日发出《关于反对贪污盗窃、投机倒把的指示》和《关于反对铺张浪费的通知》。"一打三反"运动开始了。

"一打三反"是"文化大革命"中深化"斗、批、改"的一项措施。《关于打击反革命破坏活动的指示》指出："为了落实战备，巩固国防，巩固无产阶级专政，保卫无产阶级文化大革命的伟大成果，遵照伟大领袖毛主席'有反必肃'的教导，对反革命分子的各种破坏活动，必须坚决地稳、准、狠地予以打击。"要"号召广大群众，对反革命分子检举、揭发、清查、批判，从而把隐藏的敌人挖出来"。《指示》中明确提到了"杀"："杀、判之前要交给群众讨论，'做到家喻户晓，人人明白'。杀、判时要召开群众大会，公开宣判，立即执行。这样才令人心大快，敌人震慑。""按照中央规定，杀人由省、市、自治区革命委员会批准，报中央备案。重要案犯需作紧急处理的，可用电报上报中央请批。"

"一打三反"开始时，张宏达正在罗定县做药用植物的野外考察，途中接到学校通知，要求他回到干校参加"一打三反"运动。张宏达在未刊诗稿《萍踪琐记》中记载："1969年5月，我到罗定一带调查中草药，竟把我从野外找回，去干校参加一打三反。"此处记载有误，1969年"一打三反"运动还没开始，应为1970年。

这时的英德茶场，因为"一打三反"运动，气氛非常紧张，人们在公开场合说话都格外谨慎，因为这场斗争的目标是"现行反革命"，而不仅仅是针对历史问题。但是像张宏达这样有"历史问题"的人，还是运动的重点对象。现在张宏达干部档案中保存最多的交代材料就是写于"一打三反"运动时期的。1970年5月26日到6月27日的30天里，张宏达共写了11份材料，69页。其中主要还是过去已经无数次交代过的"历史问题"：关于旧中大的问题，关于加入国民党的问题，关于和任国荣的关系问题。

除了这些问题，也有一些组织上怀疑与张宏达有关，要求他交代的问题。事实上，对于其中大多数问题，张宏达并不了解，至于他了解的、参与过的事情，他已经反复交代过多次了，因此这个时期，他在材料里，经常会无奈地写"这个情况我完全不了解"。

张宏达交代问题

6.10（1970 年）

一、关于中大同学会的问题

1. 中大同学会在什么时候开始出现，这一点我完全不了解。

2. 中大同学会的具体组织我完全不清楚，我只知道文科理科的一、二个头头（以前已提到），我也没有申请加入中大同学会，也没有参加过这个同学会的任何活动。

3. 关于中大同学会在坪石曾开会欢迎朱家骅的事，是听别人说的，至于是听谁说的，现在无法回忆，据回忆具体时间是在 1943 或 1944 年，那时我在农学院，我没有参加这个欢迎会，像欢迎战犯朱家骅的会，只有在学校里有地位的人才有资格参加的，一般助教根本谈不上去参加这样的会，究竟有那些人参加开会，我不清楚。

欢迎会究竟是和祝寿会合在一起开呢，还是两次会，我实在不清楚，这些会是在韶关开呢，还是在坪石开，我也不能肯定，只是当时听人家说的而已。

关于中大同学会，我只听过上述欢迎朱家骅的事，没有听到其他的活动，在 1945 年回到广州以后，再没有听到这个同学会有什么活动。

像这样的组织都是各学院里有地位的老资格的教授所把持，一般青年助教对它既不感兴趣，也无法插进去的。

二、关于应变会的问题

解放前夕在中大的"应变会"，它的组织活动，什么人去参加过，我一点都不知道，那时的应变会，不像是一个秘密组织，起码是半公开的吧，可是没有去参加开会的人，是无法知道的，我是没有去参加过这类应变的活动，无论是全校性，或是理学院的，还是生物系的。那个时候的校长是陈可忠移交张云接任的交替期间，不是有名气的教授，是不被拉去开会的，如果罗雄才在1949年8月以后仍然当中大的总务长，那么应变会一定有他在内。

三、关于教授会的问题

教授会是教授、副教授才有资格参加的，我当时是讲师，不可能参加教授会，所以教授会搞些什么活动，我完全不了解，教授会的具体负责人，除上次我估计到的之外，没有新的补充，教授会与应变会有什么关系，我不清楚。

除教授会之外，还有一个讲助会，是讲师和助教参加的，可是我完全没有参加过讲助会的任何活动，我也不清楚它的组织和具体负责人，我只记得有一次，大概是在1948年，物理系的助教侯晖昌（解放后离开中大，他弟弟侯晓昌仍在华南农学院）在中山五路的公共汽车站上，碰到我，约我和他参加讲助会，我拒绝了他，没有去开会，此外，我对讲助会也一无所知。

有两位长沙矿冶学院的外调人员于1969年8—9月间来红旗茶场，向我了解该学院黄更生的问题，他们曾问我是否曾在1949年和徐俊鸣、黄润本、黄更生参加过徐贤恭召集的会议，我回答他们说，我没有参加过徐贤恭召集的任何会议。对徐俊鸣在解放前我是认识的，但对黄润本、黄更生二人，在解放前，我并不认识他们。对黄更生是在解放后，在石牌才认识的。对黄润本，则在1952年院系调整以后，学校迁来康乐之后，一个很长的时候，估计是在1960年以后，因黄润本编写了气象学讲义，才知道他，但是见面时也不打招呼的。因此，无论从那一个角度上说，我都不会和徐俊鸣、黄润本、黄更生在一起去参加徐贤恭所召集的会议。除黄更生外，其余的人都在干校，因此这方面的问题，是完全可以解决的。

经过反复交代，最终，张宏达通过了"一打三反"运动的审查，重新回到学校，准备恢复办学。

恢 复 办 学

　　恢复办学大大振奋了离开讲台 4 年之久的张宏达和他的同事们，他们非常珍惜重新获得的工作机会，将全部精力投入到工作中，成立了药用植物教研室，在时间非常紧张的情况下，组织编写教材，为招生做准备。在对广东地区中草药植物资源进行认真调查的基础上，1970 年，张宏达、王伯荪等人编写了《中草药植物》和《常用中草药植物简编 1000 种》、《华南千种草药鉴别与功效（中草药植物检索表）》等教材。这 3 种教材编撰的体例非常严谨，与一般中医院校的中药学教材不同，《中草药植物》一书，在"总论"部分以一定的篇幅介绍基础植物学理论，包括植物界的系统发育、植物的分类等级、植物的命名法，对学生加强植物学的专业修养是非常有必要的。

　　根据广东省革命委员会的统一部署，广州地区高等院校于 1970 年 11 月同时招生，招收工农兵学员。中山大学于 1970 年 12 月 1 日，在中山纪念堂举行开学典礼。中山大学首批工农兵学员共 547 人，其中具有高中文化程度的 261 人，初中文化程度的 286 人（其中有 13 人实际上没有上过初中）。全校实行准军事化管理，9 个系编为 11 个连队[①]。生物学系工业生物学、农业生物学、药用植物学 3 个专业连队共招收 147 名工农兵学员[②]，其中药用植物学专业招收 60 人。

　　1972 年，广东省教育战线革命委员会党的核心小组任命张宏达为中山大学生物学系革命领导小组副组长，这使他对教学工作有了一定的决定权。同年 8 月，张宏达排除异议，坚持为工农兵学员开设微积分课程和物理课程，在当时这一行动是要冒很大风险的，极有可能会被戴上"违反党的教育政策，迫害工农兵学员"的帽子。这反映出张宏达对教育事业的高度负

---

① 吴定宇：《中山大学校史 1924-2004》。广州：中山大学出版社，2006 年 6 月，第 300 页。

② 冯双：《中山大学生命科学学院（生物学系）编年史 1924-2007》。广州：中山大学出版社，2007 年 6 月，第 156 页。

责的态度。新中国
成立后，张宏达对
国家和党的各项决
策都是很拥护的，
对上级也是很服从
的，即使是在各种
运动中，个人受到
冲击，他也抱以平
和的心态。但是在
教学工作上，他总
是顶住压力，坚持
正确的原则。

图 5-1　1973 年，生物学系党政领导与工宣队合影（后排右一为张宏达。资料源于《中山大学生命科学学院〈生物学系〉编年史1924—2007》）

1973 年[①]，张宏达带领第二届工农兵学员、药用植物学专业同学 40
人，到粤北五指山实习，重游天井山，此次野外考察采得中草药标本 200
余号。

1973 年 2 月，由于张宏达在教学和管理工作中表现突出，获得学校表
彰。在《中山大学 1972 年年终表扬奖励人员登记表》中，张宏达这一年
的先进事迹有：

1. 能响应毛主席号召，认真读书，除泛读六本马列著作外，较深
入地学习了《自然辩证法》和《反杜林论》。并联系实际，深入学科
领域进行革命大批判。在批修整风学习运动中，亦能认真学习反修，
积极批、肃、划，自觉革命，肃清流毒。

2. 积极参加教育革命，除积极参与系教学领导工作外，积极参加
《中草药植物》教材的编写工作，使该教材编写取得一定成绩和经验，
并参加了广东省教材编写经验交流会。此外，还结合野外实践，主动
编写了《华南千种草药检索表》的参考资料。

---

① 《张宏达文集·六十年学术活动记事》中记载，此次实习是 1973 年，而据《华夏植物区
系理论的形成与发展》（1999）中的说法，此次考察是在 1972 年进行的。

3. 积极开展科研活动，除完成《中国植物志》金缕梅科的收尾工作外，还收集积累了其他科属资料，以参加《中国植物志》的编写，研究了悬钩子属植物，发表了《001》新种，对止血药《001》的发展和推广也起了一定的作用。

4. "文化大革命"期间，虽受冲击较大，但参加系领导工作后，能积极大胆地抓教学工作，敢于提出己见，在工作中改造自己。

科 研 工 作

止血草药红棉藤的发现

植物学专业改为药用植物专业后，比较突出的一项成果是有止血功能的植物红棉藤的发现。生物学系的教师在乐昌下放时，了解到红棉藤是当地常用而且非常有效的止血草药，但是不知道原产地。恢复教学工作后，生物学系派吴七根去寻找这种草药的原产地，吴七根通过大量民间调查，在广东省乐昌县九峰公社（南岭山脉九峰山地区）找到原产地，采到药材标本。经张宏达鉴定，红棉藤属于蔷薇科、悬钩子属新种，命名为 *Rubus rufo-Ianatus*。红棉藤被发现后，生物学系随即开始进行该药注射剂的研制，由许实波[1]负责药理部分的工作，化学系苏镜娱[2]等负责制化部分的工作[3]，制成注射液，以《001》为名，在 1970 年 4—9 月，在广东省中医院、广东省人民医院、中山医学院第一附属医院、广州空军医院等多家医疗机构进行了临床疗效观察，发现该注射剂止血效果显著，且有促进伤口愈合的作用，无明显副作用，1972 年前后，交广州市中药制药总厂投产，商品名为"止血灵"注射液。

---

[1]　现为中山大学生命科学学院药学系教授、博士生导师，天然药物学重点学科带头人。

[2]　中山大学终身教授，主要从事海洋天然产物化学研究。

[3]　吴七根访谈，2011 年 5 月 19 日，广州。资料存于采集工程数据库。

在止血药物的相关研究方面，1972年，中山大学革命委员会革命教育组出版的《科技通讯第1辑》（生物学专辑）上，以药用植物教研室的名义，发表了4篇论文：《对九十种民间止血草药的初步筛选》、《止血植物红棉藤》、《红棉藤止血注射液的研制及其临床效果的观察》、《止血草药蛇葡萄研究报告》。

植物分类学与《中国植物志》的编写工作

一个国家的植物志是掌握和利用本国植物资源的重要依据和发展有关学科的必需基础。20世纪二三十年代，随着植物分类学研究取得进展和植物标本的大量采集，编写《中国植物志》由植物分类学家提上工作日程。1934年，胡先骕在中国植物学会第二届会议上首先提出编写《中国植物志》，但当时中国的政治、经济情况，不具备开展这项宏大工程的条件，这一愿望直到新中国成立后才得以实现。

新中国成立后，中国科学院先后在华北（北京）、东北、华东、华南、西南等地成立了以植物分类学为基础的植物研究所，组织了全国范围的资源普查和科学考察，采集了大量的植物标本。1950年8月中国科学院在北京召开全国植物分类学工作会议，会上首次正式提出了编写《中国植物志》的任务。1956年，中国科学院在科学技术发展远景规划会议中，正式将编撰《中国植物志》列入生物系统分类和资源开发利用规划的项目中。1958年《中国植物志》编研工作启动，由钱崇澍、胡先骕等26位植物学家联名在《科学报》上倡议编写《中国植物志》。1959年10月正式成立《中国植物志》编辑委员会，由钱崇澍、陈焕镛任主编，秦仁昌任秘书长，当年就出版了首卷《中国植物志》。

张宏达自1961年开始参与《中国植物志》的编写工作，9月，他参加了中国科学院《中国植物志》编辑委员会第二次（扩大）会议，在会上接受了金缕梅科、冬青科、龙脑香科等编写任务。事实上，之前他已经为《中国植物志》做了很多准备工作，因为他一直跟随陈焕镛工作，而陈焕镛一直非常重视植物志的编写，视之为植物学科研和植物资源的开发和利用的工作基础。在尚不具备编写全国性植物志条件时，陈焕镛一直提倡先做地区性、分科性的植物志，已经启动《广州植物志》、《海南植物志》的编撰工作。张宏达在"文化大革命"以前所做的《中国紫珠属植物之研究》、《中国柃属植物志》、《中国的鼠刺属植物》等研究工作，实际上都是为编撰《中国植物志》所做的准备工作。

在张宏达接受《中国植物志》编写任务后不久，因为"文化大革命"的原因，《中国植物志》全面停顿下来，但张宏达和其他植物学家一直没有放弃工作。在形势稍有好转之后，张宏达马上又重新投入《中国植物志》的工作当中。1973 年 10 月，在广州召开了"中国植物志、孢子植物志、中国动物志"会议，对"文化大革命"前确定的编写分工做了调整，确定由张宏达承担金缕梅科、海桐花科、悬铃木科、山茶科、杜英科、椴树科、桃金娘科的编写任务。

据《张宏达文集·六十年学术活动记事》记载：张宏达自 1974 年开始编写金缕梅科志，并着手海桐花科志的编写。然而事实上，张宏达在 1972 年已完成《中国植物志》金缕梅科的收尾工作（见上文所引《中山大学 1972 年年终表扬奖励人员登记表》），还收集积累了其他科属资料，准备下一阶段《中国植物志》的编写。

1973 年，《中国金缕梅科植物订正》一文在《中山大学学报（自然科学版）》第 1 期发表。此文是张宏达在编写《中国植物志》的过程中，对金缕梅科的标本和资料进行全面整理的基础上完成的，记载有 17 属、77 种、13 个变种。该文提出了金缕梅科的一个新分类系统，在哈姆士（Harms）分类系统基础上，建立了壳菜果亚科（*Mytilarioideae*），包括壳菜果属和山铜材属，同时将半枫荷属归入枫香亚科内。这个分类系统被公认为是金缕梅科较为科学的分类系统，也正式奠定了他在金缕梅科的权威地位。

在《中国植物志》海桐花科志的编写过程中，张宏达又与颜素珠合作完成《中国海桐花科植物订正》，1974 年发表在《中山大学学报（自然科学版）》第 2 期。海桐花科主要分布于大洋洲、亚洲及非洲的热带以及东亚的亚热带，凡 9 属 400 种，而中国只有海桐花属，曾经报道过约 30 余种。张宏达和颜素珠在编写《中国植物志》海桐花科志过程中，发现过去关于中国海桐花科的论述存在着一些问题：由于分类标准不明确，或者解剖观察不够仔细，某些作者常把不同种的花和果的标本混杂在一起，或者把同一种花和果分别描绘成不同的种；有些种类处理不当，该保留的被合并了，另一些该合并的反而被保留下来；有些种的特征因叙述不完整需要补充；有个别不属于本科的种被转移进来；有些种类差不多经历了整个世纪未再被报道或发现。对这些情况，该文进行了新的处理，订正了中国海桐花科已经报道种类的60%。

1975年，张宏达和缪汝槐共同撰文《中国桃金娘科——新属》，发表了桃金娘科新属多核果属（*Pyrenocarpa*），包括2个种：多核果（*Pyrenocarpa hainanensis*）和圆枝多核果（*Pyrenocarpa teretis*），其中多核果为新种。桃金娘科同样是张宏达所承担的《中国植物志》科志之一。

1976年，张宏达在《中山大学学报（自然科学版）》第2期发表论文《圆籽荷属——山茶科一新属》，发表了山茶科新属圆籽荷属（*Apterosperma*），包括圆籽荷种（*Apterosperma oblate*），为新种。此前，张宏达曾将圆籽荷属命名为*Chieniothea*，在1963年中国植物学会三十周年年会宣读，并载于论文摘要汇编。

1975年张宏达参加了在北京召开的《中国植物志》编委会扩大会议，1976年6月，为准备《中国植物志》山茶科志的编写工作，张宏达到北京植物研究所研究山茶科的标本，7月，由北京转赴云南西双版纳考察。

植物生态学

西沙群岛植被

1974年，由于南越在西沙群岛挑衅，爆发西沙之战，在中国对南越开战估计不足，派出的兵力薄弱的情况下，中国海军官兵英勇战斗，战术运用也十分成功，自卫反击战终于取得了胜利。西沙之战是一场维护祖国领土和领海完整的正义之战，激起全国人民的爱国热情和民族自尊心。在这个背景下，张宏达根据1947年西沙群岛考察所获的资料，将1948年发表于*Sunyatsenia*的《西沙群岛的植被》一文再做充实，以中文于当年发表于

《植物学报》第 16 卷第 3 期。

文章开篇介绍西沙群岛的地理位置及自然条件："在浩瀚的南海中，散布着许多由珊瑚礁构成的岛屿、礁滩，按其分布情况，大体上分为东沙群岛、西沙群岛、中沙群岛和南沙群岛，统称为南海诸岛。这些岛群自古以来就是我国的领土。"文章的第二个章节介绍西沙群岛的植物区系："西沙群岛的珊瑚岛地质年代较短，因此岛上的植物各类比较简单和贫乏，据初步调查不超过 50 种，同时缺乏原产的特有种类。岛上的植物都是附近大陆及海岛的成分，主要是通过渔民的活动，海鸟的传播，海流及风力的流动带进来的，其中以人类的活动特别是渔民的活动传播进来的最多，占现有植物区系成分的 60%—70%，这是我国劳动人民尤其是海南岛及广东沿海渔民 2000 多年来在这些海岛上从事渔业生产的同时引种进来的。"上面的论述从自然科学的角度，为证实西沙群岛为中国领土提供了有力的证据。

在植物的生态特性和生态型方面，张宏达总结西沙群岛的植物具有抗盐的生态习性和旱生的形态及结构，同时具有各种适于传播的结构。张宏达把西沙群岛的植物群落类型分为单优森林群落、海岸灌丛及移动沙滩群落，并对植物的演替和动态进行了分析。在文章的结尾，介绍了西沙群岛的生物资源及其利用。

《广东植被》

20 世纪 50 年代起，广东省植物学研究人员在华南进行多次生物资源调查和热带作物宜林地综合考察、南方山区综合科学考察，在植被生态学和热带亚热带植被研究方面做了大量工作。1979 年编著《广东植被》一书，由科学出版社出版。该书主要编写工作由广东省植物研究所（华南植物研究所在"文化大革命"期间改为广东省植物研究所）完成，根据何道泉提供的情况，该书是在张宏达具体指导下完成的，他曾详细审阅了全部书稿，并亲自改写了其中的一些章节[①]。

---

① 何道泉写给采集小组的信，2011 年 1 月 15 日。资料存于采集工程数据库。

从"文化大革命"开始，直至 1972 年，张宏达没有发表过科研论著，这一时期，他是在批斗和下放中渡过的。这时他正当盛年，整整 6 年光阴被浪费了。"文化大革命"十年，全中国知识分子都遭到冲击，但总的来说，从事自然科学的学者所受的冲击，不像从事社会科学的学者那样大，一方面因为自然科学具有实用性，另一方面，自然科学的大部分学说毕竟不直接反映意识形态，不像社会科学那样容易"闯祸"。在中山大学这样的综合性大学里，斗争的焦点同样也更多集中在那些从事社会科学的教授身上。对张宏达这样的自然科学教授来说，个人如果不发表过激的言论，对批斗采取相对"服从"的态度，还是比较容易过关的。因此，在"文化大革命"中，他较早获得解放，并被结合到"革命领导小组"中，使他有机会从事科学研究工作。这一时期的研究成果虽然不多，但对《中国植物志》的研究工作已经比较深入了，而且，1972 年，除了作为系里的攻关任务发表的关于止血草药的数篇论文外，他的《华夏植物区系的起源与发展》英文初稿也发表在中山大学内部刊物《科技通讯》上。这时他刚刚获得解放，可见，从 1962 年完成《广东植物区系的特点》后，他一直没有中断对这一学说的思考。

第六章
金秋时节

    1976年10月6日，党中央一举粉碎"四人帮"反革命集团，10月14日，消息正式公布，举国欢腾，这标志着十年动乱的局面结束了。1977年8月12—18日，中国共产党第十一次全国代表大会在京举行，正式宣布历时10年的"文化大革命"结束。历史翻开新的一页，张宏达和每一位科学家一样，重新焕发青春，以加倍的热情投入到工作中，追回被浪费的光阴。

教 学 工 作

教书育人

    "文化大革命"结束，开始了对各个领域的拨乱反正。1977年春，中山大学生物学系不再设置药用植物学专业，恢复植物学本科专业。1978年6月16日，学校党委决定："为了加强党的政治思想工作，保证党的方针、政策的贯彻执行，充分发挥系行政作用，决定实行系党总支领导下的系主任分工负责制，撤销原系革命领导小组及原任干部职务。"任命张宏达任生物学系行政负责人[①]，1978 年 6 月正式任命张宏达为生物学系主任[②]。

1977 年 8 月 13 日至 9 月 25 日，教育部在北京召开了全国高等学校招生工作会议，会议确定并经国务院批准，从 1977 年起，高等学校招生制度实行改革，决定恢复已经停止了 10 年的全国高等院校招生考试，以统一考试、择优录取的方式选拔人才上大学。同年冬天，全国范围内举行了"文化大革命"后的第一次高考。

1978 年 10 月，中山大学恢复招收研究生。"文化大革命"后首批 108 名研究生入学，其中生物学系招收 23 名。在这 23 名研究生中，张宏达和他的研究生指导小组招收了 11 名。当时，对于如此大规模的招收研究生是有异议的。而张宏达认为，"十年动乱"破坏了教育事业，中国人才短缺，不能不加快人才培养的脚步。他说："人家都说，你干什么？我说：你不知道现在要用人吗？你看周围都是半文盲！我说招 11 个，人家都笑我垄断，我说不是垄断，是有必要。"[③]

1981 年 11 月，中山大学植物学专业被国务院学位委员会批准成为博士学位授权点，同时，国务院学位委员会决定从该年度开始评审博士生导师，张宏达成为全国第一批被国务院学位委员会批准的博士生导师。同年，张宏达在"文化大革命"后培养的第一批硕士研究生叶创兴、胡玉佳开始继续在他门下攻读博士学位。1982 年，经教育部同意，中山大学成立学位评定委员会，张宏达为 25 位委员之一。1985 年 5 月 22 日，中山大学开始了首届博士研究生论文答辩，叶创兴、胡玉佳参加答辩。同年 11 月，中山大学学位评定委员会通过，授予叶创兴、胡玉佳博士学位，中山大学首批博士共有 4 人，张宏达的弟子占半数。

1980 年 11 月，中国正式实施博士后制度，经各学科专家组评审，国家博士后科研流动站管理协调委员会批准，中山大学物理学和生物学两个

---

① 冯双：《中山大学生命科学学院（生物学系）编年史 1924-2007》。广州：中山大学出版社，2007 年，第 162 页。

② 张宏达干部档案正本一，干部任免职务呈报表，1979 年。存于中山大学档案馆。

③ 张宏达访谈，2010 年 12 月 6 日，广州。资料存于采集工程数据库。

学科建站，并批准 4 个专业招收博士后研究人员，其中生物学系有 3 个，分别为昆虫学、植物学和动物学专业。中山大学生物学博士后流动站是全国第一批获准设立的博士后流动站。

张宏达在人才培养上不存门户成见，不把学生局限于自己的研究领域，而是充分考虑学生的特长和兴趣，而且能充分预见到学科的发展。1987 年，生物与分子生物学家屈良鹄在法国获得分子生物学国家博士学位后，回国到中山大学任教。屈良鹄的到来触发张宏达对分子生物学的注意，开始构想将分子生物学手段引入植物学研究领域，开展植物分子系统学研究。之后，他建议原本从事植物分类学研究的弟子施苏华从事这方面的研究，与屈良鹄共同招收她为植物分子系统学博士研究生，1990 年施苏华完成了博士论文《Ls-rRNA 的序列分析与种子植物分子分类及系统学的研究》。张宏达又开展高等植物叶绿体 DNA 分子的研究，1991 年与罗进贤共同培养博士生王艇，1993 年王艇完成毕业论文《叶绿体 DNA 分子系统学研究：叶绿体基因组限制位点变异性和种子植物系统发育的几个问题》。张宏达进一步把植物分子分类学原理及方法作为研究生的必修课。

图 6-1　张宏达（左二）在实验室指导学生（资料源于张宏达家庭影集）

又根据被称为世纪末三大危机之一的环境破坏日趋严重的形势，增设了应用生态学、环境生物学、城市生态学等有关课程，并且于1994年培养出中国第一位生态经济学研究方向的博士钟晓青。

1985年，中山大学研究生处组织编写《研究生培养工作探讨》，张宏达代表生物系植物学研究室撰写了《研究生培养工作小结》一文，总结了他对研究生培养工作的经验：第一，加强野外工作的训练，使研究生能直接了解广阔的生态环境及获得生物区系的广泛知识，并从中发现新问题。第二，开展课堂讨论是推动研究生钻研文献，培养综合与分析问题能力的有效方式，也是导师了解学生，发现才能的可靠途径。第三，以读书报告及小论文作为考核手段，为了培养研究生综合、分析问题的能力，提高写作水平，课程考核不采取笔试的方式，代之以写读书报告及小论文，鼓励研究生对文献及课堂讲授的内容，提出自己的观点和看法。凡是重复文献上既有观点的报告都是不合要求的，要退回重写。第四，以新的理论和方向性的新概念进行教学和研究。张宏达认为，研究生，特别是博士生在学习和研究过程中，不仅要继承前人的成就和学说，更重要的是培养他们的创新精神和创造能力，这首先要求导师不要墨守传统学说的框框，要敢于冲破旧传统的束缚，吸收国际新成就，提出新理论来开拓研究生的思路。第五，用新技术、新成就推动基础学科的发展。由于一些偏见，植物分类学一向被认为是古老和落后的学科，张宏达坚信，没有落后的基础学科，只有落后的思想意识，要发展基础学科，必须采用新技术、新成就来推动学科改革，鼓励研究生采用生理、生化、数学、电子显微镜、电脑等新技术来研究分类学和生态学，在生态学方面，考虑如何使生态学在更好地为生产服务的过程中获得进展，开始把生态系统的研究重点转向生产力的功能方面。

张宏达秉承了孔子"有教无类"的遗训，对年轻人总是极力支持和爱护，尽可能为他们创造有利于发展的条件，而不仅限于自己的学生。他的学生和助手张志权回忆说："改革开放初期，有很多人要到国外去留学，要人推荐，凡是找张先生推荐的，他从不推搪。甚至有些外系的，认为张先生在国外比较出名，也来找张先生。我就提醒张先生：这个是物理系的，这个是化学系的。张先生说：只要年轻人想学，我们都要支持他。"[①]

多年来，张宏达共指导硕士研究生 46 人，博士研究生 66 人，博士后研究人员 11 人。他的弟子大都已成为植物学领域的专家学者。他的学生们继承了他的学术思想和治学精神，他们以及他们的学生是张宏达学术事业的延续。

张宏达的第一届博士生中，叶创兴继承了他的山茶科植物研究的衣钵，成为这一领域的核心学者之一，多次承担重大基金项目，并荣获中山大学"教学名师"称号。叶创兴深知导师最担心是"中大的阵地能不能留下来，特别是山茶科的阵地能不能留下来"，他和老师一样，长期坚持实地考察，为研究山茶科植物，每年花三四个月到西南各省考察，几次因过度劳累导致胃出血住院，为了报答师恩，他用张宏达和夫人任善勷的名字命名了两种自己发现的山茶新种，将山茶属中唯一一种四季开花的珍稀红山茶命名为张氏红山茶，将香花毛蕊茶命名为任善勷茶。胡玉佳则继承了张宏达在热带雨林研究方面的衣钵，张宏达曾经告诉他："你搞热带林，必须要把理查斯的《热带雨林》全部读通。"当胡玉佳通过多年研究，完成专著《海南岛热带雨林》时，张宏达在序言中欣慰地写道：这部专著已经"超越了理查斯的轨迹"。这并不是老师对弟子的偏爱和溢美之辞，本书出版后，很多同行都称胡玉佳为"中国的理查斯"。

图 6-2　1991 年张宏达的学生张志权（左）、彭少麟分别获得"做出突出贡献的硕士、博士学位获得者"称号，两人与老师合影（资料源于《张宏达影集》）

张宏达的第一届硕士生中，张志权的《珠江三角洲农田林网生态效应

[①]　张宏达学术成长资料采集工程座谈会，2011 年 1 月 11 日，广州。

研究》等科研成果，在恢复生态学领域具有开拓性意义，1991年，国家教育委员会、国务院学位委员会对做出突出贡献的硕士、博士学位获得者进行表彰，他获得了"做出突出贡献的硕士学位获得者"荣誉称号。张宏达的另一名硕士陈桂珠多年来主持完成国家自然科学基金项目、联合国环境署／全球环境项目、国家863项目等多项重大课题，已成为国内知名的红树林和湿地生态专家。张宏达的第一届博士生和硕士生都曾被"文化大革命"浪费了十年青春，有的当过工人，有的务过农，"文化大革命"结束后才重返校园，到张宏达门下，今天的成绩得来不易。

张宏达年轻一代的弟子们，如余世孝、彭少麟、施苏华等人，也都已硕果累累，成为学科带头人、知名专家、博士生导师，他们正当盛年，处于科研工作的黄金时期，还将在科研和教学工作中做出更多的成绩。

学科建设和管理工作

张宏达在高等院校统编教材方面做了大量工作。1977年10月，张宏达到成都出席教育部召开的高等学校理科生物类教材编写会议，在会上接受了《植物学》教材的编写任务，会议决定《植物学》教材上册（形态学部分）的编写由北京大学负责，下册（系统、分类部分）由中山大学生物学系与南京大学生物学系合作完成，其中孢子植物部分由南京大学负责，种子植物部分由中山大学的张宏达、王伯荪、张超常、李植华执笔，全书由张宏达负责统稿。1978年2月，在南京大学召开了教材审查会议，云南大学、四川大学、兰州大学、北京大学、南京师范学院、南京大学及中山大学等院校的教师对此教材进行了审查，并建议作为综合性大学和师范院校生物系的教材或教学参考书。该书于1978年由人民教育出版社出版，直到现在还是植物学本科教育重要的参考书目。

1978年起，张宏达担任教育部（国家教委）高等学校生物学教材编审委员会委员、植物组组长，1983年起，担任高等学校生物学教材编审委员会副主任。在任期间，主持多种植物学教材的编审和审稿工作，如：1983年12月20日到上海华东师范大学，评审云南大学主编的《植物生态学》

教材；1984 年 10 月在北京大学参加生物学教材会议，讨论加速教材编审的工作，并提出教材也是科研成果的议案；1986 年 4 月，全国植物学教材编审会在中山大学召开，张宏达与生物学教材编审委员会植物组副组长、内蒙古大学李博共同主持了会议，讨论植物学教材建设及改革；同年 5 月，又在广州主持召开植物生态学教材教学会议，讨论植物生态学教材建设及教学改革，全国相关高校 16 位代表参加；1987 年 5 月，在湖南大庸（张家界）市主持了植物学及植物生态学教材教学研讨会，讨论植物学及生态学的"七五"计划。1991 年 2 月 8 日，为表彰张宏达任高等学校生物学教材编审委员会委员期间，为高等学校教材建设做出的贡献，中华人民共和国国家教育委员会向他颁发了纪念证书。

张宏达从 1954 年 8 月起担任中山大学生物学系植物学教研组（室）负责人的工作，直至 1992 年卸任；1961 年担任生物学系副主任，1971 年起实际担任生物学系负责人职务，1978—1984 年间担任系主任职务；1979 年，他一手建立起植物学研究室，担任主任工作直到退休。植物学研究室主要工作是组织教师和研究生的植物学科研工作，在研究生培养工作中发挥很大作用。在此期间，张宏达在生物学系系务、教学和科研的管理工作中付出很多心血，为植物学专业在师资培养、专业设置等方面的建设做了很多工作，在形态学、解剖学、木材学、植物化学、藻类学、菌类学、苔藓学、有花植物分类学及系统学、生态地理学、群落生态学、植物地理学以及植物区系学等学科都建立起完整的人才队伍，为中山大学植物学的学科建设做出重要贡献。

1987 年，中山大学植物学获得批准为高等院校重点学科，张宏达、王伯荪作为学科带头人，这时的植物学专业，已经有专业人员 28 人，其中博士生导师 1 人、教授 4 人、副教授 5 人。1981—1987 年间，招收博士生 11 人，硕士生 55 人；获得各项经费资助 137.1 万元；发表论文 136 篇，出版专著 6 部，译著 3 部，教材 4 部。教师、研究生多次到芬兰、美国、联邦德国、荷兰、加拿大、英国等国家进修或合作科研，多次参加国际会议或出国讲学。

1994 年 8 月，中山大学植物学学科点通过"211 工程"重点学科点建设子项目认证。此时，植物学除继续发展植物分类学、区系学、群落生态学、种子生理学等传统学科分支外，还开展了植物个体生态学、牧草生态学、经济生态学、植物资源学、分子系统学、营养生理学等领域的研究，形成了4个稳定的主要学科发展方向，即植物系统与区系学（学科带头人张宏达、屈良鹄）、植物生态学（学科带头人王伯荪）、植物资源学（学科带头人韩德聪）、植物生理学（学科带头人傅家瑞、王永锐）。有植物学以及植物生理学两个博士点。将分子生物学引入分类学领域，建立了分子系统实验室，在国内率先开展植物分子系统学的研究，通过大分子核糖体 RNA 结构研究植物各类群的系统进化，所建立的大分子核糖体 RNA 测序技术，在国内居领先地位并进入国际先进行列。在实验室建设方面，除原有的植物实验室及植物生态实验室以外，建立了木材解剖室、组织培养室、稀土分析实验室、植化实验室等，有了良好的实验条件。教学人员中有博士生导师4人、学术带头人6人、教授8人、副教授21人，各专业方向均已经培养出后备学术带头人。已培养硕士168人，博士28人，先后接受7名博士后研究人员，博士毕业生有多名在国外作博士后研究。从学术带头人和后备力量的学术水平，以及在国内外学术界的影响、所承担的各类科研任务、项目和总经费及其完成质量情况，学科点所培养的人才的数量和质量、实验室条件来看，植物学科都达到了国内先进水平，且在各个研究方向上都有部分领域处于国际先进水平。

　　1989年，中山大学植物学科成为国家重点建设学科、广东省重点学科。1989年4月、1993年9月，植物学教研室两次获得中山大学优秀教学成果奖励。1993年5月，中山大学生物学系植物学教研室获得普通高等学校优秀教学成果省级二等奖。取得这些辉煌的成绩和荣誉，张宏达功不可没。他凭借个人的威望和努力，为植物学科的发展争取到有利条件，依靠自己争取的科研经费来改善植物学的科研条件，借助自己在学术界的关系，为生物学系争取学术交流和学术合作的课题，也为青年教师争取出国进修和深造的机会。他和他的前辈、老师一样，非常重视中山大学标本馆的建设工作，和世界各国的标本馆建立标本交换关系。1988年12月，接待荷兰国家标本馆 Dr. Nooteboom，开展与荷兰的合作关系；1994年，邀请美国阿拉巴马大学的海恩斯（Haynes）到中山大学，讨论为中山大学标本馆建立数据库的事宜。除了标本馆，张宏达最重视的是文献资料，尤其是外文经典著作，他经常以生物学系保存着多套林奈的《植物种志》为傲。他个人也收集了大量珍贵文献，退休后，他把这些文献都捐赠给了中山大学生命科学学院。

张宏达担任系主任期间，生物学系的师资力量和教学资源都有了长足的发展，除了他个人的努力之外，离不开同事的支持和配合。中山大学生物学系，一直是大家辈出，张宏达的很多同事在学术界有着卓越的地位和不凡的影响力，他们秉承科学工作者敬业奉献的精神，不计较个人地位，与张宏达一起通力合作，共同为生物学系的发展奉献自己的力量。

于志忱[①]是与张宏达共事时间最长的同事之一，他们的合作主要是在系里和教研室的工作方面。1953年，生物学系成立植物学教研组，于志忱任组长。次年，植物生理学教研组成立，于志忱担任组长，张宏达接任植物学教研组组长。1962年，植物学教研室成立，张宏达担任主任，于志忱和张宏达开始在一个教研室工作。根据那时在生物学系就读的一些后辈回忆，生物学系里，戴辛皆、吴印禅、于志忱、张宏达，这些老师的关系都非常好，彼此尊重，非常团结。正是因为他们能够彼此尊重，互相扶持，才能共同渡过历次风波，共同坚持科学研究和教学工作。在"文化大革命"之后，于志忱和很多科学家一样，虽然已是高龄，在再度到来的科学的春天，重新焕发工作的热情，产生大量的科研成果，尤其是在南药春砂仁的研究方面，发表多篇论文，并获得广东省科学大会奖。

---

　　① 于志忱（1904-1985），山东黄县人。1931年毕业于国立北平大学农学院，1938年获得法国巴黎大学科学博士学位。留法期间，于志忱出版了专著《被子植物核分裂动态》。1939年，于志忱回到中国，受聘为中山大学生物学系教授，教授植物生理学和细胞学。新中国成立后，于志忱曾出任生物学系主任、中山大学教务长、学校党委委员和校工会主席等职。1962年，广东省植物生理学会成立，于志忱任首任理事长。

蒲蛰龙①和夫人利翠英1956年调回中山大学工作，成为张宏达的同事。蒲蛰龙和张宏达，作为各自领域首屈一指的专家，虽然在学术上没有合作，但彼此惺惺相惜，互相支持。20世纪80年代初，在蒲

图6-3　蒲蛰龙、利翠英夫妇为张宏达绘制的生日卡（资料源于采集小组）

蛰龙、张宏达等人的共同努力下，成立广东省生态学会，蒲蛰龙担任第一届理事长，张宏达从第二届开始继任理事长。他们共同在科学研究、科学普及、社会宣传等方面做了大量工作，唤起政府和公众对于保护生态环境的重视。二人私交也甚笃，1994年，张宏达八十寿辰之际，浦蛰龙和利翠英夫妇共同绘制了一张卡片，作为对张宏达的生日祝福。

韩德聪②自从1960年到中山大学任教以来，在植物学教研室主任张宏达的领导下开展教学工作，同时，她担任植物学教研室党支部书记，通过党支部的工作支持，教研室的教学和研究工作得以更好开展。尤其是

————

① 蒲蛰龙（1912-1997），广西钦州人。1935年毕业于国立中山大学农学院，考入燕京大学研究院。1937年回中山大学任教。1946年获美国国务院奖学金，赴美国明尼苏达大学留学，攻读博士学位。1949年10月回国。先后在中山大学农学院、华南农学院任教。1956年，蒲蛰龙从华南农学院调到中山大学生物学系工作。他的研究领域涉及昆虫学的各个方面，尤其在害虫生物防治和综合防治方面取得的成就举世公认。他创立了中山大学昆虫学研究所和生物防治国家重点实验室。由于在生物防治方面的卓著成绩，蒲蛰龙在国际上被誉为"南中国生物防治之父"。曾任中山大学生命科学学院院长，中山大学副校长，第二、三届广东省科学技术协会主席，1980年11月当选为中国科学院学部委员，1993年转为中国科学院院士。

② 韩德聪，1930年生，1951年毕业于北京师范大学生物学系，1956年至1959年在苏联列宁格勒大学学习，1960年回国后，任中山大学生物学系讲师、副教授，1986年晋升为教授。曾任《中药材》、《广东中药志》编委。在教学方面，主讲过植物生态学、植物生理生态学等多门本科生和研究生课程。在科研方面，自1971年以来，一直承担四大南药中的春砂仁和巴戟天的研究任务，先后完成了《南药春砂仁栽培技术》、《春砂仁胚胎发育规律》、《巴戟天高产栽培技术》等科研项目，取得显著经济与生态效益，获得国家星火奖二等奖、国家教委科技进步二等奖。

在 20 世纪 60 年代，教研室的很多工作都由党支部负责的情况下，在很多问题上，她都尊重张宏达意见，坦诚合作，使教学和科研工作顺利展开。"文化大革命"结束后，韩德聪是植物学教研室中植物资源学方向的学术带头人，和张宏达一起，为中山大学植物学的学科建设做出重要贡献。韩德聪的丈夫黄溢明，1979 年起担任生物学系副主任，作为张宏达的副手，1989 年至 1991 年之间，担任生物学系主任，在生物系的行政管理工作中，与张宏达有密切的合作，在工作中给予张宏达和植物学教研室、植物学研究室以最大的支持。

屈良鹄[1] 长期从事分子生物学特别是分子系统学的研究工作，研究成果很多，所建立的 Ls-rRNA 快速测序法处于国际领先地位。他来到中山大学后，引起了张宏达对分子生物学的重视，并开始考虑在植物分类学中加以应用。张宏达对屈良鹄的研究工作给予很多支持，推荐他申报国家自然科学基金项目，与他共同培养博士生，并将屈良鹄共同列为植物分类学与系统学的学科带头人，协助他建立实验室，创造良好的科研条件。在他们的共同努力下，中山大学生物学系率先在国内开始植物分子系统学的研究，并占据领先地位。

张宏达对生物学系和植物学教研室、植物学研究室工作付出很多心血和努力，谋求学科的发展，这其中也包含着很多辛酸与无奈，他于 1987 年 6 月 17 日写给时任中山大学校长的李岳生的一封信有所体现：

岳生校长：

植物研究室有几椿工作存在问题，特向您反映，请给予解决：

一、封开县黑石顶自然保护区内的野外实验站，经教委于去年底拨款，其中 35 万基建费亦已拨到多时，因自然保护区离广州稍远，交通运输不便，对基建工程确有影响，但望能责成总务及基建部门设

---

① 屈良鹄，1953 年生，1982 年毕业于武汉大学生物学系，1986 年获法国国家科研中心图卢兹生化及细胞遗传中心分子生物学系国家博士学位。1987 年起任中山大学副教授，1989 晋升为教授。曾兼任中国科学院植物研究所进化与系统学开放实验室和法国国家科研中心客座研究员、法国图卢兹第三大学客座教授。

法克服困难，就35万经费能建成多少面积就建多少，不一定强求原订计划1500m²的面积，教委及高教一司的负责同志经常在理科会议上宣传实验站对生物、地学走向实验的重要性，也提到教委对这

图6-4　张宏达为竹种标本图的题名（资料源于采集小组）

方面的重视，为此不断来信及传话询问封开实验站的进展。这个实验站，对生物系培养硕士、博士及博士后的研究工作都十分重要，也是我校在生态系统的研究工作走到全国前列的重要基地，教委重视我校在南方的优越条件，委托我校承担任务，希望能按教委要求早日实现实验站的落成。

二、1983年学校领导批准西大球场南面的竹园等地拨归生物系使用，1984年即由我研究室投资兴建围墙，为期已达两年，而竹园内的木工场及原农场家宅，迟迟拖延没有迁走，使山茶研究课题的栽培实验工作无法进行，种下一部分茶苗亦不断遭到家禽及小孩的破坏，山茶研究课题到1986年期满，而我们的引种推广计划无法进行。作为一所重点大学很难容忍这种分散和割据的行为，请采取措施，使园内各单位早日迁出，以便围墙合围，开展研究实验工作。

三、经费方面，1983年底，学校为了应付测试中心及其他基建困难，从我研究室研究基金借支1.2万，几年来，财务处与科研处纠缠，迟迟不归还这笔借款，实属不该。顺便提一下，打从1952年以来，植物教研室及研究室，一直未取得学校任何资助。是教研室和研究室32位同志团结一心，在党和校长领导下，齐心协力，做了自己应做的工作，这几年学校经费有所好转，也没有向植物室投资，作为一个综合性的研究室（包括植物分类、藻类学、木材解剖、植物化学、植物群落生态学、植物生理生态学等），它所处地位和遭遇是罕有的。这几年教育部给了我们一点钱，科学院基金会也提供了一些资助，但这些经费很大

一部份用于不该支付的项目，例如竹园围墙，原来由学校支付的，结果要植物室支付2.2万，至今未完成未结账。竹园内的网室后工作室基建经费，也由我室支付2万多，将来基金会万一来查账，恐难对付。

30多年的惨淡经营，植物学专业在国内占有一个席位，在校内也为大家所瞩目，如果说过去的年代，学校经费困难，有心无力，那么今天学校的情况好多了，植物学专业也没有辜负学校的期望，今后怎样使植物学继续前进，为国家做出更大的贡献，培养更多合格的专才，如果再得不到学校的支持，我们将陷于寸步难移的境地。愿学校进行调查，勿以言过其实，耸人听闻而见责见幸。

张宏达

1989.6.17

鉴于竹园的科学、历史和人文价值，在张宏达和生物学系的强列要求下，最终学校将竹园里的木工厂迁出，恢复竹园用地。张宏达从他的科研经费中拿出3万余元，将竹园围起砖、水泥钢筋护栏以作长远保护不再遭侵蚀。2000年后，在科技部专项基金资助下，对竹丛进行了培护，填高低洼地方，后来用铁管围起，并在入口处竖立了由张宏达手书的"竹种标本园"碑刻。

热带亚热带森林生态系统实验中心

1982年8月1—13日，张宏达参加了在内蒙古呼和浩特举行的全国高校植物生态学教材、教学讨论会，全国37所高校以及有关出版、科研单位的代表80余人参加会议。会议期间的讨论中，很多与会代表提出，世界各国从事生态学的教学和研究工作，普遍通过野外试验站来进行，并收到良好的效果，特别是对宣传环境科学教育和推行环境保护工作具有重要的作用。但中国一直没有一个为高等院校生态学专业设置的教学科研试验基地，以至生态学专业的教学实习、科研项目因场地的限制而难以开展。

代表们一致认为，要促进和提高生态学的教学质量，培养学生的生态学实验技术和动手能力，在全国各省区设立生态学野外试验站是刻不容缓的措施。张宏达提议，在南方的亚热带常绿林建立试验站，获得与会代表的支持。

回到广州之后，张宏达即多方奔走，向学校及教育部等上级机关请求支持，同时积极进行选点工作，经过对广东省多个自然保护区进行考察和比较，选择了封开县黑石顶和惠东县古田两个自然保护区作为备选建站地点。又于1984年4月到教育部高教一司理科处商讨

图6-5　张宏达（左）考察黑石顶（资料源于《张宏达影集》）

建站事宜。在他的努力下，于1985年1月6日—15日在广州召开了"热带亚热带森林生态系统试验站"建站论证会，参加论证会的，有教育部高教一司黄裕民、王欣、宋浩，内蒙古大学的李博、云南大学的金振洲、复旦大学的胡嘉琪、华东师范大学的宋永昌、武汉大学的李清仪，以及广东省林业厅、封开县、惠东县的代表。经过对封开黑石顶、惠东古田两个自然保护区进行实地考察后，与会代表一致同意，把森林生态系统试验站建在封开黑石顶自然保护区。

黑石顶自然保护区距封开县城70多公里，处于北回归线上，由于远离城市和经济发展地区，没有大规模地开发旅游，人工干扰较轻微，其天然森林保持了较多的原始性，是广东自然保护区中森林面积最大的一个。区内生物类群丰富，特有种类多，中国特有种约500多种，广东特有种近百种。由于与广西毗邻，通过桂及滇东南与印支半岛生物区系密切联系，热带和亚热带植物交汇混合现象明显。植被类型复杂多样，包括南亚热带常绿针叶林、南亚热带常绿阔叶林、南亚热带山地常绿阔叶林、南亚热带

山地常绿阔叶苔藓矮林、南亚热带常绿灌丛、南亚热带山地竹林、南亚热带高草草地等类型。

当地重视森林建设，全县森林覆盖率达59%。当地政府对建站工作非常配合，愿意无偿提供土地和交通、电信、建筑方面的便利条件。

1985年3月1日，教育部高教一司与中山大学签署了《关于筹建中山大学热带亚热带森林生态系统实验站协议书》，决定在广东省封开县黑石顶自然保护区由教育部投资兴建热带亚热带森林生态系统实验站，向全国各有关高等学校提供教学实习及科研条件。预计实验站的建设规模以容纳本科生70人、研究生30人、教师12人计，建设生活用房、食堂、教室、工作室、实验室、标本室、资料室等建筑，合计1500平方米。总经费75万元，由教育部一次投资。同年4月，中山大学与封开县人民政府达成协议，建设用地由封开县根据实验站建设规模及今后扩建需要，由封开县在黑石顶自然保护区无偿拨给。

1987年10月中旬，实验站基建验收完毕，交付使用。10月30日，中山大学向国家教委高教二司提交《关于中山大学热带亚热带森林生态系统实验站基建工程和验收与今后管理和使用有关问题的报告》，报告提出：实验站面向全国，为全国生物学、地学有关专业使用，建议将名称改为"国家教委中山大学热带亚热带森林生态系统实验中心"，确定实验中心的任务是：接受生物学、地学有关专业大学本科生的教学实习、生产实习；接受生物学、地学有关学科的硕士研究生、博士研究生课程实习及论文研究；接受国内外生物学博士后人员进行科学研究工作；接受国内外生物学、地学访问学者进行科学研究和学术交流；承担国家和地方有关生物学、地学生态方面的科研任务，接受委托培训技术干部。在管理制度上，设立国家教委中山大学热带亚热带森林生态系统实验中心学术委员会；实验中心由中山大学负责领导和管理，设主任1人，副主任1—2人；制定了《国家教委中山大学热带亚热带森林生态系统实验中心管理办法》。1988年5月4日，国家教委批复了上述报告，原则上同意中山大学对实验中心管理和使用的建议，并决定每年由国家教委在中山大学的总经费中增加3万元，作为实验中心的事业费。

1987年12月6日至12日，国家教委中山大学热带亚热带森林生态系统实验中心开幕，同时举行全国高校亚热带森林生态学术讨论会。会议由张宏达、祝廷成、李博等主持。会议同时宣布国家教委同意成立热带亚热带森林生态系统实验中心学术委员会的意见及委员名单，第一届委员会由国内高等学校有关专业的教授、副教授和国家教委的代表19人组成，包括北京大学地理学系教授陈昌笃、南开大学植物生态学副教授唐廷贵、复旦大学植物生态学教授周纪纶、华南师范大学生态学教授宋永昌、南京大学生态学教授仲崇信、厦门大学生态学教授林鹏、西南师范大学生态学教授钟章成、云南大学生态学教授姜汉乔、海南大学教授林英、中山大学大气科学教授高由禧、中山大学昆虫生态学副教授周昌清、贵州师范学院教授黄威廉、内蒙古大学教授李博、东北师范大学教授祝廷成以及中山大学生物学系的张宏达、王伯荪、韩德聪、谢永泉。

1988年5月25日，中山大学下发中山大学文件（中大人［1988］051号），张宏达被任命为热带亚热带森林生态系统实验中心主任，王伯荪、谢永泉被任命为副主任。张宏达担任实验中心主任职务直至2002年退休。

1992年、1997年，国家教委热带亚热带森林生态系统实验中心建立五周年和十周年之际，在黑石顶举行了盛大的庆祝活动，同时召开了第二届和第三届学术讨论会，内地和海外多位知名学者出席了讨论会，并提交会议论文，出版了《热带亚热带森林生态系统学术讨论会论文摘要汇编》两辑。

热带亚热带森林生态系统实验中心成立以后，主要在以下几个方面发挥了作用。

科学研究

1989年7月，在黑石顶热带亚热带森林生态系统实验中心进行的国家教委基金资助项目《热带亚热带森林生态系统的研究》结项。本项目主要研究内容有：黑石顶自然保护区亚热带常绿林的植被特点、分类、群落类型及数值分布；黑石顶亚热带常绿林的植物区系名录及分析研究；黑石顶亚热带常绿林植物种群动态及分布格局研究；黑石顶亚热带常绿林化学生态的初步研究；黑石顶亚热带常绿林孢子植物区系的研究；黑石顶亚热带常绿林生态系统的定位研究；黑石顶自然保护区常绿林的昆虫调查。仅在1987年，课题组成员通过对黑石顶生态系统和植物区系进行研究，就发表了10篇论文。据不完全统计，对黑石顶森林生态系统进行研究迄今已经发表论文100余篇，出版论著多部，如《黑石顶森林生态系统论文集》，1987年出版；《南亚热带常绿阔叶林生产力研究》，陈章和等主编，广东高等教育出版社1996年出版；《广东黑石顶自然保护区南亚热带常绿阔叶林能量生态学研究》，侯庸等主编，河北大学出版社1997年出版。这些论著反映了研究工作的广度、深度及连续性，为深入进行热带亚热带常绿阔叶林生态系统和生产力以及物质循环的长期监测研究积累了重要的资料。

1987年至1997年，借助于该中心的实验条件，先后有6项国家自然科学基金、2项广东省自然科学基金项目以黑石顶自然保护区的森林群落为研究对象，如国家自然科学基金重大项目《中国种子植物区系研究》子课题《岭南亚热带植物区系研究》、国家自然科学基金课题《南亚热带常绿阔叶林物质循环研究》,《植物恢复生态学》、《南亚热带常绿阔叶林生产力研究》等。其中有两项获得省部级科研成果奖。

本科生与研究生实习及毕业论文

在《国家教委热带亚热带森林生态系统实验中心十年工作小结（1987—1997）》一文中，张宏达总结了实验中心承担的学生实习和科研任务。成立中心最初设想，以国内各高等院校生物学专业的本科生实习为主，后因各校经费问题，外省前来实习的本科生不多。经常来实验中心实习的本科生以中山大学等广东地方高校为主。10年来中山大学植物学专业每届本科生均有两次到实验中心来实习，二年级以植物学课程为主进行分类学实习，三年级以生态学为对象进行一次实习，动物学专业本科生亦不定期来实验中心进行实习，观察鸟类生态及采集昆虫标本。

植物学专业的硕士研究生在学习完植物系统学、植物区系学、植物群落学及植物种群学之后，系里按学习计划组织他们到实验中心进行实习，使研究生都能掌握华南主要植物种类，并写成实习报告，作为学习成绩的一部分，并通过野外实习决定未来的学位论文课题。

在研究生毕业论文方面，中心成立的第一年，即有硕士研究生 1 人选定黑石顶从事亚热带常绿林物质循环课题研究。5 位博士研究生在实验中心开展学位论文的研究。10 年来，在实验中心进行学位论文研究的硕士生共有 16 人，以生态学及群落学为主要研究课题，开展群落结构、物质循环、种群动态及次生演替等方面的研究，也有硕士生从事种子植物区系和孢子植物区系的研究。共有 12 位博士生在实验中心进行学位论文的实验工作，包括群落演替、物质循环、生物生产力、次生演替、林窗效应及分子生态学的研究。

对外开放及学术交流

森林生态系统实验中心黑石顶站成立后，先后有国内外专家学者约 400 多人次参观考察，例如美国的北达科他大学利伯曼（Lieberman）教授夫妇、阿拉巴马大学 Hagnes 教授，荷兰国家标本馆 Nooteboon 博士，荷兰农业大学 Leuwenbevg 教授，美国哈佛大学胡秀英博士，台湾东海大学赖明洲教授，香港大学江润祥教授，植物学家吴征镒、昆虫学家赵善欢、气象学家高由禧等都曾到黑石顶站考察。丹麦苔藓专家以及香港中文大

图 6-6　香港中文大学的同学来黑石顶实习（资料源于《张宏达影集》）

学、香港理工大学、香港浸会大学和内地一些高校学生到这里实习考察，并与中国科学院鹤山丘陵综合开放试验站协作进行植被恢复研究及亚热带常绿阔叶林优势种群分子生态学研究。

中国的生态学起步较晚，新中国成立后，配合垦殖、农林牧业及国土整治等建设工作，生态学虽然获得了相应的发展，但一直停留在观察和描述阶段，不能对生态系统各个因子及环节之间的相互关系，能量及物质的积累与转化，以及生态功能等方面进行定量的研究。从植物群落外貌结构，进入到生态系统，研究其能量与物质的积累与转化问题，揭露自然界中主要的森林生态，必须采用定位的实验分析手段。黑石顶的生态系统定位站，是整个高校系统建立的第一个野外定位站，也是唯一由教育部投资建成的野外定位站。在建站过程中，从产生动议、项目认证到基建施工，都由张宏达亲力亲为，和教育部（国家教委）、广东省林业厅、地方政府联系与协商，组织全国的专家进行多次考察。直到现在，每年还有大量本科生到黑石顶实习，研究生还在这里开展研究工作。热带亚热带森林生态系统实验中心黑石顶站还继续在生态系统教学和科研，以及国际学术交流中发挥重要作用。

学术交流与学术合作

中德生态研究合作计划（CERP）

中德生态研究合作计划（*Cooperative Eclogical Research Project*，*CERP*）是联合国教科文组织人与生物圈计划（*Man and the Biosphere Programme*，*MAB*）主持并协调，由中国与联邦德国合作进行的一项长期研究计划。该计划分两期，先后累计提供了约 380 万美元的信托基金，是当时联合国教科文组织规模和资金额度最大的研究项目之一。研究内容紧密结合中国环境与发展中存在的问题，是涉及森林生态系统、水生生态系统、城市生态系统，以及城市污水生态处理等方面，共八个研究项目的大型科学计划。该计划的研究基地涵盖中国八个省、市。德国研究与技术部为该计划的实施提供资金，中国以复杂多样的生物地理条件，丰富的生态系统类型，为CERP计划的实施提供类型多样的研究基地，双方研究人员共同在中国开展生态学领域的合作研究，该计划自1987年开始，延续至1995年[①]。

为签署CERP计划，联合国教科文组织人与生物圈计划中国国家委员会自1983年便开始与联合国教科文组织和联邦德国有关方面接触，并多次邀请联邦德国研究与技术部环境事务司司长W. Von Osten博士，汉堡大学世界森林研究所所长E. Bruenig以及MAB国际协调理事会秘书B. Von Droste博士等到中国实地考察，由三方人员组成了CERP计划项目指导委员会。

张宏达于1986年参与CERP项目的研讨工作，他建议在海南岛霸王岭设置永久样地，进行热带雨林生态系统研究，作为CERP课题的一部分。霸王岭位于海南岛西南部昌江县境内，是隶属于海南省林业局的六大林区之一。霸王岭林区是海南热带雨林的典型代表，气候温和，雨量充沛，动植物种类繁多，生态系统完整。20世纪50年代以来，张宏达曾多次带领学生到海南岛考察，对海南岛植物区系和植被进行了大量调查研究，1963年曾到海南岛霸王岭进行野外考察，对青皮林、山地雨林及山地常绿林进行过深入的调查，对这一地区的生态系统有较为全面的了解，为承担CERP计划奠定了研究基础。之后，在合作研究计划还没有正式启动的情况下，张宏达便制定了《1987年海南霸王岭热带雨林生态系统研究计划》，具体内容如下：

野外作业

1. 在霸王岭鸟沥龙脑香林选择2×1km（200公顷）的样地，这项工作计划于3月底完成。

2. 在尖峰岭选择一个干旱生境更生的单优龙脑香林的样地作为对

① 赵献英：影响深远的中德生态研究合作计划。《人与生物圈》，2011年第3期，第60—63页。

照，预计 10 月前完成。

3. 霸王岭样地的植物区系调查，于 10 月底完成。

4. 昆虫及地面土壤及动物区系的调查。

5. 在霸王岭和尖峰岭开展群落调查和群落类型的划分，这项工作于 10 月完成。

6. 群落结构、科间关系、物种多样性、物候、生活型谱、群落动态等方面的数据收集，10 月完成。

7. 枯枝落叶的资料和数据收集，矿化过程的测定及数据收集及其季节变化，本年进行 1—2 次。

8. 土壤微生物及真菌数量、种类、季节变化及其对矿化作用的关系的数据收集，本年举行 1—2 次。

9. 建群种的水分、蒸腾作用、透渗压、光合、呼吸作用的测定，本年进行 3—4 个树种，1—2 次测定

10. 森林小气候的特征及其季节变化的测定，本年度至少在夏冬两季进行一次测定。

11. 昆虫及地面和土壤小动物种群动态分析及数据收集，在夏冬两季进行调查。

12. 食物网结构及营养流动的调查及数据收集，在夏冬各进行一次调查。

13. 生物群落中氨基酸含量的外消旋，以及土壤中 L.D 转化与循环取样。

14. 土壤无机元素的含量，季节变化及其在生态系统中的循环。

二、实验室及内业

1. 植物区系名录的编写。

2. 动物区系名录的编写。

3. 真菌及土壤微生物名录的编写。

4. 真菌及土壤细菌的活动和季节动态报告。

5. 动物的季节变化和动态的报告。

6. 植物群落的结构、种群动态、种间关系，物种多样性、分布结

构、相似性、排序、类聚分析及群落优势度的分析等的报告。

7. 残落物的成分分析、季节变化、矿化速度的测定报告。

8. 主要建群种生理生态习性的测定及报告。

9. 小气候测定报告，夏冬各一次。

10. 食物网结构及营养活动的系统分析。

11. 群落氨基酸含量外消旋的测定报告及 L.D. 转化的测定报告。

12. 土壤无机元素含量与生长季节的关系及其循环。

三、设备及图书

建立研究样地，编名录，数据，12000 元

生态生理取样，2500 元

动物名录，诱捕，5000 元

IBM 个人电脑，系统分析，5000 元

土壤及土壤生物学，5000 元

图书、音响，7500 元

四、人员开支

1. 德国专家在中国工作经费，25000 元

2. 中国专家在德国培训开支，25000 元

3. 研讨会，25000 元

从上述计划可见，张宏达在项目正式立项之前，已经对项目的研究内容、工作安排和项目组织等各个环节有了完整和细致的构想，这对项目通过认证起到了重要的作用。

1987 年 2 月，张宏达带领汉堡大学世界森林研究所所长 Bruenig 到海南岛霸王岭做了长达两个星期的调查工作。4 月 11 日，中国科学院副院长、中国人与生物圈国家委员会主席孙鸿烈代表中国政府在 CERP 协议上签字，CERP 计划由中国人与生物圈国家委员会和联邦德国汉堡大学世界森林研究所共同执行。5 月 21—22 日，CERP 项目指导委员会会议在北京举行，联合国教科文组织生态处官员格拉泽（Glaser）、驻京代表泰勒（Teller）和汉堡大学世界森林研究所 Bruenig 出席会议，讨论确定 1987 年

合作研究的实施计划。8 月 17 日，人与生物圈中国国家委员会秘书处给中山大学生物学系发来《人与生物圈计划接受研究项目通知》，称 1987 年 7 月 24—25 日召开的中国人与生物圈国家委员会工作会议已审议通过，正式批准《海南岛霸王岭热带森林生态系统的研究（CERP）》加入人与生物圈计划。项目于 1987 年 7 月开始执行。

　　CERP 共提出 8 个研究课题，其中第一个项目就是"海南省霸王岭热带雨林生态系统研究"（项目编号 CERP.S1）。该课题由中山大学生物学系和汉堡大学世界森林研究所主持，张宏达是中方项目负责人，德方负责人为汉堡大学世界森林研究所所长 Bruenig 教授。其目的是对中国的热带雨林进行基础研究。研究内容涉及热带雨林植物生理生态、植物区系与植物群落、动物区系及动物生态、微生物、土壤、水文以及热带雨林的经营管理。研究针对的问题是：多年来为满足生产和生活需求，在海南岛推行毁林种胶和大量采伐森林的政策，使得除了少数几个像霸王岭这样的保护区内残留有一点热带雨林外，其他地方的雨林大面积被毁，希望通过对热带雨林生态系统的多学科综合性研究、观测和监测，为了解人类活动对生态系统的影响提供数据。本项目是 CERP 全部 8 个项目中的最大的项目，资助金额达 40 多万美元，这也是国内高校系统唯一参加的项目。

　　1987 年 9 月，张宏达在广州主持召开 CERP 研讨会，来自中国、联邦德国、法国、奥地利、瑞典的 30 余位专家学者，共同讨论了海南岛霸王岭热带雨林生态系统群落结构、种群动态、C.N. 循环矿化作用、种子生理与森林更新、土壤成分与物质循环的关系等问题。

　　1988 年 2 月 28 日至 3 月 15 日，张宏达带领 CERP 课题组赴海南岛霸王岭开展调查工作，开始

图 6-7　1988 年，CERP 课题组在霸王岭考察（左为张宏达。资料源于《张宏达影集》）

采集土壤样本。参加人员有德国学者 8 人，中方学者 7 人。4 月，课题组到北京参加 CERP 工作会议。4 月 24—30 日，张宏达陪同联邦德国研究与技术部官员 Gudrun Maass 到霸王岭检查 CERP 工作。5 月 1—4 日，张宏达等陪同人与生物圈中国国家委员会秘书长，CERP 中方协调人李文华实地考察了霸王岭试验地的工作设备和进展情况，并与霸王岭林业局洪德威局长等讨论了合作课题的前景，转达了 CERP 第二次执行委员会同意接受霸王岭林业局派人参加 CERP.S1 研究工作的决定，经中山大学代表张宏达、胡玉佳与霸王岭林业局代表杜世拔共同商讨，中山大学与霸王岭林业局签订了协议书，决定中山大学生物学系和霸王岭林业局共同参加 CERP.S1 项目，双方共同组成 CERP.S1 的领导小组，成员 5 人：张宏达（顾问）、罗进贤（组长）、胡玉佳（副组长）、王伯荪、杜世拔。9 月，张宏达亲自带领研究生到霸王岭完成 CERP 课题当年的工作任务。

1989 年 3 月 12 日，张宏达再次陪同 Bruenig 等人到霸王岭进行一星期的研究工作，19—22 日，回到广州召开 CERP 工作计划讨论会。

1989 年 7 月，应联邦德国汉堡大学邀请，中山大学组成 8 人代表团赴德交流考察，这次出访是 CERP 计划中专业人员互访的一部分。代表团成员有张宏达、王伯荪、罗进贤、胡玉佳、谢永泉、沈灿燊（地理系）、曾水泉（地理系）、陈创买（气象系）。在联邦德国，代表团主要参观了森林试验站及有关水文、土壤、森林经营、农业试验站的工作。

经过三年多的工作，CERP 计划在霸王岭长臂猿保护区及其外围保护带周围划分了面积约 5900 平方公里的一系列 50 米 ×50 米的网格系统，其中设立了若干个有代表性的永久样地，进行群落植被调查，研究大规模人类活动对热

图 6-8　1989 年，张宏达赴德考察汉堡大学林业所电镜（资料源于《张宏达影集》）

带雨林生态系统的影响。

在与联合国教科文组织和联邦德国合作的过程中，张宏达始终把国家利益放在第一位，在关键问题上不做无原则的让步。在霸王岭采集到的土壤、生物样本交付德方的过程中，张宏达和项目组成员严格把关，避免国家资源流失。产生分歧和矛盾时，张宏达则据理力争。项目进行过程中，由于消耗性设备的经费没有及时拨给中山大学，导致中方无法对霸王岭采回的土壤样本进行测试，张宏达写信给联合国教科文组织生态处驻京代表泰勒表达了不满，声明应按合同规定，中德双方都要对样本进行测试和研究，不拨这笔经费就等于不让中方自己做测试，认为这样做谈不上合作。在项目中对于光合作用、生物生产量及物质循环的研究工作中，联邦德国方面派不出专家，就建议缩减计划，张宏达质问："为什么不让中方专家进行呢，否则还算合作研究吗？"最后张宏达严正声明："我们希望把合作继续下来，一切应按协议书，不要随着个人感情而变化，对中方来说，我们的专家教授是不会接受强加于人的。"

这期间，与德方产生分歧，有部分原因是受到 1989 年春夏之交那场政治风波的影响。1989 年 6 月 16 日，在德国进修的博士研究生杨家诚给张宏达写信说："近来此事件使 CERP 项目大受影响。我已于 6 月 5 日将所有该运回去的东西（仪器）都装好箱（一个大木箱）由运输公司运离所了，但货到运输公司后（就停在这城里），讲内存、计算机等属高科技物资要海关批，于是搁置了下来，后来不仅是德国，而且是 UNESCO（联合国教科文组织）都不批准（起码是暂时）这批货运往中国，所以到现在都未能出城，估计还可能搁置一段时间，也只好等了。"

但总的来说，CERP 计划取得的成绩是显著的，尤其是对中山大学和国内生态学的研究是有重要促进作用的。CERP 计划在海南霸王岭建立了热带雨林生态系统研究站，成为热带亚热带森林生态系统实验中心黑石顶站之外，中山大学进行长期生态学研究与教学的另一个重要基地。在合作研究的过程中，使用外资引进了大量先进仪器，在中山大学生物学系建立了计算机室和土壤微生物实验室，改善了科研条件。在合作研究过程中，双方互派工作人员进行互访、考察和研究，多次举办研讨会和培训班，而且建立了人才培养机制，在 CERP 计划实施过程中，中山大学多次派教师和博士生到联邦德国进修、考察，通过项目的实施，使青年学者得到锻炼和提高，并积累了与外国科研机构和科研人员进行学术交流的经验，从而建立了适应国际合作的科技队伍。

学术出访与学术交流

赴港

由于广州毗邻香港，在地缘和文化上联系都很紧密，改革开放后，广州首先在经济和文化上与香港开始了频繁的交流和密切的合作，在科技领域也不例外。

1979 年 5 月，张宏达与生物学系副主任黄溢明一起到香港中文大学讲学，为期 15 天，为生物学系的师生作了华夏植物区系起源问题的报告。在香港期间，除参观、考察外，还会见了香港校友，增进相互之间的了解。这次访问后，香港校友赠送给中山大学生物学系一批图书和价值六万多元的仪器设备。这次学术访问过程中，张宏达和香港中文大学生物化学系建立起学术协作关系，之后，中山大学和中文大学在中草药等方面开展了一系列合作研究项目。

1980 年 3 月，张宏达再次赴港，这次是作为中国科学仪器公司代表团的成员到香港兴华科学仪器有限公司了解进口仪器设备情况。期间，应邀在香港民政事务司作"山茶属的分布与分类"报告。

此后，尤其在和中文大学建立长期合作关系之后，张宏达多次到香港进行学术交流，出席学术会议，并多次到香港大学、浸会大学、中文大学等高校讲学。也多次邀请、接待香港同行到中山大学和他一手建立起来的热带亚热带森林生态系统实验中心黑石顶站参观、讲学。

赴英

1980 年 10 月，教育部组成环境科学教育考察团赴英国考察，北京大学生物系教授、昆虫生态学家林昌善担任考察团团长。与张宏达同行的还有

图 6-9　1980 年，赴英考察团与英国同行合影（左一为张宏达。资料源于《张宏达影集》）

北京大学的王恩湧、南京大学丁树荣、北京师范大学的刘培桐。代表团在英国进行了为期一个月的考察，参观了伦敦大学的皇家学院、帝国学院、切尔西学院、里丁大学、英国皇家学会、剑桥大学应用生物系和地理系，访问了著名植物学家理查斯。理查斯的经典著作《热带雨林》就是由张宏达等人翻译成中文出版的。此行还参观了东安格利亚大学环境学院、普利茅斯的理工学院、邱园的标本室和植物园、西尔伍德公园的野外站、亨廷顿试验站、大英历史博物馆、大英自然历史博物馆、Rosamstad 农业实验站和设在伦敦的 Field Studies Council。并瞻仰了马克思墓。

在英国期间，张宏达等人曾经到科学技术史学家李约瑟家里拜访。20 世纪 40 年代，李约瑟作为英国皇家科学院的代表，接受英国政府的委派，任英国驻华使馆科学参赞，1943 年夏天，李约瑟曾经到中山大学坪石校区访问中山大学经济学系主任王亚南，在他离开坪石去重庆时，张宏达恰好在火车站碰到他（此经历见张宏达在金钦俊所著《山高水长：中山大学八十周年诗记事》中的批注），不能肯定他们当时有没有交谈，但是曾经有过一面之缘。

赴日

1982 年 10 月，日本
西武百货店社长山崎光
雄来到广州，与张宏达
会面。日本西武百货店
是知名企业，每年举办
国际山茶展，恰好 1983
年为日本山茶学会成立
30 周年，山崎光雄就邀
请张宏达到日本参加国

图 6-10 1983 年，张宏达在日本作山茶花的演讲（资料源于《张宏达影集》）

际山茶展并进行科学考察，并负担一切费用。之后，西武百货店董事长坂
仓芳明亲自向张宏达发出邀请，中山大学上报教育部，获得批准。1983 年
3 月，张宏达携带部分山茶标本和金花茶活株到日本访问。同行的有美术
家赵本和昆明植物研究所的吕春潮、冯国楣等人。

张宏达一行于 3 月 16 日由上海抵达东京成田机场，开始了紧张的访问
行程，除参加在东京举行的山茶展览会的开幕仪式和在高槻市举行的山茶
展览会之外，还为日本学术界作 3 次山茶科植物演讲，同时考察日本植物
学教学、科研情况，并参观了大量的植物园和植物种植场，包括上野动物
园、琦玉县植物园、赤城植物园、八岳高原西武公司的杜鹃花种植场、三
好花卉研究所、京都大学植物系的植物标本室和农学院应用植物研究室、
武田制药厂茶花园、舞鹤山茶研究所等。

这次出访期间，张宏达与日本同行进行了深入的交流，包括新潟大学
教授荻屋薰、东京工农大学教授箱田、日本山茶协会理事桐野秋丰、千叶
大学副教授安藤敏夫、东京农业大学教授阿部定夫、国际山茶协会副会长
安篠芳显、京都大学教授岩槻邦男、小山博滋、泷本敦等，并接受了箱田
赠送的日本原产野生山茶 6 种 21 株，杜鹃花 3 株。

此行，张宏达接受了日本多家媒体的采访，《朝日新闻》、《读卖新
闻》、《经济新闻》等多家报纸和一些电视媒体都对张宏达一行人的访问进
行了报道。

赴美

1989 年，美国史密森尼研究院植物学部斯科格（Skog）邀请张宏达赴美访问。此前的 1988 年，张宏达的博士生许兆然到美国史密森尼研究院进行博士后的研究，当时张宏达另外两位弟子陆阳和李鸣光也在美国北达科他大学攻读博士，他们在美国时，充分发挥自己的力量，让美国植物学界了解中国植物学研究的状况，促成了美国植物学界和中山大学生物学系的很多合作与交流。在张宏达赴美的行程安排上，很多事宜都是许兆然帮助联系的，在老师出发前，许兆然甚至把签证办理、购买机票方面需要注意的事情都考虑得非常周全。

1989 年 7 月，国家教委批准张宏达和夫人任善勷到美国进行科学考察。10 月上旬，张宏达夫妇赴美。到美国后，先到加州参观加州大学伯克莱分校植物系、植物园及加州科学院，再到密苏里植物园，受到园长、美国植物学会主席彼得·H·雷文（Dr. Peter H. Raven）接待。雷文系中科院外籍院士，与中国植物学界有密切的合作关系，同时也是国际植物学界和张宏达联系比较密切的学者，两人经常交换科研信息和学术资料。

接下来，张宏达夫妇参访哈佛大学标本室和植物园，由世界著名华裔女植物学家胡秀英[①]博士接待。由于胡秀英是岭南大学硕士，张宏达一直视胡秀英为学长，在旅外华人植物学家中，张宏达与胡秀英的情谊最深，尊称她为胡大姐。而胡秀英经常来往于香港和美国之间，从事植物学研究，对大陆的植物学研究也非常关注，早在 20 世纪 70 年代中期，就曾回国考察。改革开放以后，更是经常回国考察和讲学，也多次来到中山大学

[①] 胡秀英（1908-2012），江苏徐州人。世界著名植物学家。1933 年毕业于南京金陵女子大学，1937 年获岭南大学硕士学位，1946 年获哈佛大学拉德克利夫学院奖学金赴美国深造，1949年获得博士学位，受聘于哈佛大学进行植物学研究。1968 年，返港出任中文大学崇基学院生物系高级讲师，促成香港中文大学"中药研究中心"的建立，创建生物系植物标本室。1975 年，胡秀英在香港中文大学退休后，除担任哈佛大学荣休高级研究员外，还担任中文大学生物系名誉高级研究员，中文大学中医学院荣誉讲座教授等职。她曾把 2000 余种药用植物，用中文、拉丁文和英文编成《中药词汇》一书，拓展了中医药迈向世界之路。1992 年，全美冬青学会以"胡秀英"命名一个卓越贡献奖。2001 年，哈佛大学将胡秀英编著《中国植物志》搜集到的资料文献，制成158844 张卡片，称为 Hu Card，并放在互联网上，供全球学者参考。胡秀英曾获美国科学成就奖、香港特别行政区铜紫荆星奖。

和张宏达一手建立的黑石顶站参观、交流。胡秀英是一位非常热心的前辈学者，许多中国的青年学者到美国访学，到哈佛大学都会得到胡秀英的接待和照料。张宏达评价说，在华裔植物学家当中，胡秀英是最为大家所熟悉和尊敬的老一辈旅外学者[①]。

离开哈佛大学后，张宏达到美国史密森尼研究院工作两周，研究那里收藏的植物标本，并在植物学部举行专题讲座，主题包括华夏植物区系、种子植物新系统及尼泊尔植物区系等。参观了马里兰大学植物系，与 Dr. J. Reveal 深入讨论华夏植物区系及有关山茶植物起源和分类等问题。又经丹佛至北达科他，弟子李鸣光正在北达科他大学攻读博士学位，张宏达与该校利伯曼夫妇交换了合作意见，并报告了尼泊尔植物区系，最后返旧金山受布鲁斯·巴塞罗缪（Bruce Bartholomew）夫妇接待，布鲁斯·巴塞罗缪即《山茶属植物的系统研究》英文版的译者，也是《中国植物志》英文版的作者之一，妻子为华裔。完成上述丰富的参访后，张宏达夫妇于 10 月 30 日中午离开旧金山，经香港返校。

根据许兆然与张宏达的通信，我们得知，这次赴美之前，张宏达夫妇本来准备去加拿大探望任国荣的家人。许兆然信中说："能否访问加拿大现在无法确定，您需要有加拿大的签证和重新进入美国的二次签证。首先，您去办理美国签证时要求美国领事给 *Two-entry visa*，有效期至 1989 年 12 月 31 日，您给美国领事说明情况大约能办妥。其次，一到达华盛顿我立即陪您们到加拿大领馆办进入加拿大的签证，若在数天内

图 6-11　1989 年，张宏达与胡秀英交谈（资料源于《张宏达影集》）

----

① 张宏达：胡秀英博士简介，未刊稿。资料存于采集工程数据库。

能办妥,则我们可以在去哈佛(波士顿)时从那里直接取道去加拿大渥太华(安大略州府),您可以先和任国荣先生商量(任已于1987年去世,许兆然似不知,故有此说——编者),看他到哈佛方便,还是您们上加拿大方便,40多年不见,思亲可恋,我个人觉得是应该尽力安排的。"在张宏达的行程中,没有记载有加拿大之行,很可能因为那时过境手续繁琐,没有申请下来。张宏达去香港进行学术交流和科学考察时,曾多次探望任国荣,但任善勤自从1949年之后,就没有机会和哥哥见面。

国际会议

在国际会议方面,主要有以下活动。1987年1月,与黄玉昆、夏法来应香港中文大学亚洲研究中心邀请,赴香港参加第二届国际东亚古环境研讨会。1992年8月在广东始兴县参加中美保护区和国家公园管理学术研讨会。1993年9月1—8日参加在香港举行的"亚洲—太平洋红树林生态系统国际会议",并在会上报告《全球红树林区系分析》论文。1994年1月出席在广西南宁召开的"金花茶第一次国际会议",致开幕辞 *Speech of The Academic Committee of The Yellow-Camellian Symposium Nanning*,在会上会见日本朋友多人,会议期间参观了金花茶种质基因库,并到防城上岳考察野生金花茶的生态环境。1996年,参加"东亚植物区系和多样性国际讨论会"。

图6–12 1993年,张宏达在亚洲–太平洋红树林生态系统国际会议上发言(资料源于《张宏达影集》)

在中山大学档案馆我们看到中山大学上报国家教委的《关于拟参加第13届国际植物学会议的请示报告》:第13届国际植物学会大会1981年8月在悉尼召开,邀请张宏达到会并宣读《华夏植物区系的起源和发展》以及《山茶属植物系统分类》。我们在张宏达个人档案和《张宏达文集·六十年学术活动记事》中都没有看到关于参加这次大会的记载，可以肯定，张宏达错过了这次会议。国际植物学会每 6 年召开一次大会，出席会议的都是世界顶尖的植物学家，每次大会都会讨论《国际植物命名法规》的修订，能够出席这个大会，不仅是一次难得的交流机会，是对植物学家个人学术地位的肯定，也是为国家争得在国际植物学研究领域话语权的最好机会。错过这次会议，不仅是张宏达个人学术生涯的一个遗憾，也是中国植物学界的一个遗憾。

国内学术会议和讲学

在国内学术交流方面，除以上提到的教材编审会、《中国植物志》编委会等之外，1982 年 7 月在长春参加第四届东北草原学术会议，这次会议由吉林省植物学会和黑龙江省植物学会联合筹办和共同主持，来自全国 21 个省、自治区、市 108 个单位的代表参加了会议，张宏达在会上讲了植物地理问题。同年 8 月中旬，在北京参加植物学会常务理事会会议。1983 年 10 月 1—6 日，中国植物学会成立 50 周年年会暨第九届会员代表大会在太原召开，张宏达出席会议，同时出席的有全国 400 多位代表。此外，还应邀到武汉大学、东北林学院、贵州科学院、新疆大学、兰州大学等单位讲学。

学会工作

1979 年 12 月 1 日，中国生态学会成立。1980 年 9 月 10—15 日，广东省农委、科委、科协、林业厅、中国科学院广州分院和广东省科学院等 6 个单位，根据中共广东省委 1980 年扩大会议关于"要重视我省自然生态"的指示，联合在广州筲箕窝召开会议。会后起草了给省政府的报告："拟建议省科协成立广东省生态学会"。广东省人民政府于 1981 年 1 月 22 日以粤府〔1981〕14 号文发出通知并印发了这个报告。广东省科协于 1981 年 1 月 29 日成立广东省生态学会筹委会，广东省科协主席蒲蛰龙为主任委员，6 月 24—28 日在广州召开"广东省生态学会成立大会暨生态科学讨论会"，广东省生态学会正式成立，省长刘田夫为名誉理事长，蒲蛰龙任理事长，张宏达任副理事长，王伯荪任秘书长。

1984 年 11 月，广东省生态学会在深圳大学召开第二届代表大会，选举张宏达为第二届理事长。此后连任第三、四届理事会理事长。1998 年 12 月 18 日，广东省生态学会第五届代表大会上，彭少麟当选理事长，张宏达任名誉理事长至今。

生态学会成立之初，由科协下属各个学会，如农学会、林学会、植物学会、土壤学会、气象学会、水利学会、医学会等，选派一些会员参加，作为团体会员。从第二届理事会开始发展个人会员。因为生态学会的会员所涉学科较多，被称作广东省的"小科协"，是广东省生态科学工作者的大家庭。创办学会刊物《生态科学》作为理论阵地。

生态学会成立后，不仅起到团结科学工作者，推动科技协作，促进学术交流的作用，而且多次在广东省环境保护工作中发挥实际作用，如白云山林相改造工作和深圳红树林自然保护区保护工作等。

1994 年 1 月，广州市市长办公会议提出"整治白云山"的任务。2 月，广州绿委和广州市园林局、白云山管理处召开专门会议，提出白云山林相改造的意见，并于 2 月 16 日发出《会议纪要》。2 月 17 日，广州市常务副市长陈开枝批示："同意会议设想，请抓紧推进。"

生态学会在了解到这一信息后，抓住机遇，争取立项，组织了专家会议，成立课题组。4 月 15 日，广东省生态学会《白云山规划与林相改造》开题，课题由张宏达主持，获得开题经费 2 万元，课题总经费 30 万元。

之所以要进行林相改造，是因为白云山林木绝大部分是 1953 年到 1958 年间种植的马尾松，一般说来，马尾松的平均寿命为 40—50 年，此时树木已经到了老年期，而且景观比较单一。此外，马尾松林容易发生大面积病虫害，是不稳定的林分。从森林的生态功能看，针叶林净化污染、吸碳吐氧、调节气候、水土保持的能力不及阔叶林。

课题立项后，学会组织大批专家对白云山进行了全面考察，1994 年 6 月，经过充分讨论，形成《白云山马尾松纯林改造方案》，确定改造的指导思想是："顺应白云山风景区植物群落向亚热带季风雨林方向发展的规律，保留一部分马尾松林，改造大部分马尾松林，使之成为针阔叶混交林，保护和人工促进更新次生林，把白云山建设成为林分多树种、多结构、多层次、多色彩、多功能，能完全发挥其经济效益、生态和社会效益的具有南亚热带特色的优美风景区。"9月1日，张宏达将改造方案向广州市常务副市长陈开枝汇报，10月，向广州市绿委汇报后，方案通过。

林分改造在规划上采用有代表性的乡土树种和适应本地生存的外来树种做主调树种，整个改造历时8年，种植树苗140余万株，共投入资金3140万元。2002年，白云山的森林覆盖率达到95%，供氧量增加一倍，成为具有岭南特色的南亚热带季风针阔叶混交林。

1994年6月，生态学会蒲蛰龙、张宏达、徐祥浩、曾昭漩、邓巨燮等16位专家联名写信给深圳市市长厉有为，要求市长责令深圳市国土局将破坏"内伶仃—福田"国家级自然保护区的污水处理厂迁走。在深圳市国土局没有及时改变错误做法的情况下，同年8月，又写信给广东省省委书记谢非、省长朱森林，向他们反映深圳市国土局在对"内伶仃—福田"国家级自然保护区管理过程中的不当做法，请求他们进行干预，保证自然保护区的生态系统正常运行。1994年10月，深圳市进行滨海大道等工程规划时，拟将滨海大道穿过福田红树林自然保护区西部核心区，将保护区的自然生态系统一分为二，而且工程需填海施工，对红树林生态环境造成不良影响。对于上述一系列破坏自然保护区的做法，生态学会的专家进行了紧急呼吁，力求挽回。在专家的干预下，有关方面立即停止了滨海大道的施工，明确指示，滨海大道建设要在尽量减少对保护区影响的情况下进行。之后，由中山大学环境科学研究所进行环境评估后，选择改线方案，使滨海大道中心线北移260米，将对红树林影响减少到2公顷。同时为保护区红线内新增滩涂面积1200亩，并拨款2000万元给保护区，用于人工营造红树林和在保护区新红线范围内进行恢复和优化生境的植树造林工程。这是生态学会为广东省生态保护工作做的又一件大事。而生态学会之所以能对此事做出迅速反应，是因为早在1992年，张宏达和他的弟子陈桂珠等就开始了《广东省内伶仃—福田国家级自然保护区自然资源和生态环境及其保护利用研究》的课题。

广东省生态学会成立以来，在生态保护的科学研究、科学普及、社会宣传等各方面都做了大量的工作。广东省生态学会是全国成立较早的生态学会之一，成立之初，很多人对生态学没有认识，生态学会的专家第一个工作就是进行生态学知识的科普宣传，蒲蜇龙到佛山，张宏达到汕头，分头下基层讲课。之后，张宏达个人参与的科普活动包括：1982 年，为广东省委干部培训班讲授生态系统与生态平衡；1983 年，为广东省农委及林业厅干部培训班讲授农业生态；1984 年，接受广东省委党校的邀请，讲授生态系统与保持生态平衡；接受广东省林业厅委托举办自然保护区干部培训班邀请，负责讲授植物学及生态学；为广东省林业厅举办野生动植物资源调查技术培训班讲授植物资源调查方法，主要植物种类识别方法。

广东省生态学会从成立起，连年获得"省级学会先进集体"称号，连续两次荣获"全国学会之星三连冠"称号。1993 年 12 月，广东省生态学会第四届代表大会召开之际，张宏达和学会秘书长张社尧创作歌词，会员毕志树作曲，创作歌曲《绿圈赞》："真理难穷志弥坚，不辞升斗苦熬煎，穹苍无计剂灵药，大地悠悠敷绿圈。光凝水气生万物，土藏化石纪流年。南北古陆皆残缺，独留华夏续新篇。环境保护绿为先，生态科学站前沿。交换循环活系统，繁荣学术换新天。市场经济化大千，遵章守律看路线。生态文明求发展，持续发展竞向前。"

除广东省生态学会之外，1978 年起，张宏达担任中国植物学会常务理事，同年当选广东省植物学会副理事长，1988 年起，一直被聘为广东省植物学会名誉理事长。参与的国际学术组织包括：国际山茶学会会员、日本山茶学会会员、美国山茶学会会员。

踏遍青山人未老

从大学时代起，张宏达就养成了重视野外考察的习惯，在教学中经常带领学生从事野外实习。随着改革开放，国内经济条件好转，科研协作不断加强，科研经费日渐充足，进行野外考察的条件大为改善。这时，张宏达更是利用一切机会开展野外考察工作，直至晚年仍然坚持不懈。

1977 年 6 月，张宏达登上黄山，考察紫茎属植物。之后转到南京，为编写《中国植物志》金缕梅科、山茶科去南京林学院看标本。10 月，出席教育部在成都召开的教材编审会后，登峨眉山，考察当地植被。

1982 年 7 月张宏达参加东北第四届草原会议，会后赴长白山考察植被的垂直分布，然后转到小兴安岭凉水自然保护区和东北林学院的野外站考察红松林，再转到齐齐哈尔考察草原。然后到内蒙古出席全国高校植物生态学教材、教学讨论会，会后赴大青山北的内蒙草原考察。据同去参加会议的韩德聪回忆，当时在草原上考察了 7 天，参加会议有很多院校的代表，没有人采标本，只有张宏达一个人拿着一个塑料袋和一个大铁桶采标本，回到住处就到锅炉旁边去烘标本。张

图 6-13　1983 年，张宏达在海拔 3200 米的高原定位站（资料源于《张宏达影集》）

宏达主要研究亚热带植物区系，一般说来跟温带和草原植物联系不大，大家对他这么热衷于采标本都不理解[1]。但通过几次考察和标本采集，1984 年张宏达发表了《植被地理问题初释》，中间讲到针叶林的起源和分布，草原和荒漠植被的起源，以及森林植被起源的统一性问题，很多资料都来自这几次野外考察。

1983 年 6 月底，张宏达应邀到兰州大学进行为期一周的讲学，之后，经甘南、陇南到九寨沟进行考察，然后由天水换火车返回兰州，接着去西宁考察，于 7 月 14 日登上祁连山，一直上到高原定位站。第二天，他写了一首七绝《横越祁连山》："祁连山上草青青，六月寒冬黍不生；羌笛

---

① 张宏达学术成长资料采集工程座谈会，2011 年 1 月 11 日，广州。

依稀人迹渺，牛羊结伴逐鸦声。"这一年，他69岁。7年之后，1990年6月，张宏达到兰州兴隆山出席《中国种子植物区系研究》课题北方片的工作会议，7月下旬在兰州大学参加西北干旱生态学会议，会后，76岁高龄的张宏达再次在甘肃、青海两省考察干旱生态系统。这一次他沿河西走廊去敦煌，到达敦煌后折向南，越过海拔3800米的当金山，横贯柴达木盆地，到达青海湖后，再返回兰州，途中经过民勤、金昌、嘉峪关、敦煌、冷湖、德令哈、塔尔寺。他完成的《中国西北地区干旱植物区系分析》、《柴达木盆地植物区系分析及其形成的探讨》、《Analysis on the Xesophytac Flora of northwest Region of China（中国西北地区干旱植物区系起源）》等研究成果，是建立在实地考察所获得的第一手资料基础上，而不是仅凭现成资料完成的。

1983年的12月，张宏达去成都、西昌、攀枝花一带调查红山茶分布，采得红山茶标本80号，对这里的红山茶群落印象深刻。1984年12月，他再度进入金沙江流域，取道昆明，走成昆铁路到渡口、米易、德昌、会理、盐边，一方面采集红山茶标本，一方面考察康滇古陆植物区系和植被，1985年1月临近春节才返回广州[①]。他在金沙江流域共采集红山茶标本350号，完成了论文《金沙江流域的红山茶新种》，发表了16个新种，也大大充实了《中国植物志》山茶科的红山茶组。这次采集让张宏达受益匪浅，直到现在，在我们问到哪次野外考察收获最大时，他还很兴奋地说："川西，我去了4次，那里野生的、原始的比较多，所以去一次又一次。海南，人家都去很多次，我去过一次就基本差不多了，没有什么发现。去了有新的发现，觉得还有兴趣就再去。"[②]

张宏达开始对华夏植物区系学研究后，因为学术界存在着中国植物来自喜马拉雅的观点，他一直想对喜马拉雅的植物区系进行深入研究，虽然他在1979年就完成了《从印度板块的漂移论喜马拉雅植物区系的特点》，

---

① 据张宏达在《金沙江流域的红山茶新种》（中山大学学报（自然科学版），1989，28（3）：50-58）中叙述，1983年12月至1985年1月之间三次进入金沙江流域，但文中只详细记载了1983年12月和1984年12月至1985年1月的两次行程，还有1次考察，具体时间不可考。

② 张宏达访谈，2010年12月22日，广州。资料存于采集工程数据库。

但研究主要基于已有研究成果和植物志资料之上，没有亲自进行考察让他觉得始终是研究的一个缺憾。1985 年，张宏达在香港中文大学江润祥[①] 的帮助下，终于有机会登上喜马拉雅山。江润祥原是中山大学生物学系毕业生，非常重视与内地学术界的交流与合作。改革开放后，他竭力促成香港中文大学与中山大学的合作与交流。1976 年起，香港中文大学中药研究中心即开展避孕药研究，目的是从中国传统草药中提炼不含类固醇的抗着床药物和男用避孕药，此项研究获得联合国世界卫生组织的资助。改革开放后，在联合国世界卫生组织和中国国家自然科学基金委员会的资助下，香港中文大学与中山大学合作对该课题进行研究。研究主要成果是从芸香属植物九里香中提取抗着床活性物质月橘烯碱，在九里香生化分析和区系分布方面，张宏达和他的弟子承担了一些工作。

1985 年，江润祥以赴尼泊尔考察药用植物的名义向张宏提出邀请，7 月初，张宏达到达香港，和江润祥、毕培曦一起赴尼泊尔考察，7 月 5 日抵达加德满都，8 月开始登山，从 Bogati 出发，对 Dhunche（多切）、Zingkomba、Gosainkon 一带进行了考察，到达海拔 4000 米的位置后，因阴雨连绵，装备不全下山，全程两个星期，采得标本 130 号。这次考察印证了他之前对喜马拉雅植物区系的研究结论，1988 年，张宏达、江润祥等发表了《尼泊尔植物区系的起源及其

图6-14 1985 年，张宏达攀登喜马拉雅山
（资料源于《张宏达影集》）

---

① 江润祥，中山大学生物学系动物学专业 1956 级学生，后到香港发展，在中文大学生物化学系任教。1975 年，在胡秀英的支持下，与张雄谋、杨显荣一起创办中文大学中药研究小组，建立药用植物园，1979 年发展为中药研究中心，隶属理工研究所。1999 年，创办中文大学中医学院，并担任首任院长。还担任世界卫生组织传统医学顾问。

亲缘关系》一文，根据对喜马拉雅南坡及尼泊尔境内植物区系的研究，对尼泊尔植物区系进行分析，并与邻近地区的植物区系进行对比，提出尼泊尔植物区系的特点和起源等问题。认为尼泊尔及喜马拉雅植物区系是华夏植物区系的后裔，尼泊尔植物区系的热带成分与云南较密切，亚热带成分则与西藏最接近。

1986 年 8 月，张宏达应贵州科学院邀请，去贵阳讲"华夏植物区系、板块漂移与有花植物区系的发展"等课题，会后去黔南荔波一带考察石灰岩植被。之后与许兆然合作发表了论文《黔南石灰岩植物区系的新种》。

1988 年，张宏达到新疆大学讲学，之后去吐鲁番、天山一带考察，到达交河和高昌古国故址。

1992 年，为筹建国家森林公园和国家级自然保护区，张宏达又到粤北八宝山、五指山进行为期 7 天的考察，之后，林密、张宏达、徐燕千、曾天勋、庞雄飞、梁启荣 6 位科学家共同提出了《关于建立南岭国家自然保护区和开发南岭科学研究的建议》。在科学家们的争取下，1994 年，广东南岭国家级自然保护区经国务院批准建立，这个保护区跨韶关、清远两市，是广东最大的自然保护区。张宏达多次带学生采集标本的八宝山、五指山都被包括其中。1997 年 6 月，张宏达等人《关于建立南岭国家自然保护区和开发南岭科学研究的建议》获得中国林学会颁发的第三届陈嵘奖。

1999 年 7 月，广东省农业厅组织专家参观昆明世界园艺博览会。此行，他重游了 1939 年 7 月毕业实习时曾经考察过的大理点苍山杜鹃花林，回顾旧事，感慨万千，写了一首七绝《忆旧游》："旧地重游六十秋，杜鹃花发满山头。昔日同游半作古，洱海驱舟吊故友。"诗后小注："1939 年夏中大师生 12 人曾到大理，登苍山考察，山顶杜鹃林盛开，这次七月重来，杜鹃仍在怒放，但人面已非。" 60 年前的那次考察，中大师生原拟赴丽江，但因丽江局势不太稳定，在大理县长劝阻下，终止了到丽江的考察计划。此行张宏达一偿 60 年的夙愿，畅游丽江并登上玉龙雪山。

从事植物分类学、生态学的研究，没有野外考察的工作，是不可能有所建树的。张宏达常常教导学生："学习和研究生物学，必须重视野外考察。没有野外考察的基础，就不可能真正懂得课堂上学来的知识。"而他自己则更是几十年如一日，始终孜孜不倦，足迹踏遍中国的山川、荒漠、草原。踏遍青山人未老，对他的一生来说，没有比这句话更恰当的形容了。

在张宏达的野外考察经历中，也有很深的遗憾，在华夏植物区系研究中，两个非常重要的地区，台湾和西藏，他没有机会亲自去考察。

张宏达曾承担《西藏植物志》的编写工作，在华夏植物区系学说的研究中，西藏也是很重要的一部分，他一直很想到西藏去考

图6-15 张宏达在野外（资料源于《张宏达影集》）

察。1985年10月，张宏达提出《中山大学赴西藏地区及喜马拉雅山北坡生物地学考察计划》，由他发起，组织一个12人的考察队，包括植物学、动物学、地理学、地质学和气象学五个专业的研究人员，计划进行一次包括大气圈、水圈、岩石圈和生物圈的综合考察，为期两个月，计划1986年8月出发。1986年1月，中山大学向国家教委呈报，并已成功申请到部分经费。考察队员已经完成体检，但是这时，中印边境局势紧张，考察计划被迫取消。

1990年，张宏达承担重大课题《中国种子植物区系研究》子课题《台湾种子植物区系的研究》，之后，他一方面与台湾同行建立交往和合作关系，另一方面积极联系到台湾考察。他曾经写信给台湾"中央研究院"植物研究所邹稚华："为了了解台湾植物区系的实际情况，我希望能去台湾考察一次，费用由我自己负责，不知道去台手续是否很麻烦，如果能由'中央研究院'或私人发出邀请信的可能性存在的话，我到台北时，可以向台湾同行介绍内地植物学界的活动情况，同时介绍我在植物地理学、系统学和群落学等方面的工作。"

后来，张宏达与辅仁大学景观设计系主任赖明洲[①]建立了比较密切的合作关系。1991 年，赖明洲邀请张宏达参加当年 10 月辅仁大学举行的台湾植物区系及植被研讨会。1991 年 5 月 15 日，中山大学向国家教委提出《拟同意张宏达教授赴台参加"台湾植物区系及植被研讨会"》的报告。

5 月 17 日，国家教委港澳台办公室复函中山大学副校长张进修，强调："有关出席国际学术会议，国家教委十分强调会议是否出现'一中一台'或者'两个中国'的问题，在这个原则问题上，我国是寸步不让的。从张宏达教授收到的这份国际会议预告看，这个会存在这个极为敏感的问题：主办单位中出现'中华民国……'字样，是明显的'两个中国问题'，会名把'台湾'孤立写上，而不冠以'中国台湾'也有'一中一台'之嫌。这个问题不得到解决，这样的会议无论在哪里开，我国代表都是不能出席的。"该函提到，按 1990 年国家教委转发国务院台办《关于台方人士或民间机构邀我去台参加国际会议问题》，对国内各省赴台出席国际会议，作出严格规定，考虑到岛内举行国际会议，台方与会人员或代表团使用的名称、身份等，难免会出现"两个中国，一中一台"的问题，对赴台出席国际会议，应持慎重态度。如有特殊需要，应在台方就以下几点作出书面确认后，向教委申请，待上报教委获准后，方可表示应邀：①从台湾当局取得我学者在台安全及往返自由的保证，②会场内不得出现"中华民国"的旗和标志，不奏"中华民国国歌"，会议文件、资料中不出现"中华民国"字样。

1992 年 8 月，张宏达接到台湾"中华会"邀请，于 10 月参加在台北举行的海峡两岸关系学术讨论会，对张宏达的邀请是通过广东省社会科

---

①　赖明洲，1971 年毕业于台湾大学森林学系，1981 年取得芬兰赫尔辛基大学博士学位。先后任教于台湾大学植物学系、辅仁大学景观设计系、东海大学景观系，现任东海大学景观系教授和台湾发展研究院生态暨资源保育研究所研究员兼所长。研究领域涉及植物资源保护、评估与利用、植物分类与生物多样性、植被生态学、景观生态学、苔藓学和地衣学。赖明洲担任台湾省自然保育文教基金会常务董事及财团法人、台湾树木种源保育基金会常务董事，在推动两岸交流合作方面做了很多工作，包括资助博士论文出版，购置访问学者住房等。他是中国植物学会会员，现担任中国科学院应用生态研究所客座研究员、上海自然博物馆客座研究员、华东师大和上海师大兼职教授。参与大陆出版的《中国蕨类图鉴》、《中国地衣志》等大型学术著作的编写工作。

学研究会、孙中山研究所黄彦所长和中山大学校长曾汉民联系，要求推荐一位自然科学工作者负责两岸科技交流课题而达成的。张宏达向学校申请，由学校出面请社科院为张宏达办理入台手续，但最终还是没有成行。

1992年10月，赖明洲再次邀请张宏达到台湾从事植物区系及植被资源考察。张宏达再次提出申请，同样没有得到批准。

最终，通过赖明洲提供的一些资料，张宏达虽然在标本和文献的基础上完成了课题任务，撰写论文《台湾种子植物区系》，但没有亲自到台湾进行实地考察，始终让他觉得遗憾。

在海峡两岸经济、文化联系日益紧密的今天，我们不得不为张宏达始终没能实现的台湾之行感到遗憾。张宏达曾经为受邀的海峡两岸关系学术讨论会撰写了一篇报告《海峡两岸科学技术交流之研究》，这篇文章反映了他与台湾同行进行交流的渴望，也对进行交流的方法和渠道提出了一些建议，其中重点论述了两岸学术交流的必要性和迫切性，兹节选片段如下：

现代文化与科学技术的迅速发展，在一定程度上有赖于信息的交流。通过交流出现了互相学习、共同提高的局面。台湾和大陆的学者都经常参加全球性各种学术会议，两岸学者在这种场合也有所接触。但彼此之间能够聚首一堂认真地交换对学术上的问题意见的机会还不多，或者说正在开始。为了发展中华民族的文化和科技，加快两岸的学术交流，并使之经常化，应该是两岸学者的共同愿望。

在过去一段较长的时间里，大陆和台湾按照本身的利益，走出了一条发展科学技术的道路，在自然科学各个领域，包括基础理论和应用技术科学，都取得显著的成绩，有些方面已达到世界先进水平。为了今后能以更快的速度发展两岸的经济建设，为了在廿一世纪前半纪中国人在国际学术界有更多的发言权，海峡两岸的科学家第一步应加强双方的学术交流，如生物学、地学及传统的中医中药等。特别要强调的，中国这块大地属于古华夏大陆，得天独厚，蕴藏着许多特有动植物种类并保存地球进化的悠久历史，研究清楚这些方面的问题，将有助于正确理解地球进化、物种起源和发展的规律，纠正西方传统长期以来占统治地位的错误的学术思想。例如关于地壳进化方面，西方流行的地槽及地台理论将被研究中国大地构造得出的地洼学说所补充和替代。关于地球植物区系起源与分区的理论，将被从中国植物区系得出的华夏植物区系起源与发展的理论所修正。关于高等植物进化系统的单元单系论、二元论、多元论将被从华夏植物区系得出的单元多系的系统所替代。西方学者对中国这几方面的资料知之不多或一无所知，他们所能掌握到的片面知识，必然不可能如实地提示自然界发展的法则。

第七章
收获硕果

　　作为一位杰出的植物学家，张宏达对植物学多个学科领域都有所涉猎，在植物分类学、植物生态学、植物区系学等多方面取得了突出的研究成果。改革开放以后，张宏达在学术上收获了累累硕果，如植物分类学方面，对山茶科的研究几告圆满；植物生态学方面，首次进行了香港植被的研究；而开创性地提出华夏植物区系学说，出版第一部由中国人撰写的种子植物系统学专著，更是他学术生涯中浓墨重彩的篇章。

华夏植物区系学说 [①]

华夏植物区系学说的主要观点

　　1980 年，张宏达的论文《华夏植物区系的起源与发展》刊登在《中山大学学报（自然科学版）》第 1 期，标志着华夏植物区系学说正式问世。

---

　　① 本节对张宏达学术成就的分析主要参考：叶创兴：张宏达与他的植物学理论。《中山大学学报（社会科学版）》，2011 年第 2 期第 51 卷，第 51-63 页。

华夏植物区系（*Cathaysia Flora*）最早是哈里（Halle T. G.）使用于东亚古生代以大羽羊齿为代表的植物区系，张宏达扩大了这一名词的含义，将华夏植物区系定义为三迭纪以来，在华南地台及其毗邻地区发展起来的有花植物区系。

华夏植物区系学说涉及被子植物起源的时间、地点等重大问题，创见性主要体现在三个方面：

第一，关于中国植物区系的起源，传统的观点认为中国北方的植物来自泛北极区，南方的植物来自热带，张宏达梳理了自晚泥盆纪以来不同地层的古植物，按照植物系统发育的顺序把它们排列起来，证明古蕨和种子蕨在华夏古陆的存在。同时对现生全球种子植物区系详加比较和分析，指出华夏植物区系具有最完整的植物系统发育构架，华夏古陆拥有保留了最多的原始孑遗种、特有种和大量在系统发育过程各个阶段具有关键作用的科和目，以及它们的原始代表，提出华夏植物区系是在华夏古陆本地起源和发展的。

第二，关于被子植物起源的时间，多数学者认为是白垩纪或晚侏罗纪，张宏达从丰富的化石证据出发，提出被子植物的萌芽是种子蕨发展出来的前被子植物，在三迭纪或二迭纪晚期；在三迭纪或侏罗纪早期发展为原始的被子植物；被子植物的起源是经过萌芽阶段、适应阶段、扩展阶段、全盛阶段；白垩纪已经是被子植物发展的全盛阶段，而不是被子植物的起源时期；指出现代的多心皮类具有许多次生性状，在原始的被子植物中可能不具备或不全部具备。张宏达以大陆漂移与板块构造学说，论证在联合古陆分离之前就已经出现了原始被子植物，各大陆分离后，发展出统一的被子植物系统，以此来解释地球植物分布的一致性和共通性。

第三，关于被子植物起源的中心，传统上认为是热带的印度阿萨姆与斐济之间，或者是在日本到新西兰之间。对这一观点，张宏达指出，无论是在现在植物区系上、化石证据上、地质史上都是不成立的。他对从中生代开始以来，联合大陆出现分离到完全独立之后，各个大陆的地理和地质变迁的概况进行比较，然后得出结论：在原始被子植物出现的三迭纪、侏罗纪时期，只有华夏古陆（华南地台）最为稳定，从现存植物及化石植物论证了华夏植物区系最有可能是被子植物诞生的摇篮。

华夏植物区系学说的形成和发展

1958 年，中山大学生物学系开始编写《广东植物志》的工作，作为主编之一，张宏达对广东占有优势的木兰科、樟科、壳斗科、金缕梅科、山茶科、安息香科、竹亚科、山矾科、海桐花科、马鞭草科的紫珠属等进行了较全面的整理，在此基础上写成《广东植物区系的特点》一文，在 1959 年生物学系举行的科学研究报告会上发表，提出广东植物区系是本地发展起来的观点，否定了广东植物来自热带的说法。此文经不断完善，于 1962 年发表，这是张宏达对华夏植物区系研究的开端。这期间，张宏达曾在多种场合做专题报告，1961 年底访问海南热带作物研究所，1963 年在尖峰岭举行的林业科学讨论会，同年冬在湖南师范学院 10 周年纪念会上，都做了《广东植物区系的特点》的报告。每一次报告，都使张宏达对华夏植物区系的认识有所加深，逐步形成了必须对华夏植物区系全貌进行深究的思想，因此，在《广东植物区系的特点》正式发表的时候，他已经在文章的最后提出了华南亚区（*Austro-Cathaysia*）的概念。

在"文化大革命"期间，张宏达没有放弃对华夏植物区系的研究。1972 年，张宏达带领工农兵学员到粤北莽山（即乳源五指山的乳阳林区）调查药用植物，在当地林业局第一次为同学们讲授华夏植物区系的起源问题。当时有个别老师提出意见，认为"在反对综合大学理论脱离实际的风头下，竟然敢于讲授华夏植物区系起源的理论，岂非有意对抗"。但并没能打压张宏达的研究热情，1974 年，张宏达专注于华夏植物区系的研究工作，开始撰写初稿。

这时，为了解决被子植物的远祖问题，张宏达开始注意到种子蕨的系统发育问题。了解到种子蕨发源于古生代的泥盆纪，到了二迭纪达到全盛阶段，进入中生代的三迭纪，种子蕨开始衰退，到了侏罗纪种子蕨基本上趋于灭绝，如果认为被子植物来自种子蕨的话，那么被子植物只能在种子蕨上升到全盛的二迭纪开始分化，因此认为被子植物之前就存在"前被子植物"，从"前被子植物"发展到"原始被子植物"。萌芽时期的原始被子植物通过改造，使之在自然选择中达到适应，然后扩展到全球，形成现代的被子植物。

在论文撰写过程中，首先要掌握华夏植物区系的种子蕨各类型，掌握华夏区系现生占优势及特有的种子植物，包括裸子和被子植物的特点。张宏达通过对裸子植物松科的研究，发现松科有 10 属，全部分布于中国西南部山区，因此断定它们只能是当地起源的。现生的被子植物中，较原始的昆栏树科、水青树科、云叶科、紫荆叶科、木兰科、金缕梅科，都为中国所特有，或者在中国最齐全、最复杂、属种数量最多，因此得出这些科属是起源于中国的结论。

为了进一步比较华夏区系与全球各大陆植物区系的联系和异同，张宏达充分利用了各大陆的植物志资料、名录资料，以及 20 世纪初期以恩格勒为首的德国学派在 *Pflanzenereich*、*Botanische*、*Jahrbücherder* 及 *Pflanzen familien* 中所载的关于非洲、澳洲及南美洲的植物区系文献，还有胡克父子等研究澳洲及非洲植物区系的文献，美国学者在美国《阿诺德植物杂志》、《密苏里植物园志》中发表的文献，通过对各大陆植物区系成分进行统计、分析，并比较它们和华夏植物区系的联系，从而发现各大陆不仅有各自的特有属种，而且都和华夏植物区系有不同程度的联系。从而证明，全球各大陆的植物区系具有共通性，这一事实又说明，传统上认为有花植物起源于第三纪或晚白垩纪不可信，因为到白垩纪各大陆已完成了漂移运动，形成各大陆植物区系如此紧密的联系，植物的"间断分布"决不能通过陆桥等迁移假设来实现，而只能在联合古陆漂移之前就已经存在有花植物。

华夏植物区系学说完稿于 1975 年，到 1980 年才正式发表《华夏植物区系的起源与发展》一文。在此之前，张宏达在进行各种学术交流时经常在一些场合就此专题进行演讲：1975 年，张宏达出席在北京召开的《中国植物志》编委会扩大会议，曾在会议上散发本报告；1977 年，参加《四川森林》编委会会议时讲了这个专题；1978 年 7 月在武汉参加教材编审会议时，为武汉大学生物学系的同学讲了华夏植物区系的问题；1978 年，在昆明参加中国植物学会 45 周年年会时，张宏达正式宣读了本报告；1979 年应香港中文大学邀请赴港访问，为中文大学生物化学系师生讲了这个专题。

1983 年 3 月，张宏达主持的课题《华夏植物区系的研究》申请中国科学院科学基金，9 月 26 日，经科学家同行评议和有关学部科学基金组审批，中国科学院科学基金委员会同意拨款 6 万元，资助本课题研究。经过 4 年的工作，成功通过项目鉴定。本课题主要研究成果有《从印度板块的漂移论喜马拉雅植物区系的特点》和《大陆漂移与有花植物区系的发展》。

1984 年，张宏达在《中山大学学报（自然科学版）》第 4 期发表了《从印度板块的漂移论喜马拉雅植物区系的特点》一文，着重讨论印度植物与喜马拉雅植物的关系，进而探讨在亚洲植物区系中，究竟是印度和喜马拉雅植物左右着中国植物区系，还是中国植物区系影响了印度及喜马拉雅区系。结论是印度植物区系是一个混合体，东部的喜马拉雅植物区系是华夏植物区系的一部分，西部为中亚细亚及地中海成分所控制，印度植物区系又是一个年轻的区系，它是在第三纪以后受到华夏植物区系影响形成的，因此印度植物区系缺乏特有的科，特有的种属也很少。喜马拉雅植物不是孕育中国植物区系的摇篮，而是中国（华夏）植物区系的第三纪后裔，也即起源于华夏，以往所谓喜马拉雅—日本植物成分或喜马拉雅—西伯利亚成分是不存在的，它们是共同起源于华夏。西藏植物区系是华夏植物区系的一个支派，是由云南植物区系直接演化来的。

1986 年，张宏达又发表了《大陆漂移与有花植物区系的发展》一文，指出前人对世界植物区系的划分是受到当时科学资料的局限，在海陆不变思想的支配下，对植物区系做出了不切实际的解释，例如，对东亚与北美植物区系的"间断分布"现象，曾被认为是经过白令海峡来沟通，或者是一度存在着陆桥而相互联系。张宏达以大陆漂移学说为理论依据，侧重研究了各大陆植物区系的特点以及它们与华夏植物区系的联系，推论有花植物是在中生代初期的三迭纪或侏罗纪，就已经在统一的联合古陆存在。最后提到华夏古陆具有最多而且最古老的有花植物，它们只能是当地起源的，而其他各个古陆或陆块在整个中生代分别处于冰川、海侵及干旱的条件，很难成为原始有花植物的发源地，只有华夏古陆在古生代末期及整个中古代都处于较稳定的状态，这里最有可能是原始的种子植物及有花植物起源的摇篮。

1970 年，时任辽宁煤田地质局研究所工程师的潘广[①] 被打成"反动学术权威"，遣送到辽宁锦西县农村落户。1971 年，他在距落户农村不远的华北燕辽地区东段中侏罗世海房沟组中发现一批植物和动物化石，其中的一些被他判断为被子植物化石。20 世纪 80 年代以后，他在国内国际各种会议上发表了这些看法，引起很大轰动，报纸也就此作了长篇报道。但是，他在发表这些看法时，没有照片以及更确凿的证据，因此不被学术界承认。

1983 年 2 月，张宏达在《参考消息》上看到潘广在燕辽地区发现中侏罗世被子植物化石的新华社报道，引起他的极大关注，认为这一发现可以为华夏植物区系学说提供新的证据。当年 4 月，张宏达专程到沈阳潘广处，用三天时间观察了燕辽地区海房沟组中侏罗世的被子植物化石，认为化石证据可靠，建议潘广把化石照片寄给古生物学家鉴定，并鼓励他把自己的发现写成论文发表。之后，张宏达和潘广在中科院林业土壤研究所（沈阳）分别做了华夏植物区系和燕辽海房沟组中侏罗世化石的报告，引起一定的反响。之后，虽然潘广发表的文章并没有得到学术界的认可，但是，张宏达一直和潘广保持密切的联系，从 20 世纪 80 年代到 2000 年之间，潘广与张宏达的通信来往十分频繁，不断将在化石研究中的新发现与张宏达分享，张宏达曾派自己的学生郑显明协助潘广进行植物化石的研究。郑显明写信为采集小组提供了相关资料（见附录四）。

潘广的发现为张宏达的华夏植物区系学说提供了有力的证据，在学术界一片质疑声中，他始终支持并信任潘广的工作。1988 年起，中科院植物所、南京地质古生物研究所等单位组成研究队伍继续在潘广发现化石的地点进行研究，2000 年以来，中华史氏果、中华星学花等在侏罗纪地层中发现的被子植物化石陆续被报道。

1994 年 4 月，张宏达的《再论华夏植物区系的起源》一文在《中山大学学报（自然科学版）》第 2 期发表。文章首先对华夏古陆的位置进行了定

---

① 潘广，1920 年生，河南新乡县人。1945 年毕业于国立西北工学院矿冶系，地质学教授，高级地质师。

义，指出在古生代时期，位于现在的中国大陆及其毗邻地区，存在着被海侵所分割的许多古陆块，诸如东部的华夏古陆，中部的扬子古陆，西部的四川古陆、康滇古陆，北部的松江古陆、华北古陆，西北部的塔里木及唐古拉古陆，南部的广西陆块和北越古陆。在中生代以后，燕山运动及印度支那运动连续出现，迫使海水从华夏等古陆之间退出，各陆块联成一块，出现一个新的华夏古陆，它的范畴，北起黑龙江和内蒙，东北部包括日本的本部和朝鲜半岛，西北部包括准噶尔盆地中段，南部包括印支半岛、马来半岛、苏门答腊及加里曼丹，最西部包括第三世上升起来的喜马拉雅山地。

关于被子植物的远祖问题，探讨被子植物起源究竟是单元还是多元的，长期以来就是一个争论不休的问题。现代的被子植物具有较完全的统一发展体系，主张现代被子植物单元起源的理论是较有说服力的，但对古生代及中生代的种子蕨，它们之间并不存在直接的亲缘关系，缺乏完整而统一的体系，因此从事古植物研究者多主张多元起源的理论。在研究华夏植物区系学的过程中，张宏达认为，种子植物的系统发育是单元的，发展是多方向的，即单元多系的。张宏达提出，关于被子植物起源的时间和时代问题，除了直接依靠化石证据之外，还可以从蕨类植物和种子蕨以及裸子植物的发展中得到启示：蕨类植物从志留纪—泥盆纪到全盛的晚石炭纪，经历了不下 0.8 亿—1 亿年的时间；裸子植物从晚泥盆纪到全盛的中生代，历时 1.5 亿年；而种子蕨从晚泥盆纪到极盛的二迭至三迭纪，也经历了 1 亿年的时间。有花植物由前被子植物经过原始被子植物到全盛的白垩纪，不能少于裸子植物发展所需的 1.5 亿年，因此，被子植物的祖先的出现必不迟于二迭纪，现代被子植物形成的年代亦将不迟于三迭纪。

在《华夏植物区系的起源与发展》一文完成后，张宏达感到自己掌握的资料还不全面，特别是对种子蕨类的理解不够具体，对前被子植物的认识不够明确，对原始被子植物的代表认识亦不深刻，于是在这方面加强了研究。在《再论华夏植物区系的起源》中，张宏达对中国已知的 11 群种子蕨类进行分析，从它们的形态结构及出现和消失的年代，探讨了它们与被子植物的关系。指出古生代后期的部分种子蕨，如大羽羊齿、舌羊齿，可能属于前被子植物，它们都已有别于一般种子蕨的形态，并具有某些被子植物的特征。尤其是大羽羊齿类，体现出不断发展，逐渐趋于完善的过程，并且有与被子植物某些相类似的结构，属于前被子植物是可信的，加之它的种系繁复，又广泛分布于华夏古陆的各个角落，因此，华夏古陆作为被子植物的起源地是有说服力的。

张宏达列举了潘广在中侏罗世地层中发现的被子植物化石，证明中侏罗世已有大量现代被子植物存在。张宏达认为 1980 年在北美得克萨斯三迭纪地层大量出土的 *sanmiguelia* 可以作为原始的被子植物，正式提出三迭纪可以作为被子植物的新纪元，而前被子植物的出现不迟于晚二迭纪的说法。

1998 年，张宏达在《中山大学学报（自然科学版）》第 6 期发表了《全球植物区系的间断分布问题》，此文着重探讨了华夏植物区系与各大陆区系的联系，再次指出中国植物区系与全球区系相联系的实质是有花植物在联合古陆阶段就已经存在，随着联合古陆解体，原始的有花植物分别散布到各大陆块去，以后在各个不同的环境条件下，以不同的程度和水平继续发展下去，呈现间断分布或区系联系，并使全球各大陆的植物区系能够汇成一个完整的系统。

1994 年，张宏达将华夏区系学说以及相关研究进行总结和整理，出版了《植物区系学》一书，此书正式建立了"植物区系学"（*florology*）这一植物学的分支学科，把它定义为研究地球或一个地区植物区系的起源与发展、地理分布及区系分区的学科，和传统的以分布区和迁移为主的植物地理学相辅相成。全书分八章，分别是：植物区系学与植物地理学、有花植物区系的起源、华夏植物区系、区域植物区系、科属植物区系、热带海洋植物区系、植物区系区划、植物区系与植被。此书全面反映了张宏达华夏植物区系学的研究成果。

相关研究

区域性植物区系研究

1994 年，张宏达与陈涛合著《南岭山地的种子植物区系研究》一文，此文没有发表，被收录于 1994 年出版的《植物区系学》一书，南岭山地的植物区系比较集中地反映了华夏植物面貌和本质，此文有助于更深入理解华夏植物区系学说。此外，张宏达还和陈涛合作发表了《南岭植物区系地理学研究 I：植物区系的组成和特点》（1994）、《南岭植物区系地理学研究 II：植物区系地理亲缘与区划》（1995）、《南岭植物区系地理学研究 III：种子植物区系分析》（1996）。

20 世纪 90 年代以来，张宏达与廖文波、苏志尧等人合作发表了《广东种子植物区系地理成分研究》、《广东种子植物区系与邻近地区的关系》、《广东植物区系的分区》、《广东植物区系学研究》、《广东植物区系的特有属研究》、《广西植物区系的特有现象》、《广西植物区系与邻近地区植物区系的关系》、《广东地质发展简史及植物区系溯源》等论文。此外，张宏达和他的弟子、合作者还对台湾植物区系、西北地区干旱植物区系、香港植物区系等进行了研究。这些研究都是对华夏植物区系学说的充实和发展。

植物区系学与植物地理学

植物地理学（*phytogeography*）是 19 世纪初由洪保德[①]（A.Von-humboldt）及德冈多（A.P.De Candolle）等人奠基的一门学科，当时的植物地理学是以植被的外貌及生活型作为主要标志。20 世纪初，植物地理学作为一门独立的学科已日臻完善。迪尔斯在他的《植物地理学》一书里，把植物地理学概括为分布植物地理学、生态植物地理学、历史植物地理学及植物分区 4 个部分，此后的植物地理学多侧重于属种分布。张宏达指出，在 20 世纪 30 年代以前，植物地理学是在海陆永恒不变的思想指导下阐述地球植物的分布和分区的，这是一个严重缺陷。此后，大陆漂移学说的合理性不断得到证实，逐渐改变了植物地理学的传统观点，吴鲁夫（Вульф）是引用大陆漂移理论来解析植物区系的分布与分区的主要代表者。张宏达提出，现代植物地理学应该包括以下几个部分：植物区系学、区系植物地

---

① 亚历山大·冯·洪保德（F.W.H.A.Vonhumholdt，1769-1859），德国著名科学家，自然地理学、近代气候学、植物地理学、地球物理学的创始人之一。

理学、科属植物地理学、植物分布区、生态植物地理学、植物地理分区及历史植物地理。

1994 年 8 月，张宏达在《中山大学学报（自然科学版）》第 3 期发表了论文《地球植物区系分区提纲》，提出植物区系的区划必须按种子植物区系形成与发展过程为依据，并参考现状分布，才能如实地反映植物区系分布与区划的实质。张宏达将地球植物分区划分为：①劳亚植物界，包括北美植物区、欧洲—西伯利亚区、古地中海区；②华夏植物界，包括东亚植物区、马来西亚植物区、印度—喜马拉雅植物区；③澳大利亚植物界，包括东北澳大利亚区、东南澳大利亚区、中澳大利亚（荒漠）区、开普兰植物区；④非洲植物界，包括非洲区、马达加斯加区；⑤南美植物界，包括加勒比区、亚马逊区、巴西区、安第斯区；⑥南极界，包括胡安—费南德斯区、智利、巴塔哥尼亚区、亚南极群岛区、新西兰区；⑦热带红树植物界，包括亚洲红树林区、澳大利亚红树林区、东非洲红树林区、西非洲红树林区、热带美洲红树林区。

植物区系与植被地理

1984 年，张宏达在《西南师范学院学报》第 5 期发表《植被地理问题初释》一文。对于植被地理，张宏达认为，它是一门综合的、动态的科学，涉及植被的起源、成分、结构、分布、类型和演替与进化等内容。植被地理的基础是植物区系，植被的变化和多样性受到各种生态因子的制约。植被地理的研究不仅扩大了对世界植被的起源和发展问题的探讨，同时也加深了植物区系和群落生态学的理解。

中国的植被类型最完整、最丰富：热带植被有雨林、季雨林、红树林和热带草原；亚热带植被有常绿阔叶林、常绿针叶林、常绿阔叶与落叶阔叶混交林，在亚热带与热带接壤处，还有亚热带雨林；温带植被有落叶阔叶林、常绿针叶林、落叶针叶林，还有草原、草甸、半荒漠与荒漠、冻原。张宏达以中国植被为例，对其主要植被类型的起源、分化进行探讨，着重论述了生态条件（气候和土壤）与植被分布的关系，以及植物起源与植被分布的关系。

在植物区系起源与植被分布的问题上，张宏达讨论了落叶树和针叶树的起源问题。落叶树一直被认为是北方（温带）起源的，它们是为了适应冬季低温而落叶的。但从研究热带及亚热带的资料表明，这种观点是从事温带植物区系的研究者得出来的结论，是不全面的，它不能解释南方（低纬度）地区落叶树发生发展的事实。在广东茂名第三纪的红层里，就存在着杨树、柳树、榆树等落叶树的花粉，由于第三纪的红层是当时干旱气候造成的，张宏达推论，这些落叶树是适应第三纪或白垩纪末的干旱气候而形成的。因此张宏达认为，落叶树是在南方低纬度地区在第三纪或更早的干旱气候所促成的，是亚热带起源的，是适应干旱的产物，它们有了落叶的特性，便有可能扩大分布区，从热带和亚热带传播到温带或寒温带地区。

关于针叶树的起源问题，张宏达认为，针叶树在北方或高纬度地区的广泛分布，的确是因为它们比阔叶树更适应低温的结果，但并不能说明针叶树起源于北方，在整个北半球的高纬度地区仅有松属（*Pinus*）、冷杉属（*Abies*）、云杉属（*Picea*）及落叶松属（*Larix*）的少数种类，它们都是松科的属。整个松科共有 10 个属，除了上述 4 个属之外，还有银杉（*Cathaya*）、油杉（*Keteleeria*）、雪松（*Cedrus Trew*）、金钱松（*Pseudolarix*）、黄杉（*Pseudotsuga*）及铁杉（*Tsuga*）等 6 个属，它们都是亚热带山区所特有的，绝不可能是从北方来的。再就冷杉、云杉及落叶松 3 个属而论，它们在亚热带山区的种类也远比北方的种数繁盛得多。以杉科而论，全球有 10 个属，中国有杉木（*Cunninghamia*）、台湾杉（*Taiwania*）、水松（*Glyptostrobus*）、柳杉（*Cryptomeria*）及水杉（*Metaseguoia*）等 5 个属，北美南部有 3 个属，日本南部 1 个属，它们基本上是分布于亚热带地区，不可能是北方起源的。柏科的 22 个属中，中国有 8 属均在亚热带，真正分布在高纬度的柏科植物十分罕见。其余的针叶树，如红豆杉科、三尖杉科、紫杉科及罗汉松科，大部分是亚热带起源的。整个裸子植物有 12 个科，中国南方有 11 个科，只有南洋杉科分布于南半球，不见于近代的中国，但在广东茂名第三纪的地层里曾经有过南洋杉的孢粉，张宏达据此得出结论：球果类乃至整个裸子植物都有可能是亚热带起源的。

华夏植物区系理论的争论 [①]

质疑与遇冷

关于被子植物起源的时间，之前也有部分外国学者，如坎普（Camp）、汤姆斯（Thomes）、埃姆斯（Eames）等主张被子植物起源于古生代（二迭纪）。主要根据是普拉姆斯特德（Plumstead）在南非二迭纪地层中发现的舌羊齿（Glossopleris）具有两性的结实器官，被认为是被子植物的祖先。美国阿克塞尔罗德（Axelrod）和德国 Gotham 曾提出被子植物起源于侏罗纪，德国的 Melchior 曾提出被子植物可能起源于三迭纪。但这些观点一直受到不同程度的反对，大多数学者支持白垩纪起源说，如塔赫他间（Takhtajan）和中国古植物学家徐仁 [②] 等。

1975 年 5 月，张宏达参加在北京举行的《中国植物志》编委会扩大会议期间，将华夏植物区系学说的文稿分发给与会代表，曾引起小小的轰动。据张宏达在《"华夏植物区系"问世的前前后后》一文中所述，他撰写文章时的见解是三迭纪起源，而分发的文稿为了对传统学派让步，降低调门，提到被子植物可能起源于侏罗纪。但与会代表只接受被子植物出现于白垩纪的传统观点，张宏达的报告引起与会代表及旁听席上人们的反对。

1978 年在昆明召开的中国植物学会 45 周年年会上，张宏达宣读了《华夏植物区系的特点》，引起较广泛的反响和争议。闭幕式上，大会主席吴征镒致闭幕辞，他评价《华夏植物区系的特点》等论文，"具有我国特点的理论性科学著作。其中，如对被子植物起源的地点、时间等问题进行了讨论，引用了古地质学、古生物学、区系学、古气候学的材料，对苏联塔

---

① 主要参考资料为张宏达：华夏植物区系理论的形成与发展。《生态科学》，1999 年，第 18 卷第 1 期，第 44—50 页；以及张宏达："华夏植物区系"问世的前前后后，未刊稿。资料存于采集工程数据库。

② 徐仁（1910—1992），安徽芜湖人。世界知名古植物学家，是中国从生物学角度研究化石植物的首创者，中国古孢粉学研究的创建人。曾担任中国植物学会常务理事、古植物学分会主任、中国孢粉学会理事长、中国古生物学会古植物学分会名誉理事长，1981 年被选为第 13 届国际植物学大会副主席。

赫他间提出的被子植物起源斐济岛一说，提出不同意见，并认为很可能起源于华夏古陆，对此并进行了多种论点的分析。"并在上报中国科协和国家科委的《关于中国植物学会45周年年会的情况报告》中写到，张宏达的《华夏植物区系的特点》是"富有论据、分析精辟、具有我国特点的理论成果"。但"华夏植物区系的起源"问题在中国植物学会45周年年会上并未获广泛认同，大部分与会专家持不同的看法。

在1979年举行的青藏高原国际学术讨论会的预备会上，张宏达提交了《从印度板块的漂移论喜马拉雅植物区系的特点》一文，曾获得部分与会者的赞许，等到第二年青藏高原国际学术会议正式召开时，会议主持人认为被子植物起源于侏罗纪的提法，从来没有人说过，外国书刊上也没有这种提法，大会不能接受这篇论文，把它退了回来。这一次正式揭开两种思想争论的序幕。

我们找到张宏达撰写于1975年的《华夏植物区系的探讨》手稿（即《华夏植物区系的起源与发展》初稿），篇幅比正式发表时多了近一倍，在很多方面的论述更为充分。特别对被子植物何以在第三纪或晚白垩纪爆发式发生这一现象做了非常详尽的分析，提出了被子植物起源与发展的阶段性和可知论。在文章最后一章"问题讨论与结论"部分，关于被子植物起源地和起源时间问题，明确指出"任何一个热带植物区系都没有像华夏植物区系这样完整无缺，因此华夏古陆最有条件被称为被子植物的摇篮，被子植物不是热带起源，而是亚热带起源"，"推想被子植物特别是原始被子植物出现于三迭纪也就不是完全无稽之谈。"在正式发表的《华夏植物区系的起源与发展》一文中，为淡化争议，将起源于三迭纪的观点改为侏罗纪，即使这样，在发表过程中还是遭受很多挫折。1979年，《植物分类学报》曾同意接受《华夏植物区系的起源与发展》论文，但根据审稿人的意见，认为被子植物起源于侏罗纪的提法不适合，只有改为白垩纪之后，才同意刊出。当编辑部把文稿退回来要求改为白垩纪时，张宏达没有接受编辑部的意见，而是改在《中山大学学报》刊出。

1983年，张宏达在看过潘广的化石后，考虑到《内参》和《参考消息》先后两次对海房沟组化石的发现进行了报道，认为行政领导应该看过这消息，而且潘广经常出席国际会议去报告他的发现，同行中虽有人反对，也有人赞许。考虑到国际学术界的反应有可能反馈到国内，应该事先让植物学界人士有所了解，张宏达于是给两位植物学院士写信，请他们给予关注。1985 年，一位院士特意到潘广处看化石，他也认为化石证据可靠，当他返回北京后，在一次座谈会上介绍燕辽海房沟组化石的情况时，与会者全部反对，他只好作罢，不再过问及插手。由于人们的反对，潘广的化石无法获得承认。

1983 年潘广写了一篇报道燕辽海房沟组化石的报道《华北燕辽地区侏罗纪被子植物先驱与被子植物的起源》，送到《科学通报》，经送审后，认为不可靠而退稿。潘广要求编辑部复审，文章终于在 1983 年第 24 期刊登了。由于潘广的报道比较简略，只有拉丁属名，既无照片，也无描述，徐仁在《科学通报》1986 年第 6 期发表了《果真华北燕辽地区侏罗纪地层中出现了被子植物吗？》一文，否定潘广的大多数化石的可靠性。《科学通报》编辑部在发表徐仁的论文之前，曾征求张宏达的意见，张宏达答复编辑部，文章应该刊登出来，以便就这一学说展开更有效和更深入的争论。

1994 年，中国植物学会主编的《中国植物学史》由科学出版社出版，对华夏植物区系学说做了这样的评价："张宏达的《华夏植物区系的起源与发展》（1980）与《大陆漂移与有花植物区系的发展》两篇论文，根据华夏古陆具有最多最古老的有花植物，它的区系与大洋洲的最密切，与印度、热带亚洲、北美、南美及非洲古陆上的区系，都有共有的属，说明一定的亲缘关系，从而推论有花植物在中生代初期的三迭纪或侏罗纪，就已经在统一的'联合古陆'（*Pangaea*）上存在着。其他古陆在整个中生代分别处于冰川、海浸及干旱的条件，只有华夏古陆较稳定，可能就是原始的种子植物及有花植物起源的摇篮。他还认为，最近潘广在燕辽平原的侏罗纪地层找到了大量的'原始被子植物'及'半被子植物'化石支持了他的观点。然而，不少学者对他的论断持怀疑态度，因为缺乏可靠的证据。"[①]

---

① 中国植物学会：《中国植物学史》。北京：科学出版社，1994 年，第 181 页。

燕辽地区海房沟组的化石除了少数是种子蕨化石之外，更多的是见于中侏罗世的现生被子植物，《中山大学学报（自然科学版）》1997 年第 3 期发表的，潘广的《中侏罗世枫杨属果序化石的发现及意义》，同样被认为不可靠，没有引起国内同行的重视，但印度的 *Rheedia* 古植物杂志却认为证据可靠，还把中侏罗的枫杨化石在 1997 年予以发表。

分歧与共识

1989 年 7 月，《中国种子植物区系研究》申报国家自然科学基金重大项目，课题组组长为吴征镒，副组长为张宏达、路安民。项目联合申报单位包括中国科学院植物研究所、中国科学院地理研究所、中山大学、中国科学院华南植物研究所、中南林学院、中国科学院西北高原生物所、江苏植物所、内蒙古大学、新疆八一农学院、中国科学院新疆生物土壤沙漠研究所、云南大学，参与的科研人员达百余位。11 月，国家自然科学基金委员会组织专家组对该项目进行评审，批准立项。该项目主要研究内容包括："中国特有科属的起源和散布规律；调查研究与新生代重大地史事件相关联的关键地区和研究薄弱地区植物区系的组成和特征；探讨中国植物区系中的重要科属的起源、分化和分布，阐明中国植物区系的形成演变历史。"[1] 根据上述内容，设立 4 个二级课题：中国特有科属的区系地理研究，关键地区和研究薄弱地区的植物区系研究（该课题包含了 20 个子课题），白垩纪特别是新生代以来中国植物区系的发展与演变，中国种子植物区系中重要科属的起源、分化和地理分布的研究。吴征镒、张宏达、李锡文具体负责第二子课题《关键地区和研究薄弱地区的植物区系研究》，张宏达又亲自承担其中的"台湾种子植物区系的研究"子课题研究任务。

从项目的研究阵容来看，几乎是倾全国之力，研究内容之宏大也是前所未有的。张宏达是课题组的副组长，与组长吴征镒共同组织研究工作的

---

[1] 国家自然科学基金重大项目任务书：中国种子植物区系研究，1989 年 11 月 30 日。

开展，并合作具体承担第二子课题的研究，而事实上，吴征镒[①]与他在中国植物起源研究上的观点是有分歧的。

同样作为杰出的植物学家，在《中国植物志》的编写工作中，吴征镒是第四任主编，张宏达是编委，两人有过合作，并且共同作为编写人员代表获得国家自然科学奖。但两人最主要的学术合作，同时也是学术争鸣，是在植物区系和植物地理学方面，他们先后在这一相同领域各自发表过既有共性也有分歧的学说，彼此都比较关注对方的研究成果。

1964 年，吴征镒在亚非科学讨论会上提出了"在北纬 20°—40° 的中国南部、西南部和印度支那地区是东亚植物区系的摇篮，也是北美洲和欧洲等北温带植物区系的发源地"的论断。这一学说，和塔赫他间在 1968 年提出的学说相近，都是赞同被子植物的热带起源。1965 年，吴征镒的论文《中国植物区系的热带亲缘》在《科学通报》上摘要发表，对热带起源说进一步阐述，认为整个被子植物区系是在泛古大陆（*Pangaea*）上的热带地区发生的，中国植物区系中热带成分占 50.3%，中国植物区系与东南亚热带区（尤其中南半岛）最为密切，在中国南部与东南半岛北纬 20°—40° 之间的地区，最富有特有的古老科属的情况，认为这些第三纪热带区系可能为近代东亚与温带植物区系的开端，甚至也许是北美和欧洲植物区系的发源地。从中可见，这一学说与张宏达主张的被子植物起源于华夏古陆是有分歧的，张宏达的华夏植物区系相当于吴征镒的东亚界与古热带界之和，吴征镒强调被子植物的热带起源，而张宏达的学说偏重于亚热带发生。但他们的学说也有共同之处，他们都认为中国南部是被子植物起源的关键地区之一，中国（华夏）植物区系的主体是就地发生的，间断分布要用大陆漂移理论来解释等。吴征镒的观点，在中国植物学会主编的《中国

---

① 吴征镒，生于 1916 年。中国著名植物学家，植物区系研究的权威学者。1937 年清华大学生物学系毕业，1940 年进入西南联合大学理科研究所攻读研究生。1950 年任中国科学院植物研究所研究员兼副所长，1958 年任中国科学院昆明植物研究所所长，1979 年兼任中国科学院昆明分院院长，后曾任云南省科委副主任，云南省科协主席。1955 年选聘为中国科学院学部委员，1979 年当选为中国科学院主席团成员，现任中国科学院资深院士。吴征镒多次组织全国植物资源的调查，被称为中国植物的"活字典"。

植物学史》中受到了较高的评价①。值得一提的是，1978 年，在昆明召开的中国植物学会 45 周年年会上，吴征镒对张宏达《华夏植物区系的特点》给予了较高的评价，体现了科学工作者的胸襟。

在《中国种子植物区系研究》国家自然科学基金重大课题研究中，两位科学家通力合作，力求使已有的学说得到深化和完善。经过 6 年的研究，1996 年项目验收时，在第二子课题《关键地区和研究薄弱地区的植物区系研究的总结报告》（李锡文执笔）中，对于被子植物起源的地点问题，形成了这样的结论："中国种子植物区系在起源上不能一概而论说是热带起源，虽然中国种子植物区系大部分与热带有千丝万缕的联系，实际上有些科属是在古北大陆靠北的地方产生，广大的亚热带地区当然也有可能产生。这种中国种子植物区系多元观点，也许是弥合我国两大区系学派②的新观点，更有利于阐明中国种子植物区系的起源发生。"

图 7-1　张宏达 1992 年在《中国种子植物区系研究》学术讨论会上（资料源于《张宏达影集》）

---

① 中国植物学会：《中国植物学史》。北京：科学出版社，1994 年，第 180-181 页。
② 指热带起源（吴征镒）、华夏起源（张宏达）两种观点。

1996 年 5 月 27 日至 29 日，国家基金委在北京对重大项目《中国种子植物区系研究》进行验收，在项目第四子课题《中国种子植物区系中重要科属的起源、分化和地理分布的研究的总结报告》中提出："通过对不同演化水平的 56 个类群的起源、分化和地理分布的研究，对被子植物白垩纪起源的学说提出了疑问，特别是对于那些间断分布于南、北半球的类群的分析，它们很可能起源于联合古陆，因此被子植物起源的时间就要追溯到侏罗纪，甚至三迭纪，至少在这个时期被子植物的祖先类型（或称前被子植物）已经得到强烈的分化，孕育出不同演化分支的祖型，因此，对于白垩纪被子植物爆发式的出现变得可以理解，不再是'令人不解之谜'。"验收专家委员会主任李星学宣读验收报告，对项目的研究成果给予了高度评价，评为 A 级（优秀）。

同年 7 月 25 日至 26 日，张宏达到昆明参加昆明植物所和云南省科委联合主办的"东亚植物区及生物多样性"国际学术会议，东亚植物区是在《中国种子植物区系研究》课题进行过程中提出来的地球植物区系的一个新分区，这个分区方案与张宏达在 1994 年提出的地球植物区系分区提纲也有不同，但基本上都是把中国（东亚、华夏）植物区提升为独立的植物区，都是对传统植物分区的一个突破。这次会上，张宏达曾赋诗《东亚区系会议有感》："青山踏遍穷真理，万卷宏篇等身书。东亚区系联寰宇，同归不厌道途殊。"表达了他与吴征镒虽有争议和分歧，但能持科学态度，通力合作，实现殊途同归的欣慰之情。

2003 年 8 月，《中国种子植物区系研究》又经过 7 年的研究，最后通过专家鉴定，项目提出的重大成果包括：种子植物起源可能在侏罗纪，被子植物"多系、多期、多域"起源，中国植物区系来源是多元的，有古南大陆、古北大陆和古地中海来源，但其主体是就地发生的。此结论虽然和张宏达的华夏植物区系学说观点不十分一致，但从根本上支持了被子植物早于白垩纪起源的观点。

关于华夏植物区系学说的争论以及发展方向，张宏达认为："传统的区系学者和系统学者，都很重视化石的证据，这是无可非议的，问题在于有些学者看到了可靠的证据之后，能够改变自己的看法，并有勇气承认现实的存在，但另一些学者可能坚持传统的成见，对新生事物视若无睹，反而在证据面前，不知所措。潘广的文章给人们提供信息，它证实被子植物存在于中侏罗纪，并没有完全解决被子植物起源的时代，据推理中侏罗纪存在着现生的枫杨，则被子植物起源时代应在三迭纪，而原始被子植物出现的年代决不迟于早三迭纪，因此寻找原始被子植物化石应在三迭纪，大羽羊齿类的心叶大羽羊齿及烟叶大羽羊齿等的叶形十分近似被子植物，应该分别到它们的产地，福建龙岩和湖南永兴去深入发掘。"[1] 在这里，我们不妄断学说本身的正确与否，但我们赞成张宏达面对争议的态度。

华夏植物区系学说的研究从 20 世纪 50 年代开始，直至 21 世纪初，张宏达还在对这一学说进行不断的深入研究，50 年磨一剑，对传统权威学说的质疑使整个学术界为之震动。在华夏植物区系学说引发的种种争议中，张宏达努力地想发出自己的声音，让我们看到学者的勇气和坚守。无论学术界是否接受这一学说，但都不能否定张宏达的创新精神和对科学的执着。华夏植物区系学说是张宏达本人最看重的成果。我们采访张宏达的学生余世孝时，他个人认为，张宏达在学术上最大的愿望，应该就是华夏植物区系起源这个理论得到全国或全世界学者的认可[2]。

种子植物系统学

张宏达在植物学领域一大突出贡献是提出了一个新的种子植物分类系统（1986，2000，2004），这是继 1950 年胡先骕发表《被子植物分类的一个多元系统》之后，第二个由中国人提出的种子植物分类系统。

1986 年，张宏达在《中山大学学报（自然科学版）》发表《种子植物

---

① 张宏达："华夏植物区系"理论的形成与发展。《生态科学》1999 年第 18 卷第 1 期，第 44-50 页。

② 余世孝访谈，2010 年 12 月 5 日，广州。资料存于采集工程数据库。

系统分类提纲》，从形态学、胚胎学、古植物学以及系统发育等方面，对种子植物的分类系统进行探讨。2000年，张宏达对《种子植物系统分类提纲》进行修订，提出《种子植物新系统》（《植物学通报》）。2004年，张宏达与黄云晖、缪汝槐、叶创兴、廖文波、金建华合作的学术巨著《种子植物系统学》由科学出版社出版。该书是张宏达"几十年来从事植物系统学研究和教学的成果总结"（《种子植物系统学》前言），"是第一部全面论述种子植物起源、发生与发展的巨型著作，它的出版意味着植物系统学研究新的里程碑已经树立。"[1]

张宏达1986年发表的《种子植物系统分类提纲》，第一个重要的创见是取消了被子植物和裸子植物的划分。自从19世纪60年代确立裸子植物这一分类单位以来，一直把它和被子植物并列，很少有人提出异议。传统的分类学把胚珠生于闭合心皮的有花植物称为被子植物，其余的种子植物归入裸子植物。张宏达认为，银杏、苏铁类、紫杉类、罗汉松类的胚囊外围的珠被里都出现维管束形成层行次生生长来保护种子，它们是特殊果实。倪藤称盖子植物，因为在胚珠外侧有两层盖被，这是另一种保护种子的组织，是不具心皮叶的胚珠在形成果实过程中，特化出来的早期果实的结构，而且倪藤有双受精现象，不是裸子植物。真正的裸子植物，只有具球果的松柏类植物。张宏达认为，把种子的不同进化阶段截然分为"裸子"与"被子"的分类法，显然是人为的，为了真实地反映种子和果实在系统发育过程中的实质，应广泛的称为种子植物。

张宏达不同意有花植物起源的多元论和二元论，认为有花植物来自种子蕨，从有花植物的子房及胚珠的结构来看，它的祖先只能是具有异形孢子和孢子叶的原始种子植物，而不是不具孢子叶的原始种子植物。张宏达也不同意多心皮学派把木兰目当作最原始的有花植物，并用系统树来说明全部有花植物都是从木兰目演化出来的观点。木兰的种系繁衍而连续，花的结构很完善，虽然雄蕊和离生心皮是原始的性状，木质部却具有明显的次生特征，莽草科（*Winteraceae*）具管胞，但种系也比较

① 叶创兴：张宏达与他的植物学理论。《中山大学学报（社会科学版）》，2011年第2期第51卷，第51-63页。

发达，化石仅见于第三纪。张宏达认为多心皮派单元单系的思想与有花植物的系统发育实际是不相符的，现代生存的类型，不管是木兰目、柔荑花序类、水青树目、昆栏树目、金缕梅目、睡莲目、泽泻目等都是由不同的原始祖先演化出来的，它们之间是不连续的，因而彼此之间缺乏直接的亲缘关系。

张宏达认为，不能排除已消亡的原始有花植物，而仅以现生的有花植物孤立地探讨有花植物系统。种子植物经过简单到复杂，不完善到完善的改建，才从原始种子植物发展为原始有花植物，再出现现在的有花植物。这些比较原始的有花植物在种系演替过程中，不断更新，残存的代表都是不连续的、孑遗性的。因此要寻找较原始的有花植物，不能从那些种系繁衍而连续、结构完善而复杂的代表中物色。

尽管张宏达不赞成恩格勒学派和多心皮学派割断古植物与现代有花植物联系以及对分类群处理的观点，但比较起来，在某些观点上他更倾向于恩格勒学派。

多心皮派认为木兰植物的单沟花粉具有原始的特征，张宏达认为，单沟花粉是从 3 沟演化而来的。柔荑花序类花粉基本上是孔型的，孔型花粉不可能是从沟型演化而来的。浙江长兴二迭纪煤层的双亲花粉以及四川广元三迭纪地层的三沟花粉，说明了孔型及三沟花粉的邃古性。

关于风媒植物与虫媒植物的原始性问题，恩格勒学派认为风媒花是原始的，多心皮学派则认为虫媒花是原始的。张宏达认为，从种子植物系统发育过程看，无论是种子蕨、科达狄、银杏、开通类等都是风媒的，原始的有花植物只能从风媒的种子脱胎而来，无论是风媒花还是虫媒花，它们的花粉都是昆虫的食物，从昆虫出现的第一天起，或者花粉出现的第一天起，昆虫并不是作为传粉媒介存在的。有关昆虫与植物适应传粉的结构，诸如分泌细胞、腺体、花、两蕊异长异熟、昆虫口器的演化问题，无疑是次生性的，认为虫媒植物先于风媒植物，风媒植物是从虫媒植物演化而来的说法，带有明显的主观臆测性，风媒植物即使不先于虫媒植物，两者至少是齐头并进的。

关于单花与花序的原始性问题，张宏达认为，在种子植物当中，开通类、科达狄类、银杏类、苏铁类、五道木类都不是单花，而且它们的花都是单性的，雄蕊与雌蕊集中在一起，组成单花的结构，是从分散到集中的过程，具有明显的次生性。

关于柔荑花序类，通常认为它们是单被或无被，而且是单性的。张宏达认为柔荑花序类并不限于无被、单被和单性花，榆科、荨麻科、马尾树科甚至壳斗科都存在两性花或两性花的痕迹。两轮花被同样也出现在榆科、壳斗科、桦木科、马尾树科。柔荑花序类基本上是孔型花粉，只有栎属（*Quercus*）是沟型花粉，因而不可能从多心皮类衍生。有可能是和多心皮类同时由某一原始类型沿着不同的方向发展而来的。

1986 年，张宏达提出的《种子植物系统分类提纲》，把全部种子植物分为 10 个亚门：种子蕨亚门、舌蕨亚门、松柏亚门、银杏亚门、苏铁亚门、开通亚门、中华缘蕨亚门、紫杉亚门、盖子亚门、有花植物亚门。有花植物亚门亦采用单元多系的分类，把昆树亚纲、柔荑花序亚纲与多心皮亚纲并列。

1999 年，张宏达在《中山大学学报（自然科学版）》第 6 期发表论文《种子蕨的肉籽类》，把肉籽类作为种子蕨当中的一个植物群。肉籽类由于胚珠的珠被里及假花被和套被里出现形成层，在受精之后形成层次生生长，形成肉质的果皮包裹种子，起到保护作用，是雏形的果实，有别于后继的被子植物由子房（心皮叶）发育所成的果实，这种雏形果实从种子蕨类出现的初始阶段就已存在，并在种子蕨类占有优势和主流的地位，明显地存在着系统发育的意义。这一大类的种子包括上泥盆纪的芦松（*Calamopitys*）、早石炭纪的髓木（*Medulosa*）和皱羊齿（*Lyginopteris*），一脉相承发展出二迭纪的银杏类和苏铁类，三迭纪的巴列杉和罗汉松，侏罗纪的紫杉类、粗榧和倪藤类。据此，设立肉籽植物亚门（*Ssrcocarpidiophytina*），包括 5 个纲，19 个目，将 1986 年分类提纲中的银杏亚门、苏铁亚门、紫杉亚门、盖子植物亚门改隶为肉籽类下的纲。

在此基础上，2000 年，张宏达发表了《种子植物新系统》论文，对1986 年发表的分类系统进行调整，在种子植物门下分 6 个亚门：前种子蕨植物亚门、蕨叶种子植物亚门、肉籽植物亚门、松柏植物亚门、前有花植物亚门、有花植物亚门。

张宏达将原来的种子蕨亚门分为前种子蕨亚门、蕨叶种子植物亚门、肉籽植物亚门、前有花植物亚门。建立前种子蕨亚门，作为蕨类过渡到种子蕨的中间类型。认为前种子蕨的发现使蕨类植物过渡到种子植物有了明确的桥梁，使种子植物的系统发育过程进一步完善并易于理解。

张宏达把与肉籽类的芦松同时出现于晚泥盆纪的另一支种子蕨类，包括狭轴羊齿（*Stenomylon*）、晚石炭纪的华丽木（*Callistophyton*）及二迭纪的盾籽（*Peltosperma*）归入狭义的种子蕨类，它们不具壳斗，珠被里不存在维管束组织，种子缺乏肉质组织。张宏达为这一类建立了蕨叶种子植物亚门。

蕨叶种子植物发展到了二迭纪，无论营养器官或生殖器官都发育到新的阶段，叶由复叶发育为单叶，叶肉分化出海绵组织与栅栏组织，叶脉由叉状脉发展出网状脉，由单网到复网，生殖器官变得更完善，大孢子叶出现兜状壳斗，有了较完善的保护组织，近似后来有花植物的子房，小孢子叶发展出长形的聚合囊，每个聚合囊由4个小孢子囊组成，已类似于有花植物的花药，包括开通类、舌羊齿及大羽羊齿类，它们具有雏形有花植物特征。因此，张宏达建立了前有花植物门。

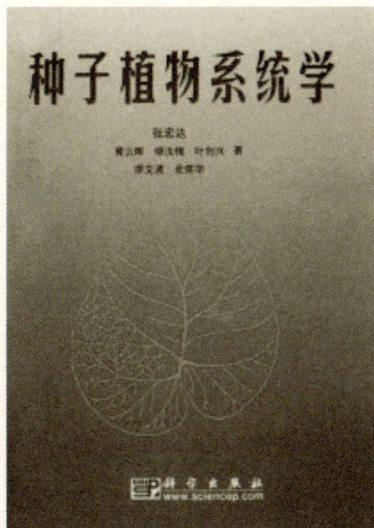

图 7-2 《种子植物系统学》封面

2004年出版的《种子植物系统学》，是在《种子植物系统分类提纲》和《种子植物新系统》的基础上完成的。论著以亚门、纲、目和科为主线，以典型属、种为代表，配合400多幅精选插图，对各类群特征进行了系统排列和描述。

《种子植物系统学》的创新性主要体现在以下几个方面：①梳理了古植物化石，将它们纳入分类系统，构建了自种子蕨以来，一个完整的一脉相承、承前启后的种子植物新系统，理论上它是一个单元多系的系统进化分类系统；②新成立蕨叶种子植物亚门、肉籽植物亚门、昆栏树亚纲、柔荑花序亚纲、多心皮亚纲等新等级，体现了植物系统发育的创新观点；③将种子蕨类区分为前种子植物、蕨叶种子植物、肉籽类、前有花植物，把原始的有花植物与蕨叶种子植物类和进化的种子蕨类（前有花植物）如大羽羊齿类联系起来，也揭示了其可能的发生地和演化路线；④重新认识了"种子"的概念。认为传统意义上的裸子植物不是一个自然类群，将种子植物划分为裸子植物和被子植物存在着明显的局限性。

山茶科植物的研究

据张宏达的弟子叶创兴统计，在分类学领域，从植物志到树木志，张宏达先后对 17 个科进行过研究，其中投入最多精力，研究最为精到，产生最多成果的，无疑是山茶科。在这个科中，他建立了 3 个新属，命名了 217 个新种。毛叶茶和苦茶这两种新的饮用茶资源的发现，对改善人民生活有重要意义。确定阿萨姆茶原产地为中国，并将其中文名改为普洱茶，使他得到了"普洱茶之父"的美誉。在山茶科，张宏达的地位无可代替。

《山茶属植物的系统研究》

山茶属是山茶科中最大的属，和山茶科其他属相比，它是相对原始的种系。山茶属植物集中分布于亚洲东部和东南部，约 80% 以上的种类主要分布在中国西南和南部的广西、云南、广东、贵州、四川和湖南等省区，其余少数种散布于中南半岛、日本、印度及尼泊尔等国。对于山茶属的分类从 1735 年林奈开始。山茶属植物因分为饮用茶和茶花，一直被分为狭义的茶属（*Thea*）和山茶属（*Camellia*），1818 年，经过斯威特（Sweet）提议，将茶属与山茶属合并，学名统一为 *Camellia*。在积贫积弱的旧中国，由于学科建立和发展较晚，很多山茶标本都由外国植物学家采集，模式标本也多保存在国外的著名标本馆。由于标本条件的限制，早期山茶科的分类主要由外国人包办，但由于外国的植物学家只看标本，没有野外实践，山茶科分类系统显得较为粗糙。

张宏达早在新中国成立前就开始对山茶科植物的研究，新中国成立后不久，发表了《中国柃属植物志》，又连续发表了山茶科的 3 个新属：猪血木属、圆籽荷属、多瓣核果茶属。奠定了他在山茶科系统分类研究领域的地位，一个人能在一个科里建立 3 个无可争议的属是罕见的。

1958 年，英国学者西利（J. R. Sealy）对山茶属植物作了综合性校订工作，发表了专著 *A Revision of the Genius Camellia*，肯定了本属的 82 个种，分为 12 个组，还有 20 余种因资料不全或系统位置不明确而有所保留。西利的工作对张宏达有一定启发作用，他认为，西利的专著是可取的，是研究山茶植物的重要文献，不足之处在于分组之后没有强调它们的系统关系，对某些种类的分组位置不够准确，甚至有些混乱。另一方面，由于新中国成立后开展了植物资源的广泛调查，山茶属新种被大量发现，更加有必要对西利的工作进行修订和补充。张宏达感到，山茶属植物主要分布在中国，中国的植物学家最有条件也最有义务对其进行系统的研究。

在对山茶属植物的系统研究正式开始时，国内正值政治运动频发的年代，不久又爆发了"文化大革命"，在运动不断的日子里，张宏达把大量精力都投入山茶属植物的研究，利用中山大学和华南植物研究所丰富的馆藏山茶标本，夜以继日地开展研究工作，他跑遍全国的标本馆，查阅了中国境内所有的馆藏山茶科标本，又到川西等地进行标本采集，积累了大量资料。

"文化大革命"结束后，张宏达开始对积累的山茶属植物研究资料进行系统整理。1981 年，山茶属专著《山茶属植物的系统研究》由《中山大学学报》编辑部出版，这是继西利之后建立的第二个有影响的山茶属植物分类系统，由西利的 82 个种增加到 196 个种。

基于张宏达渊博的植物分类理论知识、丰富的野外工作实践和全面的标本资料，他的山茶属分类系统具有科学性、严谨性，同时注重实践性。

在山茶属的系统架构里，划分为亚属、组、亚组、系、种5个等级，与元素周期表类似，利用这个5级系统，只要拿到山茶属的种，就能由它的花果形态特征查到它的种名。

张宏达建立的山茶属4个亚属分别是原始山茶亚属（*Subgen. Protocamellia*）、山茶亚属（*Subgen. Camellia*）、茶亚属（*Thea*）和后生茶亚属（*Metacamellia*）。原始山茶亚属有古茶组、实果茶组、匹克茶组3个组，山茶亚属有油茶组、糙果茶组、短柱茶组、半宿萼茶组、瘤果茶组、红山茶组6个组，茶亚属有离蕊茶组、短蕊茶组、长柄茶组、金花茶组、管蕊条组、茶组、超长柄组、秃茶组8个组，后生茶亚属包括连蕊茶组、毛蕊茶组2个组。

对于山茶属植物系统发育的途径，张宏达总结：凡是花部的数目减少，体积从大变小、从长变短、从离生到合生，属于前进发展。原始山茶亚属具有5室的子房和离生的花柱，苞被未分化为苞和萼，形态较大而宿存，花瓣的数目较多，雄蕊多数是离生的，反映出比较原始的特征。山茶属系统发育的第二阶段朝两个方向进行，山茶亚属苞被保持不分化的状态，但子房从5室演化为3室，花瓣由多数到少数，从分离到连合，花柱也呈相应的变化，从而出现6个不同的组。另一个发展方向是沿着苞被分化为苞片和萼片的方向前进，形成了茶亚属的一群。从系统发育上看，山茶亚属和原始山茶亚属的古茶组较为接近，茶亚属则和实果茶组发生联系。后生茶亚属和茶亚属直接发生联系，但它的发展不像茶亚属表现在苞片的数目及宿存与否，而表现在花各部分的减退和子房的能育水平。

张宏达认为，关于山茶属的范畴和属的划分，过去学者的缺陷在于对山茶属的系统发育还了解得不够充分，曾经把山茶属分割为许多属。张宏达指出，山茶亚属、茶亚属及后生茶亚属之间，的确是界限分明，彼此不相混杂的，把它们划分为3个属是说得过去的，但第一个亚属的种类却兼具3个亚属所共有的特征，不可能把它们归进3个亚属的任何一群里去，也不能当作独立的属来处理，这样会使得分属的界限不清，并破坏了山茶属的自然系统。

张宏达对山茶属植物的地理分布进行了详尽的整理，指出山茶属的分布中心在中国的西南部及南部，张宏达根据山茶属植物在系统学上的完整性和分布区方面的集中性，认为中国南部及西南部不仅是山茶属植物的现代中心，也是它的起源中心。山茶属是山茶科里具有较多原始特征的一群，是山茶科最原始的代表，因此有理由认为，山茶科植物是在中国南部起源和发展起来的。

饮用茶种类划分在茶亚属中的茶组内。目前广泛利用和栽培的茶有两种，一是普洱茶，一是茶。普洱茶原名阿萨姆茶，1823 年英国军人布鲁斯（R. Bruce）在印度与中国交界的阿萨姆发现类似野生的大茶树，被瓦利奇（Walich）定名为 *Camellia scottiana*，记载在他的印度植物名录里。当时的东印度公司垄断全球茶叶贸易原料，主要采购的是印度茶叶，为了自身的经济利益，率先提出茶树原产地在印度的论调。1844 年，英国学者马斯特斯（Masters）把在阿萨姆栽培型茶树上采的标本命名为阿萨姆茶（*Thea assamiga*），后来一位日本学者把阿萨姆茶作为茶的变种，重新命名为 *C. sinensis var. assaminca*。张宏达在《山茶属植物的系统研究》中，把阿萨姆茶的中文名改为普洱茶，认为普洱茶是中国原产，从茶属的地理分布看，普洱茶分布到印度阿萨姆的可能性不是不存在，但由人类的活动引过去的可能性更大。张宏达还沿用前人的理解，把普洱茶作为茶的变种。后来，经过深入研究，张宏达确认普洱茶为独立种。

张宏达《山茶属植物的系统研究》发表后，从事山茶属分类学的研究人员大多基于张宏达提出的分类系统进行研究。1984 年，该书被翻译成英文，由美国俄勒冈州的廷伯出版社（Timber Press）出版，在世界范围内引起强烈反响，被誉为山茶属植物里程碑式的著作。

其他山茶科植物分类学研究成果

1982 年，小黄花茶新种被发现，经李永康鉴定并命名，张宏达在山茶属山茶亚属下建立小黄花组。同年，张宏达和叶创兴发表论文《中国山茶科植物新纪录》（《中山大学学报（自然科学版）》，1982 年第 4 期），发表了摺柄茶属的 3 个新种小萼摺柄茶、南昆摺柄茶、狭萼摺柄茶和紫茎属下的两个新种陕西紫茎、长苞紫茎。

1983 年，张宏达在《中山大学学报（自然科学版）》发表论文《山茶科植物增补》和《山茶科植物增补（续）》，记载了石笔木属的 12 个种，大头茶属 4 个种，木荷属 7 个种，核果茶属 4 个种，摺柄茶属、厚皮香属、柃属、多瓣核果茶各 1 个种。

1984 年出版的《华南山茶新纪录》，发表了红山茶组新种厚叶红山茶、寡瓣红山茶、秃苞红山茶，瘤果茶组新种曾氏瘤果茶、黎平瘤果茶、狭叶瘤果茶、尖苞瘤果茶。同年，张宏达发表的《茶叶植物资源的订正》一文，将 1981 年《山茶属植物的系统研究》中 17 个饮用茶品种，增加到 32 种和 3 个变种，其中有 12 个新种、1 个新变种。新种主要是在中国农业科学院杭州茶叶研究所的茶叶资源调查采集过程中发现的。从 1981 年开始，杭州茶叶研究所虞富莲等到云南、贵州、四川、广西各产茶区进行全面考察，采集到大量标本，请张宏达帮助鉴定。在这篇论文中，张宏达通过研究发现，在形态特征上，普洱茶与茶有明显区别，从而将普洱茶定为独立种。从分布区看，把普洱茶独立为种是正确的，因为它和茶的分布区是不同的，普洱茶分布通常在北回归线以南，栽培区域亦不能超过南岭，而茶的分布纬度要高许多，可以越过秦岭。

1985 年，张宏达撰写的《增广茶经》发表在香港《明报月刊》上，它不是完全的学术论文，写作目的是"唤起和推动各界对祖国山茶植物资源的开发和利用"。主要从茶叶、茶花、茶油等角度论述山茶植物的实用价值，是张宏达对茶树植物多年研究成果的一个具体体现。文章首先从中国人饮用茶的历史角度，证明中国种植和利用茶叶有悠久的历史，茶树是中国的原产植物。张宏达指出："世界各国的种植茶叶都是从中国引去的，日本在唐代和中国往来极为密切，就在这个时期，茶叶种植由中国引了过去。近代种植茶叶最盛的印度和斯里兰卡是英国在 1600 年成立东印度公司之后推广开来的。在这以前，印度的阿萨姆已有栽种茶叶的习惯，根据当时东印度公司派往阿萨姆调查茶叶的布鲁斯的报告，当地的茶叶是掸族人从远东带回去栽培的。"张宏达反驳了植物学界部分人认为茶树原产印度的说法："鼎鼎大名的英国植物学家哈钦逊（即哈钦森，J. Hutchinson）也错误地认为普洱茶原产阿萨姆，这是一个不可原谅的过失。查遍印度出版的古籍，从来没有关于茶叶的记载……现在已经查明，在云南西双版纳勐海县内的南糯山一带保存有好些野生的大茶树，树干直径达 80 厘米，树高 15 米，嫩枝和叶均披有短柔毛，叶片干后变黄褐色，和中国东南各省栽培的中国茶树完全两样，它们就是普洱茶的野生种，也就是印度和斯里兰卡栽培的大叶茶的野生种。"

1988 年，张宏达、叶创兴等人在《中山大学学报（自然科学版）》第 3 期发表论文《中国发现新的茶叶资源——可可茶》，可可茶即为张宏达在 1981 年发表的毛叶茶（*Camellia Ptilophylla*）新种。1983—1987 年，张宏达承担中国科学院科学基金项目《山茶植物的综合研究》，该项目一个重要研究内容是筛选优秀茶叶品种，开发饮用茶植物资源。在研究过程中，将在广西、广东、云南、贵州等山茶植物重点分布区采集到的上千号标本制做成茶叶样品，在实验室里进行化学成分测试和分析。研究中发现：毛叶茶不同于其他饮用茶，所含嘌呤类生物碱成分以可可碱为主，只含微量的咖啡碱。这个茶种具有特殊的保健作用，部分不能饮用普通茶的人，如神经衰弱患者、年老体弱者都能饮用毛叶茶。叶创兴根据毛叶茶富含可可

图 7-3　张宏达（左起第五）在可可茶栽培地考察（资料源于《张宏达影集》）

碱的特点，建议改称其可可茶。可可茶的研究成果公布之后，引起很多企业，包括美国、日本等国家企业的重视，要求和张宏达合作开发可可茶资源。之后，以张宏达的弟子叶创兴为首的研究人员在可可茶的引种驯化和市场开发等方面做了大量的工作。

1990 年，张宏达发表的《中国山茶科植物新种》报道了中国山茶科植物 18 个新种和 1 个新亚种。这些新种分别是南川茶、缙云山茶、大树茶、假秃房茶、疏齿茶、长管红山茶、湖南红山茶、离蕊红山茶、大花红山茶、长蕊红山茶、细齿红山茶、莽山红山茶、截叶连蕊茶、七瓣连蕊茶、九嶷山连蕊茶、广东木荷、多脉木荷、独龙木荷。

1991 年，张宏达、任善勒发表了《亚洲热带地区的山茶科新种》一文，这篇论文是 1989 年张宏达与任善勒夫妇到美国进行学术访问过程中，对于美国国家自然博物馆史密森尼研究院、哈佛大学阿诺树木园及密苏里植物园的标本室等馆藏山茶标本进行研究的基础上完成的，报道了山茶科山茶属 7 个新种，石笔木属 3 个新种，分布于菲律宾的吕宋、加里曼丹、印度支那、泰国和中国台湾。山茶属和石笔木属原来是东亚亚热带所特有，过去个别的种分布到热带亚洲，本文报道的新植物，不仅扩大了山茶科在亚洲热带的分布区，同时也论证了上述各地在地史上曾经是华夏古陆的一部分。

1991 年，张宏达、叶创兴在《中山大学学报（自然科学版）》第 3 期发表《关于金花茶学名的订正》。1965 年，胡先骕报道了原产于中国广西的具有金黄色花的山茶属植物，引起国内外植物学界和园艺学界的高度重视，胡氏发表时所用学名是 *Theopsis Chrysantha Hu*，10 年之后，日本人津山尚将它归并为 *Camellia Chrysantha（Hu）Tuyanma*。张宏达、叶创兴通过对模式标本进行详细比较研究，确认胡先骕发表的 *Theopsis Chrysantha Hu*，实际上就是戚经文在 1948 年已经发表的 *Camellia Nitidissima Chi*，因而依据《国际植物命名法规》关于优先权的条款，对金花茶的学名进行了订正和合并。同年，张宏达在《中山大学学报（自然科学版）》发表论文《金花茶组植物订正》（英文）。早在 1979 年，张宏达发表《华夏植物区系的金花茶组》，建立起金花茶组，当时包括 7 个种；在 1981 年《山茶属植物的系统研究》中，金花茶组包括 9 个种。此后，由于金花茶具有很大的园艺观赏价值，许多植物学家都很感兴趣，在 10 年间发表了 20 多种金花茶。在这股热潮中，不可避免地出现一些混乱，由于植物叶子和花的某些部分存在着可变异特性，如果无意识地根据某些可变异特征来定出一个新名或新种，将导致谬误，因此张宏达对金花茶的分类作出订正。同年发表的《四川红山茶的新分类群》发表了 5 个红山茶新种。《山茶属瘤果茶组植物分类》（英文）将瘤果茶组植物由 1981 年的 6 个种增加到 17 种，其中有 4 个新种。

1992 年发表的《中国山茶科新植物》，记载山茶科山茶属油茶组 2 新种及 1 新变种，毛蕊茶组 1 新种，木荷属 1 新种。

多年来，张宏达在山茶科中发表了 217 个新种，其中山茶属中发表的新种达到 146 个。1983 年 11 月，他的研究成果《山茶属植物的系统研究》获广东省科学技术委员会颁发的科技成果奖三等奖；1986 年 5 月，《山茶属植物的系统研究》获得国家教委科学技术进步奖二等奖。

山茶科植物研究的学术争鸣

中国较早开展山茶学研究的植物学家有吴印禅、陈焕镛、胡先骕、钱崇澍等人。20 世纪 50 年代以来，张宏达的山茶学研究成果陆续发表后，成为这一领域的核心学者之一。20 世纪 80 年代以后，大量的新种被发现，一方面这些新种的分类学位置需要确定，另一方面因为山茶属植物具有很强的实用性，很多专家学者从事山茶科植物的分类学研究，如闵天禄、梁盛业、叶创兴、张文驹等。其中，闵天禄在山茶科的研究上，与张宏达有较多争鸣。

1999 年，闵天禄在《云南植物研究》第 2 期发表《山茶属的系统大纲》，提出了山茶属植物的一个新的分类系统，也是继张宏达之后较有影响的一个新系统。在 1998 年出版的《中国植物志》第 49 卷第 3 分册《山茶亚科》中，张宏达在 1981 年发表的分类系统和后续研究的基础上，将山茶属分为 4 个亚属，20 个组，280 种。

而闵天禄提出的山茶属分类大纲，将山茶属植物分为 2 个亚属，14 个组，119 种。归并了张宏达系统中的原始山茶亚属和后生山茶亚属。对组一级做了较多的订正归并，认为金花茶组不具备分组条件，将其和肋果茶组并入古茶组；恢复西利建立的（Sect. Corallina Sealy）概念，将短蕊茶组（Sect. Brachyandra H. T. Chang）归入其中；将长柄山茶组和超长柄山茶组合并，称长梗茶组；秃茶组并入茶组；恢复西利建立的离蕊茶组（Sect. Heterogenea Sealy），将糙果茶组、原始山茶组归入其中；将小黄花茶并入实果茶组；将油茶组并入短柱茶组；建立柱蕊茶组和越南茶组。在某些种的归属问题上，也有很大不同，对已发表的 300 多个种进行合并和订正，减少到 119 个种。

在系统发育方面，张宏达认为苞、萼不分化是原始的特征，闵天禄认为苞、萼不分化是花变无梗，小苞片和萼片密集排列的结果，应属次生性状[1]。

在发表《山茶属的系统大纲》之前，闵天禄已陆续发表一些文章，对张宏达在山茶属植物分类上的一些处理提出异议。两人的学术争鸣主要反映在 1993—1996 年间，张宏达与叶创兴、张润梅、任善勤等人发表的《山茶科系统发育诠析》系列论文中。

1992 年，闵天禄在《云南植物研究》第 2 期发表《山茶属茶组植物的订正》一文，将茶组和秃茶组植物 47 种和 3 个变种进行订正，将张宏达建立的秃茶组并入茶组之中，认为新种中多数属于同物异名，确认了其中的 12 种 6 个变种。闵天禄认为张宏达建立秃茶组，称外轮花丝连合达 2/3 而与茶组有别，根据的是花蕾期尚未完全分化的花丝材料，根据他对模式产地标本的观察，花期外轮花丝仅基部连合，与茶组无异。此外，将原茶组的毛肋茶移入离蕊茶组中。在 1996 年发表的《山茶科系统发育诠析Ⅳ——关于山茶属茶组的订正》中，张宏达指出，闵天禄将茶组分类作为依据的各种特征混淆起来，例如，把叶片狭长的哈尼茶和椭圆叶的厚轴茶混在一起，把椭圆叶的普洱茶和倒披针叶而多萼的多萼茶混合为一；把叶柄长度

---

① 闵天禄：山茶属的系统大纲。《云南植物研究》，1999 年第 21 卷第 2 期，第 149-159 页。

悬殊，果皮厚度各异的广南茶与广西茶混为一种等。张宏达对 18 种茶组植物形态特征和化学成分进行列表比较，确认其中 16 种为独立的种。同年，张宏达发表《山茶科系统发育诠析Ⅶ——山茶属秃茶组 *Glaberrima* 的系统分类问题》，指出秃茶组虽有同属的茶组在系统上十分接近，但秃茶组植物全体无论是枝、叶、花、果及种子均秃净无毛；雄蕊减退只有两轮，外轮雄蕊的花丝连生过半，形成花丝管，子房无毛，蒴果 1 室，中轴退化呈条状，种子球形，叶片不含咖啡碱、可可碱及茶碱等嘌呤生物碱，不能作饮料使用。而茶组的营养器官及花果常有毛，雄蕊多轮，外轮花丝离生，绝不连生成花丝管，子房 3—5 室，蒴果的中轴粗壮、发达，具多颗种子，叶片含有咖啡碱、可可碱及茶碱。张宏达认为，闵天禄从模式产地采集到的植物不等于模式标本，不能因此认为花丝管不存在。

1993 年，闵天禄、钟业聪在《云南植物研究》第 2 期发表《山茶属瘤果茶组植物的订正》，将瘤果茶组已发表的 19 个种订正归并为 6 种和 4 变种。1996 年，张宏达与任善勤发表《山茶科系统发育诠析Ⅵ——瘤果茶组的订正》，认为闵天禄《山茶属瘤果茶组植物的订正》中，除了把曾氏瘤果茶（*C.Zengii Chang*）归并入皱果茶（*C.Rhytidocarpa Chang*）是正确的，其余 11 个种均处理失当。经重新订正，张宏达确认了瘤果茶组的 15 个独立种。

1993 年，闵天禄、张文驹在《云南植物研究》第 1 期发表《山茶属古茶组和金花茶组的分类学问题》，提出张宏达以花冠黄色作为基本特征，以金花茶（*C. Chrysantha*（*Hu*）*Tuyanma*）为模式种，将西利的古茶组中移出两个已知黄花的种，加上新发现的 4 个新种，建立新分类单元金花茶组。其实黄色花并非为金花茶组所专有，认为金花茶组不能成立，应归并到古茶组之中，并恢复西利关于古茶组的分类学概念和范围。闵天禄等还提出，西利古茶组的模式种多瓣山茶 *C.Petelotii*（*Merr*）*Sealy*，特征与 *C. Chrysantha*（*Hu*）*Tuyanma*，包括张宏达订正为 *C. Nitidissima Chi* 的模式标本极为相似，认为金花茶的名称应进一步更正为 *C.Petelotii*（*Merr*）*Sealy*，上述两个名称均是同物异名。并将已发表的金花茶组 22 个新种、5 个新变种及 3 个新变型进行订正，认为有 6 个种和 3 变种可以成立，其余均作为同物异名归并到相应种下。对此，1993 年，张宏达、叶创兴在《中山大学学报（自然科学版）》第 3 期发表《山茶科系统发育诠析 II——金花茶的分类特征》一文，认为分组应以花的各部器官形态，按系统发育的路线，结合花的颜色来进行。因为闵天禄等不以花的颜色作为分类标准，遂把花色不是黄色的 *C.Petelotii（Merr）Sealy* 当作是黄色的金茶花 *C. Nitidissima Chi*，并把两个种合并为一。闵天禄等承认西利原古茶组中的 7 个种，反对张宏达把西利古茶组中 6 个种转移到其他组的处理方法，张宏达等认为，西利的古茶组包括了许多在系统发育上不相关联的种，同时指出，闵天禄等对原来属于金花茶组的一些种，归属处理不当。张宏达等着重指出了闵天禄等认为属于一种的 *C.Petelotii（Merr）Sealy* 和 *C. Nitidissima Chi* 的异同，认为 2 个种的差异较大，表现在叶下面有或无黑腺点，花柄的长短粗细不同，苞片的数目相差逾倍，花的颜色不同，花瓣的形状及数目悬殊，苞片、萼片及花瓣是否被毛也有差别。1996 年张宏达发表在《中山大学学报（自然科学版）》第 1 期的《山茶科的系统发育诠析 I——金花茶组与古茶组的比较研究》，继续对闵天禄等人的观点提出不同看法。认为古茶组与金花茶组是不同类群的有明显差别的组。根据西利的分类，古茶组的特征是花顶生，花柄粗大而长，苞被未分化为苞片及萼片，多达 16 片，花瓣 14 片，白色，子房 3—5 室，这些特征反映出古茶组的原始性状。至于金花茶组，具有较多的次生性状，花黄色，腋生，苞片与萼片已明显分化，基本上各为 5 数。前者属于原始山茶亚属，后者属于茶亚属。根据山茶属系统发育原则，西利的古茶组 7 个种里，实际上包括 3 群不属于古茶组的种类，真正属于古茶组的只有多瓣山茶、抱茎山茶及越南长叶山茶，黄花茶、显脉金花茶及东京金花茶应包括入金花茶组，肋果茶应归入肋果茶组，实果山茶则属于实果茶组，另外，还成立了一个原始山茶新组。此外，张宏达指出，闵天禄等将薄叶金花茶、龙州金花茶及夏石金花茶归并到东京金花茶下，将东兴金花茶归并入中印山茶下的处理方法是不妥当的。此文中，张宏达将金花茶组整理为 2 系 18 种。

根据《国立中山大学日报》1940 年 6 月 20 日《各学院助教向教务处报告研究工作进行》的报道，张宏达此时已经进行山茶科的研究，如果把这看成张宏达山茶科研究的肇始，则张宏达对山茶科的研究持续了60余年，最终在这一领域建立起公认的权威地位。山茶花又名曼陀罗，是中国传统的观赏花卉，中国十大名花之一。张宏达的弟子叶创兴说，他的老师喜欢热闹，喜欢做大花的，比如山茶、金缕梅、木樨等等。他说："王伯荪老师说：'他就搞漂亮的，不漂亮的他不搞。'我也不知道是不是这样，但我发现，他搞过的都是看着比较好看的科。"① 山茶是美的，而作为一位天才的植物学家，张宏达对这种美心有灵犀，所以他一生钟爱山茶。但张宏达之所以专注山茶科研究，主要的原因，还是为了推动国家经济建设，改善人民生活条件。山茶属植物具有重要的经济利用价值，其种子含油率较高，是重要的食用油和工业用油资源；茶叶是世界上最流行的饮料之一，也是国际贸易的重要商品；山茶花极具观赏价值，是很好的园林绿化树种，开展山茶属植物的系统研究，对促进社会经济有重要的意义。正因为如此，他对山茶科的研究并未停留在分类学上，他和他的弟子在山茶植物资源的开发和利用方面，做了大量的工作。现在，可可茶和苦茶的产业化已经有一定进展，这两种茶饮正在进入千家万户。

植 物 分 类 学

《中国植物志》

《张宏达文集·六十年学术活动记事》中记载，张宏达第一次参与《中国植物志》工作是1961年，"文化大革命"中，张宏达在《中国植物志》编写工作上付出了大量的心血。"文化大革命"结束不久，1979年，张宏达与颜素珠合著的《中国植物志》第35卷第2分册（海桐花科 金缕梅科 杜仲科 悬铃木科）就由科学出版社出版了。对金缕梅科的研究在以

---

① 叶创兴访谈，2011年9月2日，广州。资料存于采集工程数据库。

前的 5 个亚科基础上，成立第六个亚科壳菜果亚科，并阐明金缕梅科起源于中国，6 个亚科全部见于中国，其中比较原始的 5 个多籽的亚科，基本上局限于中国（枫香属例外）。海桐花科经整理后在中国的分布由 27 种增加到 44 种。1980 年 12 月，《中国植物志》第 35 卷第 2 分册获广东省高等教育局颁发科技成果二等奖。

1984 年，张宏达和缪汝槐、陈介等人合著的《中国植物志》第 53 卷第 1 分册（使君子科 桃金娘科 野牡丹科）出版，桃金娘科发现一个新属多核果属，23 个新种，特别是对于本科三大中心之一蒲桃属（*Syzygium*）的整理，使中国蒲桃属增加到 73 种，指明它的分布区，从而使人们对这个南半球常见的科属在中国区系的位置增进了理解。书中对引种的桉属进行了可靠的鉴定和叙述，使读者对这个多变和天然杂交的属有了较明晰的认识。

张宏达和缪汝槐合著的《中国植物志》第 49 卷第 1 分册（杜英科，椴树科）于 1989 年出版，发表了椴树科新属蚬木属（*Excentrodendron*）和 33 个新种，丰富了中国热带科属的内容，特别是椴树科的椴树属（*Tilia*），以往被认为是北温带的区系成分，张宏达、缪汝槐指出椴树属是以中国亚热带为中心的事实，对本科植物的起源与分布发展提供了新的资料。

图 7-4　1981 年，《中国植物志》编委会合影（前排左三为张宏达。资料源于《张宏达影集》）

1990 年，《中国植物志》上述 3 个分册申报国家教委科技进步奖。在评议意见书中，华南植物研究所研究员黄成就的评审意见非常中肯："张宏达教授申报的上述编著系 3 人（张、缪汝槐、颜素珠）合作成果，但张的工作量最多。三卷共收载合法的种及种下等级不少于 400 单元，其中的金缕梅及杜英科是张数十年来不曾间断的科研课题，经长时日的专心钻研，所得结论有其高见之处。至于难度颇高的另一科属，尤以原产澳大利亚，约于 90 年前开始，50 年代以后陆续引进我国栽种的桉属植物的学名鉴定问题，在只有少数文献可稽，又欠缺可靠性高的标本作对证的条件下，全部经国外引进我国约 80 个分类单元中，他明确地鉴别出 27 个种的学名，这工作是很费精力的。侯宽昭教授于 1956 年出版的《中国栽培的桉树》一书，张更正了其中的一些错误鉴定之外，尚增编了一些种类。"①1990 年 12 月，张宏达主编的《中国植物志》3 个分册获国家教委科技进步二等奖。

1986 年 3 月，《中国植物志》编辑委员会与张宏达签署《〈中国植物志〉编写协议书》，张宏达承担第 50 卷第 1 分册山茶科的编写任务，项目资助金额为 1000 元。1989 年 9 月 5—12 日，《中国植物志》第十一届编委会第三次会议在福建农学院召开，会议通过张宏达提出的关于将山茶科分为 2 册的意见，确定《中国植物志》第 49 卷第 3 分册为山茶亚科，由张宏达承担，50 卷第 1 分册为厚皮香亚科，由林来官承担。1998 年，张宏达、任善勷合作的《中国植物志》第 49 卷第 3 分册（山茶亚科）出版。

《中国植物志·山茶亚科》记载中国山茶科山茶亚科植物 9 属 319 种，在 20 世纪 60 年代 7 属 120 种的基础上，增加了 266%。20 世纪 80 年代以来，张宏达曾 3 次到金沙江流域收集红山茶，共得 16 个新记录；通过杭州茶叶研究所组织的茶叶资源调查，深入云南每个县的大部分乡镇，使茶组植物由 80 年代的 17 种增加到 31 种。在《中国植物志》编撰过程中，对争议较多的金花茶组植物，张宏达使用了大分子序列测试技术进行分类上科下及种间的鉴定。

---

① 《国家教委科学技术进步奖申报书·中国植物志 35（2）、49（1）、53（1）卷 1 个科》（1990.10.6），复印件。存于中山大学档案馆。

《中国植物志》从 1958 年开始正式启动，1959 年首卷出版，至 2004 年全面出版，历时 45 年。《中国植物志》是一部全面描述和记录中国维管植物的巨著，全书 5000 多万字，总计 301 科。3408 属。31142 种植物，绘制了 9080 幅图版，是迄今为止世界上已出版的篇幅最大和记载植物种类最多的植物志，也是关于中国维管植物最完整的志书，为全面认识和了解中国植物资源奠定了基础，是生态环境保护及可持续发展的重要科学依据。

1998 年 5 月，张宏达获中国科学院《中国植物志》编辑委员会颁发的成果奖。2010 年 1 月 11 日，中共中央、国务院在北京人民大会堂隆重举行国家科学技术奖励大会，由中国科学院植物研究所、华南植物园、昆明植物研究所联合申报的"《中国植物志》的编研"成果获得国家自然科学一等奖。国家自然科学一等奖自 2000 年以来，11 年内 7 次空缺，说明此奖项把关极严，也体现出获得这一荣誉是多么难得。《中国植物志》10 位获奖人分别是中国科学院植物研究所的钱崇澍（已故）、王文采、陈艺林、陈心启、崔鸿宾，华南植物园的陈焕镛（已故）、胡启明，昆明植物研究所的吴征镒、李锡文和中山大学的张宏达，张宏达是唯一一位来自高等院校的获奖者。张宏达主持了《中国植物志》4 个分册的编写工作，1980 年 11 月 14 日，当选《中国植物志》编辑委员会委员，在整个编写工作的任务布置、审稿和评议中都做了很多贡献，他负责的 4 个分册，体现了较高的学术水平，作为《中国植物志》编写人员的代表，获得国家自然科学一等奖是当之无愧的。

但同时也要看到，虽然最后的获奖者名单里只有 4 个单位 10 位专家，但它的成功背后凝聚着几代人、几百位科学家和管理工作者的心血，先后有 312 位植物学家和 164 位绘图人员参与，历任正副主编和编委 187 人次，先后参加编写的单位超过 83 个。《中国植物志》的编研是一项巨大的系统工程，实现了中国几代科学家的夙愿。

图 7-5　《中国植物志》获国家自然科学一等奖证书

其他分类学研究

在《中国植物志》编写过程中，张宏达把所负责各科的一些研究成果写成论文发表，因此在这一时期，他在分类学方面发表的大部分论文，都是和《中国植物志》的编写任务相关的，如 1978 年和缪汝槐合作在《中山大学学报（自然科学版）》发表的《椴树科蚬木亚科的系统分类》，1979 年在《植物分类学报》发表的《中国海桐花植物的新种》，1979 年在《植物分类学报》上发表的《中国杜英科植物新分类群》，与缪汝槐合作完成、1982 年发表在《云南植物研究》上的《中国桃金娘科植物补遗》，同年发表在《植物分类学报》上的《中国椴树科新种》等。

在《中国植物志》编撰过程中，张宏达对桃金娘科桉属植物进行了深入研究。1992 年 2 月，"中国桉树"研究课题获广东省林业厅科学技术进步一等奖。

1999 年、2002 年、2003 年，张宏达和丘华兴合作，连续在《广西植物》发表《值得注意的中国植物》系列论文。这几篇论文是张宏达和丘华兴经过对中山大学植物标本馆和华南植物研究所标本馆的标本重新鉴定后，对中国植物区系的一些属或种做的必要修订，更正了一些《中国植物志》中的错误，增加了《中国植物志》中未收载的新记录种，处理了一些新异名和新组合。

此外，张宏达还参与了一些地方植物志的编撰工作，如《海南植物志》的海南柃属、海南金缕梅科，《云南植物志》的云南金缕梅科，《西藏植物志》的西藏金缕梅科、西藏海桐花科、西藏山茶科、西藏杜英科、西藏椴树科、西藏桃金娘科，《广东植物志》的广东金缕梅科、广东海桐花科，《贵州植物志》第 5 卷椴树科等。其中，1986 年 11 月，《西藏植物志》作为《青藏高原隆起及其对自然环境和人类活动影响的综合研究》子课题，获中国科学院 1986 年科学技术进步特等奖；1992 年 4 月，《贵州植物志》获 1991 年贵州省科学技术进步一等奖。

1981 年，张宏达与梁盛业合作，在《中山大学学报（自然科学版）》第 1 期发表《中国卫茅科植物新纪录的属：库林木属》，文中发表了卫茅科库林木属（*Kurrimia*）一个新种华库林木（*Kurrimia Sinica*），这是一种此前在中国没有报道过的植物，1979 年在广西合浦采得果实标本，1982 年采得花标本。库林木属学名膝柄木属（*Bhesa*），库林木为异名，后根据研究，张宏达和梁盛业发表的华库林木属实际上是膝柄木属的膝柄木，而不是一个新种，但此种植物主要分布在南亚热带地区，中国广西是它的新分布，也是此属分布最北的一个种。膝柄木的发现，为中国新增加一个植物的属、种。膝柄木在中国分布极少，属濒危种，是国家一级保护植物。另外，他还和梁盛业合作发表了一些山茶新种，如薄瓣金花茶、中东金花茶等。张宏达又与广西林业勘测设计院高级工程师钟业聪合作，发表了《广西苏铁植物新种》、*Additions to the Cycadaceous Flora of China*、《广西苏铁一新种》等文章，共发表了十万大山苏铁（*Cycas Shiwandashanica*）、龙陵苏铁（*Cycas Longlingensis*）、西林苏铁（*Cycas Xilingensis*）、多裂苏铁（*Cycas Multifida*）、厚柄苏铁（*Cycas Crassipes*）、长球果苏铁（*Cycas Longiconifera*）、尖尾苏铁（*Cycas Acuminatissima*）、掌裂苏铁（*Cycas Palmatifida*）、七籽苏铁（*Cycas Septemsperma*）、短叶苏铁等（*Cycas Brevipinnata*）10 个苏铁新种。

梁盛业和钟业聪是张宏达在中山大学和广东以外主要的科研合作者。这二位都在广西工作，梁盛业主要从事山茶，钟业聪主要从事苏铁，钟业聪还是被誉为"植物界大熊猫"的德保苏铁的发现者。他们长期从事广西植物的分类研究，对当地植物有深入了解，他们采集的大量标本，有很多都邀请张宏达协助鉴定或共同研究，他们也经常通过张宏达的关系，利用中山大学植物标本馆从事自己的研究，在这个过程中建立了深厚的友谊，这种合作模式也是非常值得称道的。很多人认为，植物分类学是案头工作，可以独立完成，但是植物分布具有广泛性和分散性，尽管植物分类学家都注重野外实践，但一个人很难对各地的植物都进行深入了解。与熟悉广西植物的梁盛业、钟业聪的合作，对张宏达研究当地植物有很重要的帮助。在张宏达学术成长资料采集项目进行时，梁盛业卧病在床，没有接受我们的采访，而钟业聪则用文字回忆了他与张宏达交往和合作的经过，并向采集小组提供了很多珍贵的资料。

香港植被研究

香港植被的研究课题是
由香港嘉道理农业辅助会委
托并提供资助的。嘉道理农
业辅助会于 1951 年由香港嘉
道理家族（犹太裔）成立，
当时大批难民涌入香港，当
中不少人散居新界，务农为
生，罗兰士·嘉道理和贺理
士·嘉道理兄弟关注到这些
农民生活艰苦，于是成立嘉
道理农业辅助会，协助农户
"自助人助"，自力更生。嘉
道理农业辅助会并非一般慈
善机构，它积极与农户合作，
并配合香港渔农政策，提供

图 7-6　1982 年，张宏达（左三）在香港大雾山调
查植被（资料源于《张宏达影集》）

低息或免息贷款及工务建材，设立实验农场（香港嘉道理农场暨植物园）。
嘉道理农业辅助会的工作得到国际认同，曾被形容为"当世最具效益的私
人慈善项目之一"。嘉道理农业辅助会每年提供一定的科研经费用于资助
与农业相关的科研项目。由于中山大学生物学系和香港中文大学交流较
多，在后者的联系和促成下，由中文大学提出邀请，张宏达等人到香港开
展对香港植被的研究项目，嘉道理农业辅助会提供项目资助，除承担科研
经费之外，每次往返穗港的旅费和在港的生活费都由嘉道理农业辅助会承
担，并且帮助联系香港渔农处等政府机构，为研究工作提供便利。

香港植被的研究工作从 1982 年开始，直到 1988 年，每年至少到香港
进行一次考察，每次时间为 1 个月左右。项目以张宏达、王伯荪为首，此
外还有胡玉佳、缪汝槐、张志权、余世孝等青年教师和研究生参与。据王
伯荪介绍，每次实地考察，他和张宏达两个人都会参加，为了更好地培养

和锻炼人才队伍，每次带的青年教师或研究生都会不同。

1982 年 8 月下旬，张宏达、王伯荪、缪汝槐、胡玉佳等开始第一次香港植被调查，考察了大雾山南北坡的植被。此次考察之后，合作完成了 3 篇论文，分别是发表在《中山大学学报（自然科学版）》1983 年第 1 期的《九龙大雾山北坡的自然植被》，发表在《生态科学》1983 年第 1 期的《九龙大雾山北坡的植物群落》，发表在《生态科学》1984 年第 1 期的《九龙大雾山南坡的自然植被》。

1983 年 6 月，张宏达等第四次到香港考察，对九龙半岛城门大围的森林群落进行系统取样，分析研究其区系组成、外貌、结构等几个基本特征。王伯荪、胡玉佳、缪汝槐、张宏达等合作完成 2 篇论文，《九龙半岛城门大围森林群落分析 I：外貌与结构》发表于《中山大学学报（自然科学版）》1984 年第 1 期，《九龙半岛城门大围森林群落分析 II：物种多样性》发表在中山大学学报（自然科学版）》1984 年第 4 期。

图 7-7　1984 年，张宏达在香港东坪进行植被调查。（资料源于《张宏达影集》）

1984 年暑假，进行第三次香港植被调查工作，除缪汝槐、胡玉佳外，还有余世孝和陆阳参加。之后，在《生态科学》1985 年第 2 期发表合著论文《香港地区的红树林》，此外，王伯荪、张宏达、毕培曦（香港中文大学）、钟焰兴（嘉道理农业辅助会）根据前几次在九龙地区的考察工作撰写了《香港九龙地区自然植被简介》，发表在《植物杂志》1985 年第 6 期，张宏达根据前 3 次考察的结果撰写了《香港植被和自然景观》，发表在《港澳研究》第 2 辑。

1985 年 8 月底，1986 年 9 月，1987 年 1 月，张宏达等人又先后对香港进行 3 次植被调查，1987 年 9 月，张宏达又去澳门考察植被。之后发表了一系列论文：《香港岛的植物群落》和《香港尖鼻嘴的红树林》，发表在《生态科学》1986 年第 1 期；《香港岛黄桐森林群落分析》，发表在《植物生态学与地植物学报》1987 年第 4 期；《香港岛森林群落的数量分析：模糊聚类、相互平均排序与 R 型主分量分析》，发表在《中山大学学报（自然科学版）》1987 年第 4 期；《香港岛森林群落的聚类与排序》，发表在《植物生态学与地植物学报》1988 年第 1 期；《香港岛黄桐森林群落研究 I：外貌与结构》和《香港岛黄桐森林群落研究 II：种群分布格局与种间联结》，发表在《生态科学》1988 年第 1 期；《香港大屿山岛的植物群落》，发表在《生态科学》1988 年第 2 期；《香港岛黄桐森林群落研究 III：物种多样性》，发表在《生态科学》1989 年第 1 期。

同时，张宏达等人开始对香港植被考察的研究资料和已发表的研究成果进行全面整理和总结，完成专著《香港植被》。该书的出版历尽周折，据王伯荪介绍，最初，参与项目的人员建议由科学出版社出版，但科学出版社出版周期很长，张宏达便倾向于由中山大学出版社出版。因为香港植被的课题由嘉道理农业辅助会资助出版经费，中山大学出版社便要求出版费用港币支付，张宏达不同意，他说："我们有港币，要在香港买仪器回来，可以申请免税，我不能把它投到稿费里面。"因此放弃了在中山大学出版社出版的计划。最后《中山大学学报》编辑部主动提出，以《中山大学学报》的名义出专刊。当时项目组很多成员都反对，主张在科学出版社出版，为了使科研成果尽快面世，张宏达还是决定由《中山大学学报》编辑部出版。王伯荪认为，这反映了张宏达淡泊名利的一面，但也造成了遗憾，对香港植被的研究本来足以填补国内、乃至世界同类研究的一个空白，如果由科学出版社正式出版，无疑能获得国家级的科学奖励，但以本校学报专刊的形式出版，降低了影响力，导致送国家教委参评科技进步奖时落选了[①]。

---

① 王伯荪访谈，2010 年 12 月 10 日，广州。资料存于采集工程数据库。

《香港植被》专著首先提出热带过渡到亚热带这个过渡带的植被分类原则，按系统及分类单位来进行群落分类。由于华南这一过渡带人烟稠密，自然植被破坏无遗，而在香港、九龙半岛以及香港地区各岛屿仍然保存着许多小片的残林，这些资料填补了华南这一过渡带的植被空白。它的特点是在区系成分上有较大量的热带成分，并且构成了群落的建群种，例如，黄桐群落在香港仔是群落的优势种，并且构成单优林，而在鼎湖山，黄桐只是单株散生。

《香港植被》一书对香港地区的植被进行了详细的分类，并采用了现代植被群落学研究方法进行结构分析和多元分析，阐明热带—亚热带过渡地带的植被，它有别于热带，也和中国南部典型的亚热带常绿阔叶林在结构和成分上形成差别。

《香港植被》对香港植物区系进行了分析，提出热带植物起源于亚热带，在三迭纪，末印度支那造山运动把印支半岛、马来半岛、苏门达腊和加里曼丹等和华夏古陆连成一片，发源于中国亚热带的有花植物得以扩散到热带地区，白垩纪后，随着气候分带，引起区系分化，才形成现代的区系分布情况。这一创见，否定了传统上认为亚热带区系来自热带的设想。

中国热带植被面积不大，但中国亚热带植被却是全球最广大、最完整，也是唯一的。关于热带过渡到亚热带植被的过渡带，以前没有报道过。所以《香港植被》是填补空白的工作，特别是填补了中国植被研究的空白。

20世纪60年代，香港大学曾经出版过香港植被的文献，但很简单，未能反映整个香港地区的植被概貌，缺乏群落学的分析和利用，也未能对区系起源提出意见。国际上其他区域的植被著作，在分析理论上也做的不多。《香港植被》在区域植被中是较新颖和较高水平的，尤其是在区系成分分析方面具有独到的见解。

《香港植被》出版后，香港中文大学生物学专业就用作教材和野外实习指导教材，并请本书作者之一的胡玉佳为学生讲授。1991年10月，《香港植被》获广东省高等教育局颁发科技进步奖三等奖。

耄耋之年方荣休

从 1935 年跨入中山大学校门，张宏达就和植物学的教育和科研结下了一生的情缘，在这份事业上，他付出了 70 多年的岁月，也付出了他全部的心血。张宏达在科学研究和高等教育事业上所做出的突出贡献，使他多次获得各种奖励：1985 年 9 月，获广东省高等教育局颁发高教战线先进工作者称号；1986 年 9 月，因从事教学工作满 25 年，为社会主义教育事业做出了贡献，获广东省人民政府颁发荣誉证书；1988 年 4 月 21 日，因教学科研成绩显著获得广东省人民政府立功证书；1990 年 12 月，在国家教委和国家科委联合召开的全国高技术工作会议上，国家教育委员会向张宏达颁发荣誉证书，表彰他从事高校科技工作 40 年，成绩显著；1991 年 10 月，国务院为了表彰张宏达为发展中国高等教育事业做出的突出贡献，决定从 1991 年 7 月起发给政府特殊津贴并颁发证书，同时被评为广东高校"七五"期间先进科技工作者；1992 年 1 月，张宏达与夫人任善勤双双因从事植物学工作 30 周年（以上），同时获广东省植物学会颁发荣誉证书；1996 年 12 月，因长期从事科协工作，为科协事业的发展做出了贡献，获广东省科学技术协会颁发荣誉证书；1997 年 9 月，获广东省"南粤教书育人优秀教师"特等奖，奖金 3000 元；1998 年 12 月 21 日，荣获 1998 年度中山大学杰出教师称号，由"桐山奖励金"奖励人民币 1 万元；1998 年 9 月，被中山大学评为先进科技工作者；1998 年、2000 年，两度被国家教育部、人事部授予"全国教育系统劳动模范"和"全国模范教师"称号；1999 年 9 月 8 日，被评为广东省 1999 年南粤杰出教师，奖金 3 万元；2009 年 11 月 10 日，第一届中山大学"卓越服务奖"颁奖仪式在中山大学梁銶琚堂隆重举行，此奖项是为了表彰长期工作于中山大学，为学校的人才培养、发展建设做出卓越贡献的教职员工而设立的，旨在传承中山大学优良办学传统，表彰与学校休戚与共、参与并见证了中山大学光荣历史的人士，张宏达等在学校连续工作服务超过 50 年的 15 位老教授光荣获奖。

1994 年 8 月 19 日，由中山大学、广东省科协、广东生态学会和广东省植物学会联合举办的"庆祝张宏达教授八十寿辰暨从事科教五十五周年及'华夏理论'发表二十周年"学术研讨会在中山大学召开。中山大学党委书记黄水生，校长曾汉民，副校长李宝健、魏聪桂，原校长黄焕秋，原党委副书记曾桂友，广东省科协主席兼广东生态学会名誉理事长伍尚中，广东省植物学会名誉理事长徐燕千、徐祥浩、何绍颐，广东省植物学会理事长林有润，广东省林学会理事长林密，华南师范大学副校长郭宝江，以及中山大学著名教授高兆兰、江静波等约 300 人参加了庆祝大会。

2004 年 2 月 28 日，中山大学、广东省科协主办，广东生态学会、广东省植物学会协办，举行"张宏达教授 90 大寿暨从教 65 周年"庆祝活动，中山大学党委李延保书记、黄达人校长、徐远通副校长、广东省科协副主席汤世华、中山大学原校长黄焕秋、曾汉民、原副校长朱朝新、魏聪桂、中国科学院院士孙儒泳、计亮年，中国工程院院士林浩然和来自海内外的 400 多名嘉宾、代表云集中山大学，张宏达分布在海内外的学生纷纷赶回母校，向恩师赠送礼物，献上他们的敬意和祝福。中国植物学会、中国植物学会古植物分会等发来贺电、贺信表示祝贺。

在庆祝大会上，"张宏达科学研究基金"宣布成立。该基金除由张宏达本人捐资设立外，主要是得到了著名企业家范伟、王德友，广东省科协、深圳福田红树林保护区、广东生态学会等单位和张宏达众多弟子的大力支持和捐助。张宏达科学研究基金成立后，用于资助植物学科的硕、博士和青年学者的科研项目，目前，中山大学张宏达科学研究基金优秀学术论文奖每年评选一次。

专著《种子植物系统学》也在会上举行了首发仪式，《张宏达 90 寿辰出版新作》的消息被新华网、《羊城晚报》等多家媒体报道。与此同时，张宏达将多年来苦心收集到的大量珍贵图书、论著手稿、文件等珍贵文献全部捐赠给中山大学生命科学学院，成立"张宏达教授藏书室"，院士计亮年、孙儒泳为藏书室揭牌。

张宏达在植物学研究领域做出非常卓越的建树，也获得很多殊荣，但是，他的同事、朋友、学生，都以他没能入选中国科学院院士为憾。据吴七根向我们提供的情况，张宏达曾主动放弃过参选中国科学院院士。当时吴七根担任广东省植物学会的副理事长，因各省学会可以向全国学会上报，全国学会上报中国科协，吴七根建议推荐张宏达候选院士，张宏达拒绝了，认为科学院系统对高校的研究人员有偏见，因此不想做科学院的院士，这种想法，很可能来自华夏植物区系学说之争。

2002 年 12 月，张宏达上交《干部退休审批表》，经中山大学人事处批准，张宏达正式走下教坛。退休后的他，还是在继续工作，常常回到办公室写文章，或者出席学术活动和一些会议。据王伯荪介绍，那时，他每天都会回办公室，大约是在 2006 年左右，他对王伯荪说："不搞了，我年纪大了，什么都不搞了。"① 从那以后，他一般不回办公室了。

至于张宏达停下工作的原因，吴七根告诉我们，那个时候，张宏达曾

图 7-8　2008 年张宏达参加植树活动（中间为张宏达。资料源于中山大学网站）

---

① 王伯荪访谈，2010 年 12 月 10 日，广州。资料存于采集工程数据库。

经对他说："我写文章昏了九次，写一篇文章，就昏了。一篇文章从来没有昏过九次的。"[①] 这是因为张宏达的头部有个囊肿，压迫到血管。这个囊肿早就存在了，20 世纪 60 年代他带学生到海南实习就昏倒过一次。之后也发作过，他的学生张志权说，有一次他昏倒了，送到老干部疗养院，张志权和亲友们问他，要不要动手术把它切除？他说："你对自己的病不要紧张，这个囊肿我很早就知道它了，它跟我几十年都不动我，我干吗要动它呢？"[②] 就是这份面对生死的坦然，让他多年来与这个囊肿和平共处，除了这个他从来不放在心上的囊肿之外，张宏达的一生都保持着健康的体魄，这得益于他对运动的热爱，得益于他多年的野外生涯，更得益于他温和的性格和宽阔的胸怀。2008 年的植树节，已经 94 岁的张宏达，还与中山大学党委书记郑德涛一起，亲手在中山大学大学测试大楼前种下两棵美丽的槭叶桐。

退休之后的张宏达，和很多广州的老人一样，每天早晨去喝早茶，散散步，忙碌了一生，终于慢下脚步，这时候，最遗憾的是，他的夫人任善勤——与他一生相濡以沫的知音和战友已经不在他身边，和他一起安享晚年。在他身边照顾他的，是两个儿子，张志和张鲁。

我们见到的张宏达，很健康、很精神，声音依然像在讲台上那样宏亮。但是记忆力已经不太好了，和很多老人一样，最近发生的事情，很快就忘了，但多年前的事情，却记得很清楚。于是现在，他最爱聊的话题是，小时候在家乡和哥哥下河抓鱼，在坪石打老虎这些往事。抗日战争中，他几经周折到澂江，回到中山大学的那一天是 1939 年黄花节的前一天，他还清楚地记得。他会反复地说："做学问我是不行，运动我是天才，我是天生的运动员。"现在的他，心中只有这些快乐的回忆，因为他的一生，比很多人都圆满。

---

① 吴七根访谈，2011 年 5 月 19 日，广州。资料存于采集工程数据库。

② 张宏达学术成长资料采集工程座谈会，2011 年 1 月 11 日，广州。

结　语
从种子到参天大树

2009 年以来，"钱学森之问"不断被提起，引发社会各界的思考，成为中国科教事业的又一艰深命题。"老科学家学术成长资料采集工程"的一个重要目的，就是通过对老科学家学术成长经历的系统梳理，找出他们成长过程中的关键因素和关键节点，从而发现科技人才成长的普遍规律，以此回答"钱学森之问"。因此，对每一位老科学家学术成长经历进行研究的最终结果，既是为总结出老科学家学术成长的重要特点及其关键性影响因素，也是为分析每一位老科学家是何以成长为科学大家的。

进行这样的分析，是一件复杂的工作。环境、天赋、机遇、努力等，都是人才成长的重要因素，可以说，人才的成长是必然性和偶然性相统一的过程，是主观因素和客观因素共同作用的结果。而从"老科学家学术成长资料采集工程"的立足点来看，从各位老科学家个人的成长经历中，发现其中的共同性和普遍性的东西，才能达到揭示人才成长规律的目的，从而对建立科技人才培养机制起到促进作用，达成研究的预期目标；而对每一位具体的老科学家而言，他们都有着独特的人生轨迹，如果不能对他们成长过程中特有的闪光点进行挖掘，研究结论将成为放之四海皆准的浅显常识，同样也达不到研究的最初目的。而要保证分析的客观性，必须有足够的客观证据支持，因此，很难避免分析会流于表面化，不够深入，而盲目地对老科学家成才的因素进行无根据的揣测和分析，又很难避免分析结果过于主观臆断。因此，我们只能在对老科学家人生经历有基本把握的基础上，对老科学家学术成长的客观因素和主观因素进行分析，力求既将这一代老科学家成长经历中的共性加以反映，同时也对传主学术成长的特点进行挖掘。

张宏达从揭西闭塞的山村走出来，最终成为举世知名的植物学家，从他一生的经历来看，他之所以实现如此成就，似乎可归纳为 6 个因素。

执著的信念

信念是成才最原始的动力，缺乏信念的支撑，往往会在困难前面半途而废，也会迷失努力的方向。从张宏达本人来说，他和一些出身名门、有良好家世背景的老科学家不同，读书经历相对坎坷，也没有获得家庭的支持。由于是继室所出，在家多受歧视，为了给母亲争气，希望通过读书出人头地，这时，他的这种信念虽然还相对幼稚，但却是支撑他坚持学业的重要原因，因此，高中时代，他能在家人的阻挠下，用放弃对父亲遗产的继承权利来换取读书的机会；大学时代，日寇践踏国土，他能奔波数千里完成学业。

如果说，最开始坚持学业，是为了改变自己的人生，其中自然不免也包含对名利的追求，但在进入大学之后，对植物学的热爱，则成为支持张宏达从事科学研究更坚定的信念。在他真正从事科研工作后，这份工作实际上已不足以为他带来名利。抗日战争中，在日寇铁蹄下，连生命安全都得不到保障；新中国成立前广州局势动荡，金融秩序混乱，一个教师的收入朝不保夕；新中国成立初期，知识分子一度成为被歧视的群体；即使在改革开放以后，一段时间内，知识分子的生活还是很清贫的，晚年的时候，因为夫人任善勤患病入院，几乎花光了他一生的积蓄。在张宏达的一生中，不管是在生命遭受威胁、经济极端贫困或政治上承受巨大压力的情况下，他从来没有中断科学研究工作，这就是因为他对科学工作有着执著的信念。在"文化大革命"和之前的历次运动中，他不断要对自己"成名成家的资产阶级腐朽思想"进行批判，其实这种思想就是"一定要在科学研究上有所建树"的坚定信念，因此，他一边对自己的这种思想进行批判，一边仍然坚持着自己的研究工作。张宏达本人说："好多老师是偷偷的搞，不敢公开搞，文章出来了拿到外面去发表。压力很大，反对搞科研，好像科研就是为名为利，人家不欣赏。不过我是不管，因为我一路就是这样搞……压不了我，我也不怕你压。"[①]

这种信念，还反映在张宏达对自己观点和学说的信心和坚持。华夏植物区系学说成稿后，在很长一段时间内，论文没有办法发表。1979年，《植物分类学报》曾同意接受《华夏植物区系的起源与发展》论文，但编辑部认为，被子植物起源于侏罗纪的提法不适合，要求改为白垩纪，后续的《从印度板块的漂移论喜马拉雅植物区系的特点》等论文，也屡遭国际会议和各大刊物的退稿。在这个时候，张宏达没有退让和妥协，选择将一系列论文改在《中山大学学报》刊出。学说发表之后，遭遇学术界的质疑。在这种情况下，他不放过任何机会，宣传自己的学说，据他的学生叶创兴回忆，每次参加学术活动，他都会谈华夏植物区系学说，导致在各种学术会议上，别人一看到他的身影，就会窃窃私语，说"华夏又来了"。现在，华夏植物区系学说虽然还谈不上已被学术界广泛接受，但新的化石发现和一系列后续研究，在一定程度上证明了张宏达学说的前瞻性和正确性，华夏植物区系学说与种子植物系统起源的其他权威学说一起，被写进了一些新编植物学教材中，留待后来者去验证和探讨。

理 想 的 高 度

理想的高度决定人生的高度，在学术研究日渐功利化的今天，很多科学工作者单纯地将科学研究看成一种职业生涯，看成追求名利的工具，而事实上，科学和功利是不兼容的。科学的诞生，始自人类对真理的追求。从某种角度讲，一位优秀的科学家，必然是一位理想主义者。在国外，有像布鲁诺、伽利略这样为科学献身的科学家，有像居里夫人这样不求名誉和财富，在实验室里过着艰辛生活的科学家。而在中国，以张宏达这一代

---

① 张宏达访谈，2010年11月1日，广州。资料存于采集工程数据库。

科学家为代表，他们的理想，除了追求科学真理，更多的是对国家富强和民族尊严的深切渴望和不懈追求。从 1840 年鸦片战争开始，中国百年积弱，备受列强凌辱，每个真正的中国人，都渴望中华的复兴。因此，在科研工作中，这些老科学家们，考虑的不是个人的兴趣和利益，而是国家的需要，同时，也正是因为他们的研究成果满足了国家发展的需要，反过来也促成了他们自身的成功。

据张宏达自己回忆，在抗日战争赴云南返校的艰难旅途中，看到山河破碎，人民流离，从此开始萌发科学救国的憧憬。从他的科研工作中我们可以看到，他对中国的植物由外国人研究感到非常耻辱，同时也不甘植物学界被外国人创立的权威学说所统治。正是这个原因，使他不迷信外国权威学者的理论。他强调，在科学研究上不能存在"贾桂思想"，[①] 不能认为只有外国人才有能力、有权力提出新理论，要树立民族自信、自尊和自强的信念。他坚信，外国人对中国植物的研究只停留在案头的标本研究工作，没有野外的基础，必然要比中国人做得粗疏；他也坚信，外国人所提出的植物区系起源和系统发育的学说，是在对中国植物区系没有充分认识的情况下提出来的，是存在巨大缺陷的。正因为这样，他能顶着巨大的压力，提出华夏植物区系学说。也正因为这样，他能和数百位植物学家一起，甘于坐冷板凳，为中国植物编出一份完整的"户口册"。

1974 年，西沙之战之际，张宏达将 1947 年西沙考察的资料重新进行整理，写成《西沙群岛的植被》一文，开篇即说："在浩瀚的南海中，散布着许多由珊瑚礁构成的岛屿、礁滩，按其分布情况，大体上分为东沙群岛、西沙群岛、中沙群岛和南沙群岛，统称为南海诸岛。这些岛群自古以来就是我国的领土。"爱国之情溢于纸上。他分析西沙群岛植被的形成原因，认为"岛上的植物都是附近大陆及海岛的成分，主要是通过渔民的活动，海鸟的传播，海流及风力的流动带进来的。其中以人类的活动特别是渔民的活动传播进来的最多，占现有植物区系成分的 60%—70%，这是我国劳动人民尤其是海南岛及广东沿海渔民 2000 多年来在这些海岛上从事

---

① 张宏达：海峡两岸科学技术交流之研究，未刊稿。资料存于采集工程数据库。

渔业生产的同时引种进来的。"这样的论述在自然科学的角度为证实西沙群岛为中国领土提供了有力的证据，反映了科学家的爱国情怀。同样，他通过大量的标本、文献研究和长时间的野外考察工作，最终以大量证据证明阿萨姆茶为中国原生茶种，并在《中国植物志》中将其正式定名为普洱茶，这其中也有民族自尊心的驱动。

名师的指导

国立中山大学名师云集，以生物系而言，费鸿年、邰重魁、陈焕镛、董爽秋、辛树帜、张作人、罗宗洛、任国荣等著名的植物和动物学家都曾在这里任教，他们多有欧美留学经历，将世界一流的植物学理念和良好的学术传统带到国立中山大学，使国立中山大学的教学水平能与国外看齐。这里也有学科因素，西方近代自然科学是在文艺复兴时期，伴随着资本主义的兴起而产生的，而中国在 20 世纪初期才开始科学的启蒙，比国外落后几百年，所以一直处于艰难的追赶之中。而植物学具有它的特殊性，近代植物学研究基本上主要采用形态分析和现象观察的手段，这一特点，有利于中国植物学研究实现跨越式发展，因此，在 20 世纪 30 年代，当留学的植物学家相继回国，用在国外学到的先进理论来进行中国植物的研究后，中国植物学研究，尤其是植物分类学研究快速达到世界先进水平。也正因如此，张宏达成为他这一代科学家中为数不多的，没有出国留学经历，却能在科学研究中有所建树的学者。

对张宏达的科研经历有直接影响的老师，有任国荣、孙云铸、何杰、乐森璕、董爽秋、陈焕镛等人。张宏达在报考大学时，选择生物学专业，一定程度上是出于对任国荣学者风范的艳羡。入学后，在任国荣的影响下，张宏达培养起对野外考察工作的重视，并且一生受益。张宏达自己认为，他的成功得益于三门学问：植物学、化学和地学，尤其是在地质学上的修养，对他提出华夏植物学说有着决定性的影响。在国立中山大学时期，他有机会得到何杰、孙云铸、乐森璕等在国际上都有一定影响力的地质学家和古生物学家的直接教导，使他在地质学、地史学、古生物学方面打下了坚持的基础。董爽秋在教学中，将恩格勒主编的《植物学纲要》、哈巴兰特著的《生理解剖学》等经典著作翻译成中文，作为教材，使国立中山大学的植物学教学能和柏林大学看齐，而他本人对金缕梅科的研究，更是对张宏达日后进行金缕梅科的研究有直接的影响。而让张宏达最感念于心的陈焕镛，在他的起步阶段，帮助他指明研究的方向，培养正确的科研方法和科研态度，创造良好的工作条件。陈焕镛对张宏达学术上的影响的确非常深刻，因此张宏达满怀感激地说："他在学术界上的成就，大大地鼓励了我，他诲人不倦的精神，使我在研究工作上奠下了稳定的基础，我承认，我今天的植物分类学上的成就，完全是他给予的指示和启迪，在我以后的事业上，的确忘不了他。"[1]

可能每一位科学家在成长的经历中，都会深受一位或几位明师的影响，而在张宏达身上，这种影响格外深远，以至于直至现在，提起在国立中山大学的求学经历，他还会兴奋的说："我没有走错路，进了中大，我们的老师都是欧洲回来的，留德的、留法的，都是拿国外的课程教我们，要求比较高。"[2] 也因为这样，在他记忆力已经不太好的现在，当提起陈焕镛对他的指导和帮助时，他还会动情落泪。老师对他的帮助，他刻骨难忘，因此，在繁忙的科研工作之余，他亲笔写下了《怀念董爽秋老师》、《怀念陈焕镛老师》等多篇情真意切的纪念文章。

良好的学术环境

中山大学从建校之初，秉承孙中山手书"博学、审问、慎思、明辨、笃行"校训，形成科学、民主、求实、务新、包容的文化传统。中山大学崇尚科学、尊重人才，尊重教师的创造性活动，尊重学生学习和选择的权利，在这种环境下，张宏达获得了科研创新的土壤。

在张宏达学术的起步阶段，这种良好的科研环境对他有极大助益。刚刚开始工作的时候，遇到了像任国荣、吴印禅等等关心青年学者的上司和前辈，鼓励他从事科研工作，指导他的治学门径，给他创造好的条件和机会，对他取得的成绩感到由衷的高兴，使他的研究工作有了更大的空间。

---

① 张宏达干部档案正本一，反动党团登记材料，1951年。存于中山大学档案馆。
② 张宏达访谈，2010年10月29日，广州。资料存于采集工程数据库。

1947 年，生物学系主任张作人推荐他参加西沙群岛的科学考察，使他形成和发表了第一篇在他个人学术生涯中有重要地位，也是第一篇在学术界产生影响、建立地位的文章。

这个时期，张宏达工作的环境，从中山大学生物学系到植物研究所，以及经常来往的地质学系和地质调查所，所接触到的人，皆为一时之俊彦。在植物研究所，侯宽昭等人对他的研究给予了很多有益的建议，侯宽昭、何椿年对红树林分类学上的研究成果，成为他以后进行红树林生态学、区系学研究的基础。而与两广地质调查所的陈国达、莫柱荪等人的密切联系，使他有机会参与广东的地质调查工作，对他之后对提出华夏植物区系学说有重要的作用。即使一些同事对他的学术工作没有直接影响，在一个学术氛围浓厚的环境中，与很多志同道合的科学工作者一起工作，可以实现思想的碰撞、学术的交流，也使他产生科学灵感，感受到研究的乐趣。抗日战争中，国立中山大学迁回粤北时，张宏达曾激烈反对迁校，在迁校后，他选择留在云南，到同济大学生物学系工作了 3 个月。后来，他之所以很快就回到中山大学，除了因同济大学要迁校四川之外，很重要的原因是因为同济大学的生物系刚刚成立，师资非常少。我们不敢肯定的说，张宏达当时留在同济大学，之后就一定没有好的发展，但当时他本人作出这样的选择，确实是因为认识到科研环境对自身发展的重要性，因此选择回到基础雄厚、名师济济的中山大学，此后一直在这所学校服务 60 多年。

随着张宏达在学术上不断成熟，逐渐建立起自己的地位，慢慢形成以他为中心的研究团队，对他后期的学术成长意义重大。植物分类学是一个需要坐冷板凳的学问，相对适合独立研究，而植物生态学则更需要科研协作。20 世纪 50 年代对鼎湖山植被、雷州半岛植被的调查，20 世纪 80 年代所做的香港植被的研究，都是依靠规模庞大的团队力量完成的。其中，王伯荪可以称得上是张宏达科研事业中最重要的合作者，张宏达的研究偏重于植物分类学领域，而王伯荪则一直专注植物生态学研究，在张宏达主持的很多植物生态学研究中，王伯荪的作用是绝对不能忽略的。而 1987 年，正是有了屈良鹄回国到中山大学任教，才启发他产生了将分子生物学手段引入植物分类学研究的想法，从而为中山大学开创了一个尖端的研究领域。另一方面，所谓教学相长，张宏达的学生一方面继承了他的学术思想，另一方面专精于各自的研究领域，他们既是张宏达的学术生命的延续，他们各自相对独立和深入的研究领域也在启发着张宏达不断产生新的灵感。胡玉佳对热带雨林的研究，叶创兴在研究山茶的过程中对植物资源学产生了兴趣，陈桂珠对红树林生态和湿地生态的研究，施苏华对种子植物分子发育和进化的研究，等等，在这些领域，他的学生走得比他更远，而他们的工作，也引发了张宏达对这些新领域的关注和了解。

社会政治环境

科学家总要被一定的政治环境所影响。我们简要总结一下张宏达的学术成长经历，不难看出，社会政治环境对他本人学术工作的影响。在他的求学时期和工作初期中经历了一场八年的艰苦战争，他随着中山大学从广州，辗转到云南澄江、到粤北、到湖南，虽然这个时期也因地制宜，做了一些对云南、湖南、粤北植物的考察和研究工作，但没有稳定的环境让他可以进行深入的研究，因此，这个时期产生的研究成果，除了毕业论文之外，只有与蒋英合作的《湘南植物分布概况》一篇文章。抗战胜利后，民族存亡的危机刚刚解除，科研工作者获得了稍微安定一点的工作环境，国立中山大学就迅速恢复了教学和科研工作，张宏达本人开始在陈焕镛身边工作，又获得了去西沙群岛考察的机会，这时，他发表了关于金缕梅和西沙群岛植被研究的两篇文章，这两篇文章质量很高，在学术界产生了一定的反响，在张宏达本人的学术生涯中也有重要地位。接下来，中华人民共和国成立，广州解放，虽然陆续有一些政治运动对张宏达本人产生一定的影响，但在以陈焕镛、胡先骕等人呼吁编写《中国植物志》，在政府或国家为解决民生问题而先后进行多次植物资源调查的大背景下，张宏达产生了一批重要的研究成果，他完成了金缕梅科、鼠刺属、柃属、紫珠属植物的研究，发表了《华南植物志资料》系列论文，完成了对鼎湖山和雷州半岛的植被调查，也开始了对山茶属植物的系统研究。而随着"文化大革命"的开始，在1966年到1971年，共6年时间，正当年的张宏达，完全没有论著面世。"文化大革命"后期，随着教学工作的恢复，他被任命为中山大学生物学系革命领导小组副组长，从此，陆续又发表了一些论文。他学术上真正的收获期是在1976年以后才达到顶峰，《中国植物志》4个分册都是在这个时期完成的，华夏植物区系学说是这个时期提出的，90%以上的论文是在这个时期发表的，《种子植物系统学》更在2004年他已90高龄之际才出版。1976年，张宏达已经是62岁，是一般人的退休年龄，而他刚刚走入学术的黄金时期，这一方面表现出张宏达有着比普通人更长的学术生命，另一方面，毫无疑问的是，战争和政治运动造成的动荡的社会环境，迟滞了他的学术工作。"文化大革命"结束后，政治经济环境好转，科学的春天再次来临，在这样的机遇下，张宏达才能潜心研究工作，发表大量的研究成果。可见，稳定的社会形势、宽松的科研环境、良好的经济条件，对于科学家的工作是至关重要的。

需要强调的是，在张宏达承受政治的重压时，虽然没有发表研究成果，但并没有停止科研工作。华夏植物区系学说在20世纪50年代产生雏形，1975年成稿，如此复杂的学说，理论的不断完善和成熟需要相当长的时间，这个过程是在不间断的政治运动中完成的。《山茶属植物的系统研究》一书，1981年出版，而大量的研究工作，都是在"文化大革命"期间完成的，当外面的大喇叭每天响着批判口号的时候，张宏达一直在标本室中进行着自己的研究工作。

有一个需要反思的问题是，如果说，"文化大革命"后相对宽松的政治环境是张宏达收获科研硕果的重要原因，为什么同样在良好的社会政治经济条件下，很多正当盛年的科学工作者，反而不能像张宏达这样做出杰出的成绩？对于这一问题我们理解为，这是得益于老科学家严谨务实的治学作风、刻苦勤勉的治学态度。我们不得不承认，民国时期的特定时段是中国教育和学术研究的黄金时期，这个时期成长起来的科学工作者，科研工作重质量，重实际，不做表面文章。而今天，在科学研究领域，毋庸讳言，存在着投机取巧或人云亦云的学术风气，科学管理中重视论文、成果的数量，忽略其中的实际价值，必然导致很多科研工作者善于"科研经营"，而无学术能力。要改变这一现象，要从改革科学评价机制入手，要注重弘扬严谨求实的科研风气。事实上，不仅科学工作者有着功利思想，科研管理者以及我们的科研评价体系，同样存在着功利主义的色彩，片面强调研究的社会经济效益，对于短期内看不到经济效益的研究和一些基础学科的研究不够重视，就好像发现一棵没有结果子的树，就要急忙把它砍掉一样，而有时，被砍掉的可能是非常珍贵的树。以植物分类学为例，由于这是一门基础学科，短期的经济效益不明显，我们在采访过程中，听到一些老一辈学者讲，植物分类学申报课题很难，青年学者大多不愿意选择这个专业方向。我们的《中国植物志》问世了，也获奖了，好像随着这个结果的取得，这项工作就可以告终了，而事实上，虽然《中国植物志》是几代植物学家呕心沥血的结果，但是，一些欧洲国家的植物志，它们已经编制了几百年，还在不断地修订完善，对比起来，《中国植物志》需要修订和完善的地方还很多，但是接下来，谁愿意承担这项艰苦的工作呢？

个人的勤奋

在我们对张宏达的同事、学生和家人采访的过程中，有人说，张宏达是天才的植物学家，也有人说，张宏达今日的成就主要是得益于勤奋。我们认为，分析一位科学家的学术成长特点，不能完全抹杀天赋所起的作用，张宏达曾说过："我天性接近植物学。"这可能是天赋的一种表现，这也可以用爱因斯坦的一句话解释："兴趣是最好的老师。"而他在鉴定植物新种新属时独到的慧眼，他在建立一个科属的分类体系时清晰的逻辑，也都说明了他的天赋。天赋是学习之前已具备的特性，而勤奋，是天赋得以发挥的必要前提。他的学生们说，他从来没有休息日，没有午休，所有的时间在都在办公室里做研究。吴七根告诉我们，20 世纪 60 年代他刚刚工作的时候，就睡在生物学系的植物标本室，所以非常清楚张宏达的工作方法，每天从早到晚，中午也不休息，一直泡在标本室里，在这个时期发表了大量新种和新属[①]。"文化大革命"期间，张宏达从干校返校工作后，为新专业编写教材，他的儿子张鲁说，他不知写秃了多少枝笔。他坚持了

---

① 吴七根访谈，2011 年 5 月 19 日，广州。资料存于采集工程数据库。

一生的野外考察工作，亲手采集的标本就有 4 万余号。出外参加学术会议时，坐在机场和飞机上的时间，他也在写文章，参加会议的空隙时间，他也坚持采标本。他的学生说，他拿到一个植物标本，马上可以断定或说出是哪个科、哪个属，这种功力是多年辛勤工作的基础上积累起来的。张宏达发表过 7 个新属，近 400 个新种，仅在我们的采集工作中，找到张宏达的手稿就有 4000 多页，很多著作，是几易其稿。他以第一作者发表的论文多达 150 余篇，独立完成或参与写作的著作达 27 部，还编撰了多部教材，单以写作量来说，已是非常可观，而植物学，尤其是植物分类学和植物生态学的研究，每一个研究成果的取得，都是建立在对大量的标本、文献的研究基础上，建立在长时间的野外调查基础上。发表一个新属和新种的前提，可能要观察几千几万号标本；而对一个植物类群进行系统研究，则要对标本和文献进行更加全面系统的研究，他后期从事华夏植物区系学和种子植物系统学的研究，更是建立在对全部现生种子植物乃至古植物类群的充分认识上。这样庞大的工作量，需要付出的勤奋和努力，是可以想象的。

以上，我们对张宏达的学术成长经历进行了粗浅的分析，每个人的人生之路都是特定的，但或许有些成功模式是可以复制的，我们希望，这些分析对科教事业的管理者、决策者，对有志于从事科学事业的读者有一点借鉴意义，我们更希望，读者能不囿于我们浅薄的见解，而是通过对张宏达丰富多彩的人生经历的解读，去形成自己对成才之路的认识。

附录一　张宏达年表

1914 年

10 月 10 日，出生于广东省揭西县河婆镇后埔上君子岭村。父张少甫（1860—1934），母张温氏（温包娘）（1882—1956）。

1920 年

4 月 8 日，夫人任善勤出生。

读小学，两年后，父亲张少甫捐资的逢源小学建成，入读该校。

1927 年

就读国文专修班。

1930 年

春天，就读揭阳县河婆中学初中一年级。

在家长包办下与彭处结婚。

1931 年

2 月，转入汕头大中中学（现汕头四中）读初中二年级下学期。

1932 年

1 月，因九一八事变后，日寇军舰屡犯汕头海域，初中肄业。

2—7 月，于逢源小学任教师。

8 月，考入广州知用中学（高中）。

1934 年

3 月 16 日，父亲张少甫去世。

1935 年

8 月，考入中山大学生物学系。

11 月，随生物系全体师生 20 余人，由张作人、任国荣、冯言安等教授及黄季庄老师率领，赴北江瑶山考察。

1936 年

1 月，在汕头市发动反日大游行。

4 月初，清明节期间，随一部分师生赴罗浮山考察。

5 月 8 日，代表生物学系参加理学院系际篮球赛，以 39:8 战胜地理学系，张宏达打中锋位置，一人得 23 分。

5 月 16 日，代表生物学系参加理学院系际排球赛，以 3:0 战胜数学系。

5 月，代表中大的篮球队和田径队出席广东省的全省运动会。

10 月 7 日，当选为理学院生物学会候补干事。

11 月，全系学生 20 余人由董爽秋、任国荣教授带领，赴湖南衡山考察。

选修了何杰教授的地质学、孙云铸教授的地史学、乐森璕教授的古生物学。

跟随米士教授等在英德、曲江（曲仁）煤田及浈水流域考察地层，为以后从事植物区系学打下了有关的基础。

1937 年

7 月 10 日，由黄季庄老师率领二年级同学 7 人前往广西大瑶山考察。

7 月下旬，由瑶山返南平路上，一老乡告知卢沟桥事件爆发，中国开始抗击日本的军事侵略，全队不胜雀跃和鼓舞。

8 月，加入"非常时期"应征服务国家行列。

12 月 23 日，因成绩优良而家境清贫经审查合格获中山大学免费生资格。

在《生物世界》第 6—7 期上发表《闲话鼻子》一文。

1938 年

3 月 27 日，当选为生物学会干事，负责文书部工作。

10 月，参加广东大中学生军训队。10 月 12 日日本侵略军在惠阳大亚湾登陆，广州告急，随军训队经粤汉路转坪石到连县星子镇。

1939 年

2—3 月，军训结束，随中大同学返校，取道衡阳，转湘桂路，经桂林、柳州、南宁、龙州，假道经越南、同登河内进入昆明。

3 月 28 日，抵澂江新校址，并开始上课。

3—7 月，开始上课，并开始写毕业论文，以 4 个月的时间采集标本 1000 余号，完成了《澂江植物之研究》论文。

6 月下旬至 7 月上旬，毕业班同学 8 人由董爽秋、张作人、任国荣教授率领赴大理考察，采集了植物标本 300 余号，鸟类标本 100 余号。

8 月，毕业，留校在国立中山大学师范学院博物系任助教。

8—9 月，随任国荣去滇越铁路沿线的录丰村农事试验场采集旅行。

1940 年

2 月，与黄维康、黄焕照一起前往澂江东南松子围采集标本。

6—7 月，随董爽秋、任国荣、吴印禅教授及 1940 届毕业班 5 人经云南河口，进入屏边（金屏）大围山考察。

8月，生物系随国立中山大学返回粤北山区坪石附近的塘口办学。

8—12月，应石声汉教授之约，与吴印禅、黎尚豪调入迁到昆明的同济大学生物系任教。

12月，因同济大学拟迁往四川，辞去同济教职，返回粤北坪石国立中山大学博物系。

12月7—20日，陪同任国荣教授率领中大博物系同学12人第二次进入北江瑶山，仍宿芳洞，计采得标本100余号。

1942 年

8月，因参与师范学院发起的反对CC派院长齐泮林的"驱齐风潮"被解聘，失业。

9月，由任国荣推荐到中山大学研究院农林植物学部开展研究工作。

秋天，第一次进入莽山。

1943 年

在《中山学报》与蒋英合作发表了《湘南植物分布概况》（第二作者）。

夏天，世界著名科技史学家李约瑟作为文化使节访问中山大学，离开坪石时，在火车站与张宏达偶遇，1980年，张宏达访问英国时，曾去剑桥李约瑟家中拜访。

1944 年

参加国民党，1946年开始放弃国民党党员登记，退出国民党。

6月，第二次考察南岳衡山。

10月，受聘为中山大学生物学系讲师。

1945 年

1月下旬，日军侵犯粤北，国立中山大学进行疏迁，分赴石塘、仁化、扶溪等地生物学系由坪石迁往梅县办学。

4 月 18 日，生物学系迁往梅县后复课。

11 月，迁回广州。

1946 年

6 月，与吴印禅、黄维康带领生物、博物两系学生到肇庆鼎湖实习。

7 月，投考公费赴瑞典留学试。

1947 年

4 月，应广东政府派遣，考察西沙群岛。

9 月 10 日，农林植物研究所与研究院农林植物学部合并改组为植物研究所，划拨理学院管辖，开始兼任中山大学农林植物研究所副研究员。

10 月 10 日，与任善勷结婚。

1948 年

4 月 25 日，子张志出生。

在 *Sunyatsenia* 第 7 卷 1—2 期 上 发 表 了《*The Vegetation of Paracel Islands*（西沙群岛的植被）》、《*Additions to the Hamamelidaceae Flora of china*（金缕梅科植物补遗）》。

1950 年

2 月，晋升为副教授。

3 月 5 日，子张鲁出生。

7 月，带领应届植物班同学 2 人到湘南武岗云山考察。

成为中国植物学会会员。

1951 年

7—8 月，与吴印禅带领生物学系同学到肇庆鼎湖山实习。

11 月，在《植物分类学报》第 1 卷第 3—4 期上发表了《中国紫珠属植物之研究》论文。

加入广东省植物学会。

加入中华全国科学技术普及协会。

夏天，陪同陈焕镛教授赴北京参加中国科学院学术工作会议，讨论学习苏联改进植物学研究。

8 月，在《植物分类学报》第 2 期上发表了《中国的鼠刺属植物》论文。

9 月，与朱婉嘉、马炳章、蔡少兰带领 1954 届同学到鼎湖山实习，开始植物群落的调查，开始样方及样条的调查。

1 月，任华南植物研究所地植物组负责人。

5 月 1 日，植物研究所拨归中国科学院领导，改称中国科学院华南植物研究所。

7 月，随陈焕镛教授去北京参加中国科学院举办的学苏联经验交流会，会议在文津街中科院内举行。

在《植物分类学报》发表了《中国柃属植物志》论文。

8 月，与董汉飞带领 1955 届同学 4 人到鼎湖山实习，继续进行植物群落调查工作，并写成《鼎湖山植物群落之研究》论文。

8 月，担任中山大学生物学系植物学教研组主任。

10 月，中山大学植物教研组举行第一次科学讨论会，中国科学院北京植物研究所吴征镒及华南植物研究所的十多位专家参加讨论会，在会上作《鼎湖山植物群落的初步分析》专题报告。

11 月 7 日，中科院第 50 次院务常务会议批准成立华南植物所第一届学术委员会，出任学术委员。

11 月，在中山大学举行的首次科学讨论会上作了《鼎湖山植物群落》报告。

在华南植物研究所学习苏联先进科技计划中，负责主持学习米丘林学说。

2 月，同戴辛皆教授和生物学各教研室主任陈伯康、于志忱、周宇垣、陈惠芳等，代表全系教工"完全拥护并热烈响应全国政协和中国保卫世界和平委员会常委扩大会议关于发动反对使用原子武器签名运动的决议"。

5—6 月，第四次率领 1956 届同学 31 人到鼎湖山实习。

10 月，在《中山大学学报（自然科学版）》第 3 期上与王伯荪、张超常等合作发表论文《广东高要鼎湖山植物群落之研究》（排名第一），共 6 万字，为研究热带亚热带森林植被奠定了格局。

3 月，母亲温包娘去世。

夏天，接受中科院华南植物研究所委托，率领 1957 届植物专业同学 30 人到雷州半岛开展植被调查，并开始对中国的红树林植物群落重点调查。

当选广东省植物学会秘书长。

参加了在广州南方大厦 9 楼举行的亚热带垦殖会议，在会上报告了雷州半岛植被概况。第一次与苏联同行接触、交流。

2 月，在《中山大学学报（自然科学版）》第 1 期上与张超常、王伯荪合作发表论文《雷州半岛的红树植物群落》（排名第一）。

3 月 11 日，华南植物所第二届学术委员会成立，任学术委员。

5 月，在《科学通报》第 9 期上与张超常、王伯荪合作发表论文《雷州半岛的红树植物群落》（排名第一）。

7 月，与吴印禅教授率领 1958 届植物学专业同学到英德滑水山、温塘山及英德全境开展植被调查，写成《英德植被调查报告》，6 万字。

专著《雷州半岛的植被》作为《植物生态学与地植物学资料丛刊》第

17 号专刊，由科学出版社出版，12 万字。

1958 年

"大跃进"期间，开始组织 1960 届植物专业同学编写《广东植物志》。

11 月，参加抢修广州钢铁厂铁路，获广州钢铁厂铁路抢修总指挥部颁发的"积极分子"荣誉证书。

专著《广东植被的基本特征》由中国科学院华南植物研究所出版。

1959 年

7 月，生物学系举行科学研究报告会，作《广东植物区系的基本特点》报告。

7 月，在《中山大学学报（自然科学版）》第 2 期上发表论文《华南植物志资料 I》。

8 月，学校举行教工反右倾鼓干劲动员誓师大会，代表生物系向大会提出了生物系的跃进指标和保证。

9 月 5 日—11 日，率领生物系植物学专业 1960 届同学和罗定县当地干部共同组成广东省野生植物资源普查队到广东省罗定县（今罗定市）鸭刀山进行野生资源普查，采集 458 号标本。

9 月，与何绍颐、王铸豪合作翻译理查斯的专著《热带雨林》（排名第一），由科学出版社出版。

任《植物生态学与地植物学丛刊》编委。

1960 年

4 月，生物系暂停动物学、植物学专业招生，调整为生物地理学专业，担任生物地理学教研组主任。生物地理学专业 1962 年被撤销，恢复动物学、植物学专业。

4 月，在《中山大学学报（自然科学版）》第 1 期上发表论文《华南植物志资料 II 》及《中国金缕梅科植物补志 II 》。

5 月 23 日，参加广东省召开的文教战线"群英会"，并获得广东省"文教战线社会主义建设先进工作者"称号。

11 月，率领生地专业同学 40 余人到高州团结农场及广谭大队实行教学、生产与劳动三结合。

任《植物学报》编委。

不再兼任中国科学院华南植物研究所的工作。

1961 年

3 月，率领下乡同学返校复课，为毕业班同学开设了植物形态学、植物解剖学、植物系统分类学及植物生态学等课程。

4 月，在《中山大学学报（自然科学版）》第 1 期发表论文《华南植物志资料Ⅲ》。

4 月，去上海出席教育部教材编审会，遴选了吴印禅教授主编的《植物分类学》为植物学教材。

9 月，参加《中国植物志》编委会扩大会议，在会上接受了金缕梅科、冬青科、龙脑香科等的编写任务。

秋天，开始招收黄培佑等 3 名研究生。

12 月 1 日，晋升为教授。

12 月 5 日，经广东省高等教育局批准，任生物系副主任。

12 月，在《中山大学学报（自然科学版）》第 4 期发表《中国金缕梅科植物补志Ⅲ》及《广东一油茶新种》论文。

冬天，率领研究生去海南岛考察植被，先后到达吊罗山、尖峰岭，1962 年元旦登上五指山。

当选广东省科学技术协会第一届委员。

1962 年

1 月，中山大学第二届校务委员会组成，担任校务委员会委员。

4 月，在《中山大学学报（自然科学版）》第 1 期发表《广东植物区系的特点》论文。同期刊登的还有《中国金缕梅科一新属》论文。

11 月 20 日，据中山大学校党委提出对党外人士校外政治安排意见，安排张宏达为广东省人民代表。

2 月，中山大学历史上第一个自然科学学术委员会成立，入选为 19 名学术委员之一。

10 月，在《植物分类学报》第 4 期发表《华南山茶科植物一新属》论文。

10 月，到北京参加中国植物学会成立三十周年年会，在会上报告了山茶科两新属。

11 月，当选为广东省第三届人大代表。

12 月，在《中山大学学报（自然科学版）》第 4 期发表《山茶科一新属——猪血木属》及《华南植物志资料Ⅳ》论文。

12 月，在《植物生态学与地植物学丛刊》21 期发表《海南岛的植被分类方案》及《海南岛的青皮林》（《张宏达文集》中又名：《海南热带混合雨林》）论文。

12 月，参加广东省第三届人民代表大会，会后，率领 64 届同学去海南岛霸王岭实习，采集标本。

4 月，在《植物生态学与地植物学丛刊》第 2 卷第 1 期发表《关于热带与亚热带的分界问题》论文。

7 月，率领 1965 届植物学专业同学赴粤北五指山（即现八宝山保护区）林场实习。

冬天，随戴辛皆教授去江西，参观共产主义大学的半工半读制度和办学经验，返校后开始酝酿半工半读的改革。

《海南植物志 1. 海南柃属》出版。

《中国森林》出版。

9 月，在《中国高等院校自然科学学报（生物学版）》第 4 期上发表

《广东植物区系的特点》论文。

1964 级以及当年进校的新生实行半工半读。亲自下宿舍与届同学实行三同（同学习、同劳动、同生活）。

《海南植物志 2. 海南金缕梅科》出版。

1966 年

1 月 5 日，荣获广东省"文教系统先进工作者"称号，并出席广东省文教系统 1965 年先进单位和先进工作者代表会议。

5 月，随中山大学罗雄才副校长率领的参观团赴北京参加"高教系统生产成果展览会"，同行的有戴辛皆、高兆兰、龙康侯等人。

1968 年

11 月，下放到广东乐昌县坪石人民公社天堂大队"五七"干校劳动。

1969 年

9—10 月，调回学校，开展教学改革，植物专业改为药用植物专业，分别到紫金、从化、罗定等地调查中草药及民间验方。

1970 年

3 月，暨南大学被撤销，该校生物学系合并到中山大学生物学系，原暨大生物系一切图书资料、仪器设备移交中山大学，教师也合并入中山大学。

11 月，开始招收工农兵学员，药用植物学专业招生 60 人。

重新编写教材，编成《常用中草药简编 1000 种》及《中草药植物》等教材。

1972 年

8 月 1 日，被广东省教育战线革命委员会党的核心小组任命为中山大学生物系革命领导小组副组长。

8 月，力排众议，坚持为工农兵学员开设微积分和物理课程。

《中国高等植物图鉴 2. 中国金缕梅科植物》出版。

1973 年

4 月，在《中山大学学报（自然科学版）》第 1 期发表了《中国金缕梅科植物订正》论文。

10 月，在广州召开《中国植物志》、《孢子植物志》及《中国动物志》会议，承担金缕梅科、海桐花科、悬铃木科、山茶科、杜英科、椴树科、桃金娘科等科志。

率领第二届药用植物学专业同学 40 人，去粤北五指山实习。

1974 年

在《*Journal of Integrative Plant Biology*（植物学报）》第 16 卷第 3 期发表《西沙群岛的植被》论文。

7 月，在《中山大学学报（自然科学版）》第 2 期上与颜素珠合作发表论文《中国海桐花科植物订正》（排名第一）。

着手《华夏植物区系的起源》的研究，撰写初稿。

1975 年

4 月，在《中山大学学报（自然科学版）》第 1 期上与缪汝槐合作发表论文《中国桃金娘科一新属》（排名第一）。

5 月，在北京出席《中国植物志》编委会扩大会议，在会议上散发了《华夏植物区系的起源与发展》的专文。

1976 年

6 月，在北京参加《中国植物志》编委会会议，到北京植物研究所研究山茶科标本及《中国树木志》木樨科志标本。

7 月，由北京去西双版纳考察。

7 月，在《中山大学学报（自然科学版）》第 2 期发表《圆籽荷属——山茶科一新属》论文。

9—10 月，闭门读恩格斯和列宁的经典著作，写成《批判植物分类学中逻辑实证论》一文。

1977 年

6 月，去黄山，考察紫茎属 *Stewartia* 植物。之后到南京林学院看标本。

7 月，由南京去九江上庐山，参加《中国植物志》编委会的会议。在学术讨论上宣读《批判植物分类学中逻辑实证论》。

10 月，出席教育部在成都召开的教材编审会议，在会上接受了《植物学》教材的编写任务，中山大学负责种子植物部分。会后应《四川森林》编委会的邀请为编委会讲华夏植物区系。教材编审会议结束上峨眉山，考察当地植被。

11 月 16 日，当选为广东省第五届人大代表。

《云南植物志 1. 云南金缕梅科》出版。

1978 年

2 月，去南京大学参加《植物学》（下册）的教材审查会议。

3 月，被列为中共广东省委统战部工作对象。

6 月 16 日，中山大学党委发布中大党委〔1978〕051 号文，对生物系党政负责人进行了任命，"张宏达同志任生物学系行政负责人，具体职务待呈报上级批准后另行通知。"

7 月，去武汉参加教材编审会议，应邀为武汉大学生物系同学演讲"华夏植物区系"。

10 月，中国植物学会 45 周年年会的总结报告认为，张宏达的"中国植物区系起源于古华夏大陆理论是从中国植物区系的实际总结出来的创造性理论"。

10 月，在《中山大学学报（自然科学版）》第 3 期上与缪汝槐合作发表论文《椴树科蚬木亚科的系统分类》（排名第一）。

11 月，在《植物分类学报》第 4 期发表《中国海桐花植物的新种》论文。

当选广东省植物学会副理事长。

任中国科学院云南热带植物研究所学术委员会。

当选中国植物学会常务理事。

出席广东省第五届人民代表大会。

在《西南师范学院学报》第 5 期发表《植被地理问题》论文。

担任教育部（国家教委）教材编审委员会植物组组长。

1979 年

2 月，在《植物分类学报》第 1 期发表《中国杜英科植物新分类群》论文。

5—6 月，应邀为香港中文大学师生作华夏植物区系的起源问题的报告。

6 月 11 日，任生物学系植物学研究室主任。

9 月，广东省科学大会奖颁发，"华夏植物区系的起源与发展"获奖。

10 月，在《中山大学学报（自然科学版）》第 3 期发表《华夏植物区系的金花茶组》论文。

与颜素珠合作编著《中国植物志 35（2）》（第 35 卷第 2 分册，被子植物门双子叶植物纲：海桐花科、金缕梅科、杜仲科、悬铃木科）由科学出版社出版。

1980 年

1 月，成果"华夏植物区系的起源与发展"获中山大学颁发的优秀科研成果奖一等奖（1978 年度）；《植物学（系统分类部分）》获优秀科研成果奖三等奖。

3 月，参加中国科学仪器公司代表团去香港兴华科学仪器公司考察进口仪器，期间为香港民政司演讲"山茶属的分布与分类"。

4 月，在《中山大学学报（自然科学版）》第 1 期发表《华夏植物区系的起源与发展》论文。

10 月，经教育部派遣，赴英考察环境科学教育。

12 月，成果《中国植物志》（第 35 卷第 2 分册）与《华夏植物区系的起源与发展》分别获广东省高等教育局颁发的科技成果二等奖和三等奖。

在广东省科技协组织专家巡回报告团发表演讲《保持生态平衡 发扬广东优势》及《生态系统与生态平衡》。

受聘为教育部高校生物教材编委会委员。

任中国科学院云南昆明植物研究所学术委员。

1981 年

1 月，受聘为中国科学院《中国植物志》编辑委员会委员。

2 月，受聘为广东省高等学校科学技术研究成果评审委员会委员。

4 月，在《中山大学学报（自然科学版）》第 1 期上发表独著论文《茶树的系统分类》及与梁盛业合作论文《中国卫矛科植物新纪录的属：库林木属》（排名第一）。

4 月，专著《山茶属植物的系统研究》由《中山大学学报》编辑部出版。

6 月 24—28 日，广东省生态科学讨论会在广州召开，广东省生态学会成立。省科协主席蒲蛰龙院士为理事长，张宏达任副理事长。

8 月 12 日，广东生态学会和广东省林学会组织专家团考察南昆山生态，任专家团团长。

8 月，在《植物分类学报》第 3 期上与李丙贵合作发表论文《湖南山茶属三新种》（排名第一）。

11 月，被批准为全国第一批博士生导师之一。

专著《农业生态学》由省直农口领导干部科技学习班出版。

参加《中国植物志》编委会会议。

1982 年

2 月，接到贵州省植物学会去贵阳进行短期讲学和学术工作的邀请。2 月，经教育部批准，中山大学成立学位评定委员会，成为 25 位委员之一。

4月10日，组织广东科技界纪念达尔文诞辰100周年大会。

4月13—15日，参加于广州召开的，由华南植物研究所、广州地理研究所、广东省昆虫研究所共同筹备的中国科学院鼎湖山森林生态系统定位站学术讨论会和协调工作会议。

4月，在《云南植物研究》第1期上与缪汝槐合作发表论文《中国桃金娘科植物补遗》（排名第一）。

5月，在《植物分类学报》第2期上发表《中国椴树科新种》论文。

7月，在《中山大学学报（自然科学版）》第2期上发表《中国木樨科植物新记录》论文。

7月13—22日，赴长春参加第四届东北草原学术会议，在会上讲植物地理问题，会后赴长白山考察植被的垂直分布。

7月下旬，转到小兴安岭凉水自然保护区、东北林学院的野外站考察红松林，并为东北林学院同学讲华夏植物区系起源问题，再转到齐齐哈尔考察草原。

8月1—13日，参加于内蒙古呼和浩特举行的全国高校植物生态学教材、教学讨论会。会后赴大青山北的内蒙草原考察。

8月中旬，返北京参加植物学会常务理事会会议。

8月下旬至9月9日，应香港嘉道理农业辅助会及中文大学邀请，赴香港合作调查植被，从大雾山南北坡开始，历时1个月。

9月7日，《生态科学》创刊号发行，任主编并担任此职务至2001年。

10月，会见日本西武百货店社长山崎光雄，并接受邀请于翌年赴日本讲学、访问。

10月，在《华南农学院学报》第3期上发表《从莽山森林探讨南岭亚热带常绿林的特征》论文。

10月，在《中山大学学报（自然科学版）》第3期上与曾范安合作发表论文《山茶属一新组—小黄花茶组》（排名第一）。

10月，在省科委、科协召开的"开创学会工作新局面"座谈会上，发表了"基础学科也要面向经济建设"的意见和建议，受到与会者的重视和欢迎。

11 月，在广东省植物学会年会上做题为《广东省植物学五十年》的发言。

12 月，在《中山大学学报（自然科学版）》第 4 期上与叶创兴合作发表论文《中国山茶科植物新纪录》（排名第一）。

1983 年

2 月，当选为广东省第六届人民代表大会代表。

3 月 16 日至 4 月 1 日，应日本西武百货店董事长坂仓芳明邀请，参加该公司于东京都丰岛区东池袋三举行的茶花展销会，这也是日本山茶学会 30 周年的活动。

4 月 10 日，出席广东省第六届人大第一次会议。

4 月，在《中山大学学报（自然科学版）》第 1 期上与王伯荪、胡玉佳合作发表论文《九龙大雾山北坡的自然植被》（排名第一）。

5 月 27 日至 6 月 1 日，参加广州召开的，由国家科委、国家农委和中国科协共同主持的"海南岛大农业建设与生态平衡学术讨论会"。

6 月 12 日，第四次访问香港，继续进行香港植被调查，并发表了《香港植被调查报告》。

6 月，在重庆参加西南师大举行的亚热带生物地理学学术会议。

6 月底，应邀到兰州大学，作为期一周的"华夏植物区系"系列讲座。

7 月，经甘南与陇南间到九寨沟，然后由天水换火车返兰州，前往青海西宁作"华南植物区系"系列讲座。上祁连山，到高原定位站，然后由酒泉返西宁、兰州，返广州。

7 月，在《生态科学》第 1 期上与王伯荪、胡玉佳合作发表论文《九龙大雾山北坡的植物群落》（排名第一）。

7 月，在《中山大学学报（自然科学版）》第 2 期发表《山茶科植物增补》论文。

10 月，在《中山大学学报（自然科学版）》第 3 期发表《山茶科植物增补（续）》论文。

10 月上旬，到太原参加植物学会 50 周年年会。

11 月,《山茶属植物的系统研究》获广东省科学技术委员会颁发的科技成果三等奖。

12 月,去成都,到西昌,攀枝花附近调查红山茶分布,采得红山茶标本 80 号,返成都。

12 月 20 日,往华东师大,评审云南大学主编的《植物生态学》教材。

任教育部(国家教委)教材编审会生物学教材编审委员会副主任。

在 *International Camelliaa Journal* 第 15 期上发表 *Samdra Yan I Leng. Studies and Applicatioon of Camellia* 论文。

在《广东植物学会会刊》上发表《广东植物学会五十年》论文。

《中国高等植物图鉴补编 2. 金缕梅科、椴树科、桃金娘科、山茶科、杜英科、悬铃木科、海桐花科、鼠刺科植物检索表》由科学出版社出版。

《中国树木志 1. 中国第伦桃科》出版。

1984 年

2 月,获广东省科学技术协会颁发的学会工作积极分子奖状。

3 月,去北京参加林业部召开的林业规划会议。

4 月 2 日,去教育部高教司理科处商讨 1982 年 8 月受内蒙生态学教学会议委托有关在国内选点建立生态定位站问题。

4 月,在《中山大学学报(自然科学版)》第 1 期上发表《茶叶植物资源的订正》论文。

6 月,卸任中山大学生物学系主任,由林浩然接任。

6 月,被聘为广东省林业科学研究所第一届学术委员会委员。

7 月,被聘为省海岸带林业植被专业调查队技术指导。

7 月,在《中山大学学报(自然科学版)》第 2 期上发表《贵州山茶新纪录》及《华南山茶新纪录》论文。在《西南师范学院学报》第 5 期上发表《植被地理问题初释》论文。

暑假,去香港继续进行植被调查。

9 月,被聘为广东省海岸带和海涂资源综合调查技术指导小组成员,并负责专业调查队对口指导。

11 月 16—19 日，第二届广东省生态学会代表大会在深圳召开，当选为理事长，并一直连任至 1998 年 12 月。

12 月，在《中山大学学报（自然科学版）》第 4 期上发表《从印度板块的漂移论喜马拉雅植物区系的特点》论文。

12 月，第二次取道昆明，走成昆铁路到渡口去米易、德昌、会理、盐边、返渡口，采得红山茶标本 130 号，于 1985 年 1 月返校。

英文版专著 *Camellias* 在美国俄勒冈州波特兰市的 timber press 出版。

在《西南师范学院学报》第 5 期上发表《植被地理问题初释》论文。

《中国树木志 2. 中国毒鼠子科、金缕梅科、海桐花科》出版。

与陈介、缪汝槐等合著的《中国植物志》（第 53 卷第 1 分册，被子植物门 双子叶植物纲：使君子科、桃金娘科、野牡丹科）由科学出版社出版。

1985 年

1 月，应江润祥邀请前往香港中文大学参加联合国卫生组织亚洲传统医药会议对月橘烯的鉴定会。

1 月 6—15 日，在广州召开了"热带亚热带森林生态系统试验站"建站论证会。

3 月 1 日，教育部高教一司与中山大学签署《关于筹建中山大学热带亚热带森林生态系统实验站协议书》，决定在广东省封开县黑石顶自然保护区由教育部投资兴建热带亚热带森林生态系统实验站。

3 月，中山大学校务委员会成立。进入校务委员会，成为委员。

5 月，第一届博士生叶创兴、胡玉佳通过博士学位论文答辩。

6 月，在中大举行教材讨论会，以单元多系的种子植物系统分类提纲为议题。

7—8 月，从香港出发与江润祥教授一起去尼泊尔考察药用植物。登喜马拉雅山，到达 4000 米以后，因天雨连绵，装备不全，折回下山，全程两星期，采得标本 130 号。

8 月底，第四次在香港进行植被调查。

9月，获广东省高教战线"先进工作者"称号。

10月，参加在北京大学举行的生物教材会议，决议加速教材编审的工作，重申教材是科研成果的方案。

11月，中山大学学位评定委员会审议通过授予4人为中大首批博士学位获得者的决定，包括张宏达指导的叶创兴、胡玉佳。

获广东省政府颁发的立功证书。

在《香港明报月刊》第9期上发表《增广茶经》论文。

在《生态科学》第2期上发表《香港红树林》论文。

《香港植被和自然景观》，发表在《港澳研究》第2辑。

《西藏植物志 2. 西藏金缕梅科、西藏海桐花科》出版。

1986 年

3月，与王伯荪应香港渔农处邀请到香港做"华夏植物区系"和"香港植被的特点"的报告。

4月，在《中山大学学报（自然科学版）》第1期上发表《种子植物系统分类提纲》论文。

4月，全国植物学教材编审会在中山大学召开，与内蒙古大学李博教授共同主持了会议。

5月，《山茶属植物的系统研究》获得国家教委科学技术进步二等奖。

8月，应贵州科学院邀请去贵阳作"华夏植物区系、板块漂移与有花植物区系的发展"等系列讲座，会后去黔南荔波一带考察石灰岩植被。

9月，去香港进行第五次植被调查。

9月，因"从事教学工作满二十五年，为社会主义教育事业做出了贡献"，获广东省人民政府颁发荣誉证书。

10月，在《中山大学学报（自然科学版）》第3期上发表《大陆漂移与有花植物区系的发展》论文。

11月，"青藏高原隆起及其对自然环境和人类活动影响的综合研究"获中国科学院1986年科学技术进步特等奖。张宏达参编的《西藏植物志》是项目成果之一，获中国科学院国家计划委员会自然资源综合考察委员会颁发的荣誉证书。

11 月，成果"九龙半岛大雾山植被研究"获广东省高等教育局颁发的科技进步奖三等奖。

讨论与联合国教科文组织的 MAB 合作在海南霸王岭设永久样地，作为"CERP"计划的一部分。

在《生态科学》第 1 期上与王伯荪、胡玉佳等人合作发表论文《香港岛植物群落》（排名第一）。

《西藏植物志 3. 西藏山茶科、西藏杜英科、西藏椴树科、西藏桃金娘科》出版。

《广东植物志 1. 广东金缕梅科、广东海桐花科》出版。

1987 年

1 月上旬，去香港第六次植被调查，补点工作，并开始撰写专著《香港植被》。

1 月 9—14 日，与黄玉昆、夏法来应香港中文大学亚洲研究中心邀请，赴香港参加第二届国际东亚古环境研讨会。

2 月，出席广西南宁金花茶鉴定会议。

2 月，完成《中国大百科全书》的约稿。

2 月，霸王岭"CEPR 课题"继续进行，率领 Bruenig 一行到霸王岭工作两星期。

5 月，在湖南大庸举行植物学及植物生态学教材教学研讨会，考察张家界的植物和植被。

7 月，开始整理山茶科志文稿。

7 月，在《中山大学学报（自然科学版）》第 2 期上发表《贵州植物区系新纪录》论文。

9 月，去澳门调查植被。

9 月，因 1986 学年度工作成绩显著，荣获学校通报表扬及晋升一级工资的奖励。

10 月，论文《广州城市生态考察报告》，经广东省生态学会评选、广东省科学技术协会审定为 1986 年度二等优秀学术论文。

10 月，在《中山大学学报（自然科学版）》第 3 期上与陈钦铭合作发表论文《湖南红山茶一新种》（排名第一）。

11 月，在香港大学主办的亚太古环境学术研讨会，在会上报告了华夏植物区系的起源。

11 月，国家教委委托中山大学生物系于 1986 年 9 月在封开县黑石顶自然保护区营建的热带亚热带森林生态系统实验中心大楼竣工并投入使用。

11 月，成果"华夏植物区系与种子植物发育"获广东省高等教育局颁发科技进步奖二等奖。

12 月 6—12 日，黑石顶热带亚热带森林生态系统实验中心开幕，并举行学术讨论会。

12 月中旬，去北戴河参加国家自然科学基金会评奖会议。

1988 年

1 月，被聘为仲恺农业技术学院兼职教授。

2—3 月，CREP 计划在海南岛霸王岭开展调查并采土壤样品。

4 月，参加在北京举行 CREP 的工作会议。

4 月 21 日，因教学科研成绩显著获升级奖励，广东省人民政府颁发立功证书。

4 月下旬，陪同联邦德国官员 Maass 去海南霸王岭检查 CERP 工作。

4 月，由于《广东省海岸带和海涂资源综合调查》已获 1987 年广东省科学技术进步特等奖。张宏达在该项成果中的生物调查技术指导部分做出了重要贡献，获颁工作奖励证书，奖励级别：一等。

5 月 25 日，任热带亚热带森林生态系统实验中心主任，直至 2002 年退休。

6 月，获广东省科学技术协会颁发的学会工作"积极分子"获奖证书。

7 月，项目"华夏植物区系与种子植物系统"获国家教育委员会科学技术进步奖二等奖。

7 月，在《中山大学学报（自然科学版）》第 2 期上与江润祥、毕培曦合作发表论文《尼泊尔植物区系的起源及其亲缘关系》(排名第一)。

8月,为《广东森林》撰写热带雨林、山地雨林、山地常绿雨林及珊瑚岛森林等部分,交稿。

8月下旬,应邀前往新疆大学为生物系师生演讲"华夏植物区系"的系列讲座,随后去吐鲁番、天山,参观交河及高昌故址。

9月,在《中山大学学报(自然科学版)》第3期上,与叶创兴、张润梅等合作发表论文《中国发现新的茶叶资源——可可茶》(排名第一)。

9月,被评为1988年广东省高教系统先进工作者。

9月下旬,带研究生去霸王岭完成当年未了的任务。

11月30日,在广东省植物学会1988年学术年会上,被聘为广东省植物学会第六届理事会名誉理事长。

12月16日,广东省生态学会第三届代表大会在广东科学馆召开,连选连任第三届理事长。

12月,接待荷兰国家标本馆Dr. Nooteboom,进行学术交流,并商讨了今后进一步开展学术交流与合作。

在《生态科学》第1期上与王伯荪等合作发表论文《香港黄桐林的群落分析》系列论文《I. 外貌和结构》、《II. 种群格局和种间关系》。

在《生态科学》第2期上发表《香港大屿山植物群落》论文。

在《东亚古环境第二次商讨会会报》第1期上发表《华夏植物区系的起源和发展》论文。

1989 年

1月,主持广东省生态学会主办的《事物运动"十字定律"初探》学术讨论会。

3月中旬,陪Bruenig一行5人赴霸王岭工作。

4月,领导的生物系植物学教研室获中山大学颁发的校级优秀教学成果奖励。

5月,在《辛树帜先生诞行九十周年纪念论文集》上与余世孝、李钳等合作发表论文《千里香的地理分布和生态习性》(排名第一),与缪汝槐合作发表论文《椴树科订正》（排名第一），发表独著论文《山茶植物的研究和利用》。

6月14日，被广东省微生物研究所聘请为"省科技突出贡献奖"评审委员会委员。

7月，应联邦德国汉堡大学邀请，与王伯荪、罗进贤、胡玉佳、谢永泉、沈灿燊、曾水泉、陈创买一行8人赴德交流考察，这次出访是中德生态学合作研究课题（CERP）计划中专业人员互访的一部分。

10月上旬，应美国史密森尼研究院植物学部主任斯科格（Skog）的邀请，偕夫人赴美交流。

10月，在《中山大学学报（自然科学版）》第3期上发表《金沙江流域的红山茶新种》论文。

10月，与王伯荪、胡玉佳等人撰写的专著《香港植被》由《中山大学学报》编辑部以专刊形式出版。这项研究填补了中国南亚热带植被研究的空白

10月，成果《香港地区植被研究》获广东省高等教育局颁发科技进步奖三等奖。

12月，被国务院学位委员会聘请为通信评议专家组成员。

中山大学植物学科成为国家重点建设学科、广东省重点学科。

《总结经验，继续前进》刊登于《研究生教育理论与实践》中出版。

《中国植物志》（第49卷第1分册，被子植物门 双子叶植物纲 杜英科、椴树科）由科学出版社出版。

为《中国山茶》作序。

1990 年

3月28日，国家自然科学基金委召开主任办公会议，批准资助吴征镒主持的重大基础研究项目"中国种子植物区系研究"。这是国家自然科学基金委成立以来资助金额最大的项目。成立项目学术领导小组，吴征镒任组长，张宏达、路安明任副组长。

4月，出席"中国种子植物区系研究课题"南方片在鼎湖山举行的现

场示范调查工作会议。

6 月，出席《中国种子植物区系研究》课题在兰州兴隆山召开的北方片工作会议。

7 月下旬，参加兰州大学召开的西北干旱生态学会议，会后进行野外考察，沿河西走廊到敦煌折向南，越当金山口转柴达木盆地、青海湖返兰州；途中经民勤、金昌、嘉峪关、敦煌、冷湖、德令哈、塔尔寺。

7 月，在《中山大学学报（自然科学版）》第 2 期上发表《中国山茶科植物新种（英文）》论文。

8 月下旬，去始兴车八岭考察，按"中国种子植物区系研究课题"要求的操作程序和方法进行，并写成报告。

12 月，在《生态科学》第 2 期上发表独著论文《金沙江流域的红山茶群落》。

12 月，应香港浸会大学邀请前往香港为香港浸会大学生物系师生作"华夏植物区系及大陆漂移"等专题演讲。

12 月，在国家教委和国家科委联合召开全国高技术工作会议上，获"从事高校科技工作四十年，成绩显著。"荣誉证书。

12 月，参与主编的《中国植物志》第 35 卷第 2 分册、第 49 卷第 1 分册、第 53 卷第 1 分册 1 个科获得国家教委科技进步二等奖。

《广东森林》由广东科技出版社出版。负责其中《热带雨林》、《热带珊瑚岛常绿林》、《热带山地常绿林》、《海南热带山地常绿林》、《海南热带龙脑香林》、《海南热带山地雨林》及《南海诸岛森林》等章节的撰写。

1991 年

1 月，在黑石顶实验站接待香港中文大学生化系师生，进行野外考察与交流。

2 月 5 日，出席《科技兴农新论》出版暨编委会。

2 月，为表彰张宏达在任高等学校生物学教材编审委员会委员期间，为高等学校的教材建设做出的贡献，中华人民共和国国家教育委员会颁发纪念证书。

4 月初，随林业厅检查组到清远市、韶关市检查石灰岩地区的造林成就。

4 月，在《中山大学学报（自然科学版）》第 1 期上与任善勤合作发表论文《亚洲热带地区的山茶科新种》（排名第一）。

5 月，"中国种子植物区系研究课题"在株洲召开工作会议，检查过去一年来的工作进度。

6 月，获广东生态学会颁发的"学会工作积极分子"荣誉证书。

7 月，在《生态科学》第 1 期上发表《广东生态学会未来十年工作展望》论文。

7 月，在《中山大学学报（自然科学版）》第 2 期上发表《金花茶组植物订正（英文）》论文。

10 月 1 日，为了表彰张宏达为发展中国高等教育事业做出的突出贡献，决定从 1991 年 7 月起发给政府特殊津贴并颁发证书。

10 月，广东高校科技工作会议召开，被评为广东高校"七五"期间先进科技工作者，获广东省高等教育局颁发荣誉证书。

10 月，在《中山大学学报（自然科学版）》第 3 期上与叶创兴合作发表论文《关于金花茶学名的订正》（排名第一）。

10 月，在《广西林业科技》第 3 期上与钟坚合作发表论文《金花茶组植物订正》（排名第一）。

11 月 1 日，中山大学生命科学学院成立。

12 月，在《中山大学学报（自然科学版）》第 4 期上与任善勤合作发表论文《*A Classifcation on the Section Tuberculata of Camellia*（山茶属瘤果茶组植物分类）》（排名第一）。

与林哲甫、张维钦合作出版《英汉双解生物学辞典》。

与任善勤合作出版《朗文英汉植物图解辞典》。

《广西植物志 1. 广西海桐花科、广西山茶科》出版。

1992 年

1 月，与夫人任善勤从事植物学工作 30 周年（以上），同时获广东省植物学会颁发荣誉证书。

2月，"中国桉树研究"课题获广东省林业厅科学技术进步一等奖。

3月，在北京召开重大课题《中国种子植物区系研究》第一次学术讨论会，在大会上讲热带亚热带区系的整体性。

4月，《贵州植物志》获1991年贵州省科学技术进步一等奖，张宏达负责《贵州植物志》第5卷椴树科。

4月，在《中山大学学报（自然科学版）》第1期上与任善勤合作发表论文《中国山茶科新植物（英文）》（排名第一）。

5月，接待胡秀英博士和江润祥教授访问黑石顶。

6月，被聘为中国科协首届青年学术年会广东卫星会议指导委员会委员。

6月，在《华南植物学报》第1期上与王伯荪、陈章和合作发表论文《黑石顶自然保护区南亚热带常绿阔叶林生物量与生产量研究——Ⅶ.凋落量、现存凋落量和凋落物分解速率》（排名第一）。

8月，在始兴县参加中美合作举行的保护区管理学术会议。

10月10—24日，香港中文大学学术交流处伦炽标主任邀请张宏达及夫人任善勤到该校生物化学系访问及商讨科研协作。

11月初，到粤北八宝山为筹建国家森林公园和国家级自然保护区进行7天的考察。

11—12月，应香港中文大学江润祥教授邀请，为香港中草药研讨班演讲"省港中草药"。

12月下旬，热带亚热带森林生态系统实验中心成立五周年暨第二次学术讨论会在中山大学举行，在会上做5年来的工作报告。

主持的教学组获广东省级优秀教学成果奖及广东省教书育人先进集体称号。

在"热带亚热带森林生态系统实验中心建立五周年暨第二次学术讨论会"上发表《地球植物区系分区》。

为《海南岛热带雨林》作序。

1993 年

1月，被聘为广东省科技发展专家顾问委员会第一届委员。

3 月，赴昆明参加"中国种子植物区系研究"的工作会议。

6 月，获广东省高等教育局颁发的 1993 年普通高等学校优秀教学成果省级二等奖。

7 月，在《生态科学》的创刊号上发表《序言》。

8 月，为新疆召开沙漠国际会议写了"西北干旱区系及塔里木区系"的英文稿两篇。

9 月，生物学系植物学教研室获中山大学颁发的优秀教学成果奖。

9 月 1—8 日，参加香港举行的"亚洲—太平洋红树林生态系统国际会议"，并在会上报告《全球红树林区系分析》论文，该论文刊登于《亚太地区红树林生态系统研讨会论文摘要汇编》。

10 月，在《中山大学学报（自然科学版）》第 3 期上发表与叶创兴合著论文《山茶科系统发育诠析 II——金花茶的分类特征》（排名第一）及独著论文《亚洲热带—亚热带植物区系与植被的整体性（英文）》。

10 月，叶创兴、张宏达、许兆然的成果《山茶亚科的系统研究》获广东省高等教育局科技进步奖二等奖。

12 月 21 日，在广东省生态学会第四届代表大会上连任理事长。

12 月，为庆祝广东省生态学会第四届代表大会召开，张宏达、张社尧作词，毕志树谱曲，创作歌曲《绿圈赞》。

在《塔克拉玛干沙漠国际科学大会论文汇编》上发表独著论文《中国西北地区干旱植物区系分析》，与潘晓玲合著论文《*The Correlation Between the Characters of the Vegetation and the Desert Habitat in Tarim Basin，Xinjiang，China*（塔里木盆地植被特性与沙漠生境相关性）》（排名第一）。

1994 年

1 月，出席在广西南宁召开的"金花茶第一次国际会议"，致开幕辞 *Speech of The Academic Committee of The Yellow-Camellian Symposium Nanning*，会议期间参观了金花茶种质基因库，并到防城上岳考察野生金花茶生态环境。

1—3 月，完成《台湾种子植物区系研究》论文。

3 月底，到北京出席中国种子植物区系研究课题工作会议，布置当年结束课题，验收成果的计划。

4 月 15 日，主持广东省生态学会"白云山规划与林相改造"项目。

3—5 月，完成未刊稿《南岭种子植物区系研究》论文。

5 月，在《中山大学学报（自然科学版）》第 2 期上发表《再论华夏植物区系的起源》论文。

5—6 月，完成《岭南亚热带种子植物区系研究》论文。

6 月，接待了美国阿拉巴马大学海恩斯等人，进行有关植物标本馆标本数据库的研究与应用交流。

6 月，联合蒲蛰龙等 16 位科学家联名写信给深圳市领导，要求将破坏福田自然保护区的污水处理厂搬走。

6 月，在《生态科学》第 1 期上发表《努力探索经济与生态协调发展路子——广东省生态学会第三届理事会的工作报告》论文。

7 月 26 日，广州市绿委关于"白云山风景区环境治理调查与总体规划"立项，拨款 10 万元给广东省生态学会，张宏达负责项目实施。

8 月 4 日，广东省科协第四届九次常委会在广州白云山召开，在会上做白云山"林相改造"专题汇报。

8 月 19 日，由中山大学、广东省科协、生态学会和植物学会联合举办的"庆祝张宏达教授八十寿辰暨从事科教五十五周年及'华夏理论'发表二十周年"学术研讨会在中山大学召开。

8 月，在《中山大学学报（自然科学版）》第 3 期上发表《地球植物区系分区提纲》论文。

9 月 1 日，白云山改造课题组向广州市常务副市长陈开枝汇报。广东省科协党组书记王秀柔也一起听取张宏达的报告。

12 月，被聘为"华南生物科学与技术研究中心"首届专家委员会委员与副主任委员。

专著《植物区系学》出版。

1 月，获美国科学促进协会颁发的会员证书。

11 月，专著《张宏达文集》由中山大学出版社出版。

11 月，被聘为深圳市生态学会顾问。

11 月，被聘为广东省植物学会南方棕榈协会名誉理事长。

为建立国家级保护区再次前往粤北车八岭考察。

1 月 12 日，被广东省植物学会学术年会暨会员代表大会选举的第八届理事会第一次会议推选为学会名誉理事长。

4 月，陈章和、王伯荪、张宏达的著作《南亚热带常绿阔叶林的生产力》由广东高等教育出版社出版。

4 月，在《中山大学学报论丛》第 2 期上与任善勋合作发表论文《山茶科系统发育诠析Ⅵ——瘤果茶组的订正》（排名第一）。

5 月，在《中山大学学报（自然科学版）》第 3 期上与张润梅、叶创兴合作发表论文《山茶科系统发育诠析Ⅳ——关于山茶属茶组的订正》（排名第一）。

6 月，作为负责人之一，主持在昆明举行的东亚植物区系和多样性国际讨论会。

8 月 16 日，广东省民政厅发粤民社（1996）67 号文批复，同意广东省生态学会为法人社团登记。张宏达为法人代表。

12 月，因长期从事科协工作，为科协事业的发展做出了贡献，获广东省科学技术协会颁发荣誉证书。

6 月 26 日，主持由广东省生态学会召开的"生态学与可持续发展研讨会"。

6 月，项目《关于建立南岭国家级自然保护区和开发南岭科学研究的建议》荣获中国林学会第三届陈嵘奖（建议类）。

9 月，获广东省"南粤教书育人优秀教师"特等奖。

9月，与陈桂珠、刘治平合作的专著《深圳福田红树林湿地生态系统研究》由广东科技出版社出版。

10月，在《广西植物》第4期上与杨成华、张廷中合作发表论文《贵州金花茶—新种》（排名第一）。

12月，在《生态科学》第2期上发表《植物的特有现象与生物多样性》论文。

1998 年

1月，在《中国中药杂志》第1期上与徐国钧、徐珞珊合作发表论文《湖南省猕猴桃属植物资源调查》（排名第一）。

春节前，赴海南考察东寨港和清澜港红树林湿地生态系统。

3月，被聘为中国科学院鹤山丘陵综合开放试验站学术委员会委员。

5月，获中国科学院《中国植物志》编辑委员会颁发的成果奖。

7月，著作《中国植物志》（第49卷第3分册，被子植物门 双子叶植物纲山茶科（一）山茶亚科）由科学出版社出版。

7月，在《中山大学学报（自然科学版）》第4期上与钟业聪、黄玉源等合作发表论文《*Additions to the Cycadaceous Flora of China*》（排名第一）。

9月，被中山大学评为1992年1月至1997年6月先进科技工作者。

9月，被国家教育部、人事部授予"全国教育系统劳动模范"，并授予"全国模范教师"称号。

11月7日，与张金泉、张社尧联名在《广东科技报》发表文章《从今年洪水灾害看保护生态环境的重要性》。

11月，在《中山大学学报（自然科学版）》第6期上发表《全球植物区系的间断分布问题》论文。

11月，项目"南亚热带森林植被生物量，生产力和能量利用效率研究"获中国科学院广州分院、广东省科学院颁发科学技术进步奖一等奖。

12月18日，主持召开广东省生态学会第五届代表大会，大会决议彭少麟接任理事长。张宏达任名誉理事长。

《南亚热带森林植被生物量、生产力和能量利用效率研究》获广东省自然科学奖评审委员会颁发的二等奖。

当选全国教育系统劳动模范，并被评为全国模范教师。

项目"南亚热带森林植被生物量、生产力和能量利用效率研究"获广东省自然科学奖二等奖。

1999 年

1 月，科研成果"植物区系学"获得教育部科技进步奖二等奖。

3 月，在《生态科学》第 1 期上发表《〈华夏植物区系〉理论的形成与发展》论文。

5 月，获广东省妇女儿童工作委员会、广东省儿童少年工作奖励基金会授予"热爱儿童"先进个人光荣称号。

5 月，在《中山大学学报（自然科学版）》第 3 期上与钟业聪、陆照甫合作发表论文《广西苏铁一新种（英文）》（排名第一）。

7 月，在《广西植物》第 3 期上与丘华兴合作发表论文《值得注意的中国植物》（排名第一）。

7 月，前往云南考察。

9 月，被评为广东省 1999 年南粤杰出教师。

11 月，在《中山大学学报（自然科学版）》第 6 期上发表论文《种子蕨的肉籽类 *Sarcocarpidiates*——古生代具果实的种子植物》。

12 月 21 日，荣获 1998 年度中山大学杰出教师称号，由"桐山奖励金"奖励人民币 10000 元。

2000 年

2 月，被聘为广东省植物学会名誉理事长。

6 月，被聘为《中国茶花》大型画册编委会顾问。

在第 16 届国际古植物学大会上发表《种子植物新系统》论文。

被国家教育部、人事部授予全国模范教师称号。

2001 年

翻译埃莉诺·劳伦斯的《朗文英汉双解生物学词典》，由香港培生教育出版北亚洲公司出版。

3 月，获中华人物大辞典编辑部颁发荣誉证书。

3 月，在《肇庆学院学报》第 1 期上发表论文《茶业及茶文化在中国的发展》。

4 月，项目"深圳福田红树林湿地生态系统研究"获广东省人民政府颁发的广东省科学技术进步奖三等奖。

6 月，在《生态科学》第 21 期上发表《海南植物区系的多样性》论文。

6 月，在生态学会成立 20 周年之际，被评为学会工作积极分子。

6 月，《生态科学》特刊上再次刊登歌曲《绿圈赞》（词作者）。

12 月，在《生态科学》第 S1 期上发表《努力探索经济与生态协调发展的路子（摘要）——在广东省生态学会"四大"会议上的工作报告》。

2002 年

2 月 6 日，参加"深圳海上田园"成为广东省生态学会单位会员的挂牌仪式。

2 月，在《广西植物》第 1 期上与丘华兴合作发表论文《值得注意的中国植物（续）》（排名第一）。

7 月 4 日，夫人任善勤去世。

10 月，在《云南植物研究》第 5 期上与敖成齐、陈功锡等合作发表论文《山茶属花粉外壁表面微形态特征的研究（英文）》。

12 月 26 日，退休。

《生态科学》第二届编委会产生，任名誉主编。

2003 年

主持编著完成《种子植物系统学》。

1 月，在《中山大学学报（自然科学版）》第 1 期上与叶创兴、Hiroshi Ashihara、郑新强等合作发表论文《一种野生茶树的新嘌呤碱模式（英文）》。

3 月，在《广西植物》第 2 期上与丘华兴合作发表论文《值得注意的中国植物（续二）》（排名第一）。

7 月 12 日，参加在暨南大学举行的《生态科学》第二届编委会。

11 月 16 日，广东省生态学会第六届代表大会召开，当选为名誉理事长。

2004 年

2 月 28 日，中山大学、省科协主办，省生态学会、省植物学会协办，举行"张宏达教授九十大寿暨从教六十五周年"庆祝活动，同时，"张宏达藏书室"落成，"张宏达科学研究基金"宣布成立。

2 月，《种子植物系统学》由科学出版社正式出版发行。

6 月，出席广东省生态学会成立 25 周年报告会暨六届四次理事（扩大）会议。

9 月，被聘为中山大学广州校友联谊会诗词社顾问。

12 月 25 日，张天福与张宏达茶学研究中心成立。

2006 年

1 月 10 日，被聘为广东省植物学会第十届理事会名誉理事长，任期 4 年（2006—2010）。

2008 年

4 月，参与完成《广西植物志》（第二卷），获得广西科学院科技成果推荐奖一等奖。

12 月 5 日，广东省生态学会第七届代表大会暨建设生态文明报告会在广州召开。会上当选广东省生态学会名誉理事长。

2009 年

11 月，获得"第一届中山大学卓越服务奖"。

2010 年

1 月，参与编研的《中国植物志》被授予 2009 年度国家自然科学奖一等奖。

附录二　张宏达主要论著目录

专著

[1] 张宏达，张超常，王伯荪，等. 雷州半岛的植被［M］. 北京：科学
出版社，1957.

[2] 中山大学生物学系，南京大学生物学系（编），张宏达（统稿）. 高
等学校试用教材：植物学（分类，系统部分）［M］. 北京：人民教育
出版社，1978.

[3] 张宏达，颜素珠. 中国植物志：第三十五卷第二分册（被子植物门 双
子叶植物纲 海桐花科、金缕梅科、杜仲科、悬铃木科）［M］. 北京：
科学出版社，1979.

[4] 张宏达. 山茶属植物的系统研究［M］. 中山大学学报编辑部，1981.

[5] 张宏达. 中国树木志 1：五桠果科［M］. 北京：中国林业出版社，
1983.

[6] 张宏达，Bruce Bartholomew.Camellias Portland［M］. Oregon：
Timber Press，1984.

[7] 张宏达，缪汝槐，陈介，等. 中国植物志：第五十三卷第一分册（被
子植物门　双子叶植物纲　使君子科、桃金娘科、野牡丹科）［M］.
北京：科学出版社，1984.

［8］张宏达. 中国树木志2：毒鼠子科、鼠刺科、金缕梅科、悬铃木科［M］. 北京：中国林业出版社，1985.

［9］张宏达，王伯荪，胡玉佳，等. 香港植被［M］. 广州：中山大学学报编辑部，1989.

［10］张宏达，缪汝槐. 中国植物志：第四十九卷第一分册（被子植物门 双子叶植物纲 杜英科、椴树科）［M］. 北京：科学出版社，1989.

［11］张宏达. 广西植物志1：广西海桐花科、广西山茶科［M］. 南宁：广西科学技术出版社，1991.

［12］《张宏达文集》编辑组. 张宏达文集［M］. 广州：中山大学出版社，1995.

［13］张宏达，任善勤. 中国植物志：第四十九卷第三分册（被子植物门 双子叶植物纲 山茶科（一）山茶亚科）［M］. 北京：科学出版社，1998.

［14］张宏达，黄云晖，缪汝槐，等. 种子植物系统学［M］. 北京：科学出版社，2004.

论文：

［15］张宏达. 闲话鼻子［J］. 生物世界，1937，（2）：6-7.

［16］张宏达，蒋英. 湘南植物分布概况［J］. 中山学报，1943，2（5）：76-88.

［17］chang H T. Additions to The Hamamelidaceous Flora of China［J］. Sunyatsenia，1948，7（1-2）：63-74.

［18］张宏达. *The Vegetation of the Paracel Islands*［J］. *Sunyatsenia*，1948，7（1-2）：75-88.

［19］张宏达. 中国紫珠属植物之研究［J］. 植物分类学报，1951，1（3-4）：269-312.

［20］张宏达. 中国鼠刺属植物［J］. 植物分类学报，1952，2（2）：115-132.

［21］张宏达. 中国桦属植物志［J］. 植物分类学报，1954，3（1）：1-59.

［22］张宏达，王伯荪，张超常，等. 广东高要鼎湖山植物群落之研究

［J］．中山大学学报（自然科学版），1955（3）：159-225.

［23］张宏达，张超常，王伯荪．雷州半岛的红树植物群落［J］．中山大学学报（自然科学版），1957（3）：122-145.

［24］张宏达，张超常，王伯荪．雷州半岛的红树植物群落［J］．科学通报，1957（9）：284-285.

［25］张宏达．中国金缕梅科植物补志Ⅱ［J］．中山大学学报（自然科学版），1960（1）：35-42.

［26］张宏达．华南植物志资料Ⅱ［J］．中山大学学报（自然科学版），1960（1）：17-34.

［27］张宏达．华南植物志资料Ⅲ［J］．中山大学学报（自然科学版），1961（1）：53-56.

［28］张宏达．中国金缕梅科植物补志Ⅲ［J］．中山大学学报（自然科学版），1961（4）：52-57.

［29］张宏达．广东一油茶新种［J］．中山大学学报（自然科学版），1961（4）：58-59.

［30］张宏达．广东植物区系的特点［J］．中山大学学报（自然科学版），1962（1）：1-34.

［31］张宏达．中国金缕梅科一新属［J］．中山大学学报（自然科学版），1962（1）：35-44.

［32］张宏达．海南岛的植被分类方案［J］．植物生态学与地植物学丛刊，1963（2）

［33］张宏达．海南岛的青皮林［J］．植物生态学与地植物学丛刊，1963，1（2）：142.

［34］张宏达．山茶科一新属：猪血木属［J］．中山大学学报（自然科学版），1963（4）：126-130.

［35］张宏达．华南植物志资料Ⅳ［J］．中山大学学报（自然科学版），1963（4）：131-136.

［36］张宏达．华南山茶科植物一新属［J］．植物分类学报，1963，8（4）：287-288.

［37］张宏达. 关于热带与亚热带的分界问题［J］. 植物生态学与地植物学丛刊，1964，2（1）：139-140.

［38］张宏达. 广东植物区系的特点［J］. 中国高等院校自然科学学报（生物学版），1965，试刊（4）.

［39］张宏达. 中国金缕梅科植物订正［J］. 中山大学学报（自然科学版），1973（1）：54-71.

［40］张宏达，颜素珠. 中国海桐花科植物订正［J］. 中山大学学报（自然科学版），1974（2）：30-43.

［41］张宏达. 西沙群岛的植被［J］. 植物学报，1974，16（3）：183-190.

［42］张宏达，缪汝槐. 中国桃金娘科一新属［J］. 中山大学学报（自然科学版），1975（1）：62-65.

［43］张宏达. 圆籽荷属：山茶科一新属［J］. 中山大学学报（自然科学版），1976（2）：90-92.

［44］张宏达，缪汝槐. 椴树科蚬木亚科的系统分类［J］. 中山大学学报（自然科版），1978（3）：19-26.

［45］张宏达. 中国海桐花植物的新种［J］. 植物分类学报，1978，16（4）.

［46］张宏达. 华夏植物区系的概略［J］. 中大科研情报，1979（2）：1-2.

［47］张宏达. 华夏植物区系的金花茶组［J］. 中山大学学报（自然科学版），1979（3）：69-74.

［48］张宏达. 中国杜英科植物新分类群［J］. 植物分类学报，1979，17（1）：52-59.

［49］张宏达. 华夏植物区系的起源与发展［J］. 中山大学学报（自然科学版），1980（1）：89-98.

［50］张宏达. 茶树的系统分类［J］. 中山大学学报（自然科学版），1981（1）：87-99.

［51］张宏达，梁盛业. 中国卫茅科植物新纪录的属：库林木属［J］. 中山大学学报（自然科学版），1981（1）：100-101.

［52］张宏达，李丙贵. 湖南山茶属三新种［J］. 植物分类学报，1981，

19（3）：364-365.

［53］张宏达. 中国木犀科植物新记录［J］. 中山大学学报（自然科学版），1982（2）：1-16.

［54］张宏达，曾范安. 茶属一新组：小黄花茶组［J］. 中山大学学报（自然科学版），1982（3）：72-73.

［55］张宏达，缪汝槐. 中国桃金娘科植物补遗［J］. 云南植物研究，1982，（1）：17-25.

［56］张宏达，叶创兴. 中国山茶科植物新纪录［J］. 中山大学学报（自然科学版），1982（4）：74-77.

［57］张宏达. 从莽山森林探讨南岭亚热带常绿林的特征［J］. 华南农学院学报，1982，8（3）：1-18.

［58］张宏达. 中国椴树科新种［J］. 植物分类学报，1982，20（2）：171-178.

［59］张宏达，王伯荪，胡玉佳，等. 九龙大雾山北坡的自然植被［J］. 中山大学学报（自然科学版），1983（1）：1-11.

［60］张宏达，王伯荪，胡玉佳，等. 九龙大雾山北坡的植物群落［J］. 生态科学，1983（1）：1-10.

［61］张宏达. 山茶科植物增补［J］. 中山大学学报（自然科学版），1983（2）：104-113.

［62］张宏达. 山茶科植物增补（续）［J］. 中山大学学报（自然科学版），1983（3）：58-66.

［63］张宏达. 茶叶植物资源的订正［J］. 中山大学学报（自然科学版），1984（1）：1-11.

［64］张宏达. 华南山茶新纪录［J］. 中山大学学报（自然科学版），1984（2）：75-80.

［65］张宏达. 从印度板块的漂移论喜马拉雅植物区系的特点［J］. 中山大学学报（自然科学版），1984（4）：93-101 .

［66］张宏达. 植被地理问题初释［J］. 西南师范学院学报，1984（5）：20-26.

［67］张宏达，曾范安. Luteoflora：A New Section of Camellia［J］. International Camellia Journal，1984（16）.

［68］张宏达，王伯荪，胡玉佳，等. 香港地区的红树林［J］. 生态科学，1985（2）：2-8.

［69］张宏达，王伯荪，胡玉佳，等. 香港岛的植物群落［J］. 生态科学，1986（1）：1-11.

［70］张宏达. 种子植物系统分类提纲［J］. 中山大学学报（自然科学版），1986，（1）：1-13.

［71］张宏达. 大陆漂移与有花植物区系的发展［J］. 中山大学学报（自然科学版），1986（3）：1-11.

［72］张宏达. 贵州植物区系新纪录［J］. 中山大学学报（自然科学版），1987（2）：41-43.

［73］张宏达，陈钦铭. 湖南红山茶一新种［J］. 中山大学学报（自然科学版），1987（3）：84-85.

［74］张宏达，江润祥，毕培曦. 尼泊尔植物区系的起源及其亲缘关系［J］. 中山大学学报（自然科学版），1988（2）：1-12.

［75］张宏达，王柏荪，胡玉佳，等. 香港大屿山岛的植物群落［J］. 生态科学，1988（2）：15-25.

［76］张宏达，叶创兴，张润梅，等. 中国发现新的茶叶资源：可可茶［J］. 中山大学学报（自然科学版），1988（3）：131-133.

［77］张宏达. 金沙江流域的红山茶新种［J］. 中山大学学报（自然科学版），1989，28（3）：50-58.

［78］张宏达. 金沙江流域的红山茶群落［J］. 生态科学，1990（2）：1-13.

［79］张宏达. 中国山茶科植物新种［J］. 中山大学学报（自然科学版），1990，29（2）：85-93.

［80］张宏达，任善勰. 山茶属瘤果茶组植物分类（英文）［J］. 中山大学学报（自然科学版），1991，（4）：86-91.

［81］张宏达，叶创兴. 关于金花茶学名的订正［J］. 中山大学学报（自然科学版），1991，30（3）：63-65.

［82］张宏达，钟坚. 金花茶组植物订正［J］. 广西林业科技，1991，20（3）：163-169.

［83］张宏达，任善勳. 亚洲热带地区的山茶科新种［J］. 中山大学学报（自然科学版），1991，（1）：67-71.

［84］张宏达. 地球植物区系分区［G］// 热带亚热带森林生态系统实验中心建立五周年暨第二次学术讨论会摘要汇编，1992.12：1-2.

［85］张宏达，王伯荪，陈章和. 黑石顶自然保护区南亚热带常绿阔叶林生物量与生产量研究Ⅶ：凋落量、现存凋落量和凋落物分解速率［J］. 华南植物学报，1992，试刊（1）：107-113.

［86］张宏达，任善勳. 中国山茶科新植物（英文）［J］. 中山大学学报（自然科学版），1992，31（1）：74-76.

［87］张宏达. 亚洲热带—亚热带植物区系与植被的整体性（英文）［J］. 中山大学学报（自然科学版），1993，32（3）：55-66.

［88］张宏达，叶创兴. 山茶科系统发育诠析Ⅱ—金花茶的分类特征［J］. 中山大学学报（自然科学版），1993，32（3）：118-120.

［89］张宏达. 再论华夏植物区系的起源［J］. 中山大学学报（自然科学版），1994，33（2）：1-9.

［90］张宏达. 地球植物区系分区提纲［J］. 中山大学学报（自然科学版），1994，33（3）：73-80.

［91］张宏达. 华南植物志资料Ⅰ［J］. 中山大学学报（自然科学版），1995（2）：20-48.

［92］张宏达，任善勳. 山茶科系统发育诠析Ⅵ：瘤果茶组的订正［J］. 中山大学学报论丛，1996（2）：55-60.

［93］张宏达. 山茶科系统发育诠析Ⅰ：金花茶组与古茶组的比较研究［J］. 中山大学学报（自然科学版），1996，35（1）：77-83.

［94］张宏达，张润梅，叶创兴. 山茶科系统发育诠析Ⅳ：关于山茶属茶组的订正［J］. 中山大学学报（自然科学版），1996，35（3）：11-17.

［95］张宏达. 茶科系统发育诠析Ⅶ：山茶属秃茶组 Glaberrima 的系统分类问题［J］. 中山大学学报（自然科学版），1996，Vol.35，No.5：87-90.

［96］张宏达. 植物的特有现象与生物多样性［J］. 生态科学，1997，16（2）：9-17.

［97］张宏达，杨成华，张廷中. 贵州金花茶一新种［J］. 广西植物，1997，17（4）：289-290.

［98］张宏达，钟业聪. 广西苏铁植物新种［J］. 中山大学学报（自然科学版），1997，36（3）：66-71.

［99］张宏达. 全球植物区系的间断分布问题［J］. 中山大学学报（自然科学版），1998，37（6）：73-78.

［100］张宏达. 中国苏铁科植物增补［J］. 中山大学学报（自然科学版），1998，37（4）：6-8.

［101］张宏达，钟业聪，黄玉源，等. Additions to the Cycadaceous Flora of China［J］. 中山大学学报（自然科学版），1998，37（4）：6-8.

［102］张宏达.《华夏植物区系》理论的形成与发展［J］. 生态科学，1999，（1）：44-50.

［103］张宏达，丘华兴. 值得注意的中国植物［J］. 广西植物，1999，19（3）：193-196.

［104］张宏达，钟业聪，陆照甫. 广西苏铁一新种（英文）［J］. 中山大学学报（自然科学版），1999，38（3）：121-122.

［105］张宏达. 种子蕨的肉籽类 Sarcocarpidiates：古生代具果实的种子植物［J］. 中山大学学报（自然科学版），1999，38（6）：72-77.

［106］张宏达. 种子植物新系统［J］. 植物学通报，2000，17（专辑）：152-160.

［107］张宏达. 海南植物区系的多样性［J］. 生态科学，2001，20（1，2）：1-9.

［108］张宏达，丘华兴. 值得注意的中国植物（续）［J］. 广西植物，2002，（1）：575-577.

［109］张宏达，丘华兴. 值得注意的中国植物（续二）［J］. 广西植物，2003，23（2）：97-101.

［110］张宏达. 山茶科的新属：时珍木属 Liodenenon［C］// 中山大学第四次科学讨论会论文.

附录三　彼得·H·雷文对张宏达的评价

　　在"张宏达教授学术成长资料采集工程"的研究过程中,我们将与张宏达教授学术交往较为频繁的国内外同行进行了梳理,对不便接受访谈的同行,以通信的方式请他们提供与张宏达教授学术合作与交流的信息,并请他们对张宏达教授的学术成就进行评价。其中,美国密苏里植物园的彼得·H·雷文教授是与张宏达教授在多方面有过合作交流的同行。他写信就他与张宏达教授的交往提供了资料,并对张宏达教授的学术成就进行了评价。

　　彼得·H·雷文教授是美国著名植物学家,为美国科学院院士、中国科学院外籍院士,英国皇家科学院等20多个国家的外籍院士,曾担任美国总统科学顾问。在他担任密苏里植物园主任35年间,植物园在他的带领下已发展成为世界级植物学研究、教育和园艺展示中心,是北美、亚洲、非洲和拉丁美洲植物学研究的领导者。现任美国密苏里植物园名誉主任、华盛顿大学植物学教授。彼得·H·雷文于1936年6月13日出生于中国上海,在20世纪30年代末返回加利福尼亚州旧金山,因此他对中国有着深厚感情,与很多中国植物学家都结下很深的友谊,还曾担任《中国植物志》英文版 *Flora of China* 的美方主编。

彼得 · H · 雷文的信

It is a pleasure to write about the qualifications of Prof. Chang Hong—Ta for the special recognition that you are preparing. His contributions to botany have been very large in extent and of the highest quality. Importantly, he was the first to write in detail about the Cathaysian Flora, the special Asian flora that centers on China. By doing so, he called attention to the global importance of the plants of China, and to China itself as a zone of refuge and survival for ancient plants that had occurred in this region long ago. Prof. Chang Hung—Ta also prepared writings that were of great importance in elucidating the variation in the famous plant genus Camellia, and in the peculiar family, so richly represented in China and so primitive in its characteristics, Hamamelidaceae. Although later students have modified his concept of species in Camellia, he laid a firm foundation on which those subsequent studies were based.

Prof. Chang Hong—Ta also considered the flora of the Himalayas in relation to the flora of China and the rest of East Asia, considering especially the effects of movement of the Indian Plate. In plowing up from the far south over more than 50 million years, the Indian Plate, colliding with the south side of India, thrust up the Himalayas and the Tibetan Plateau and also was responsible for the creation of many parallel ranges of mountains in China, which have put the country at high elevations generally and have provided unique niches in which thousands of species of plants and animals have evolved, given rise to the incredible biological richness of modern China. Chang Hung—Ta also analyzed in great detail the flora of south China, and made known in exceptional detail its relationships to the plants of the rest of Asia. The subtropical and tropical

附录三 彼得 · H · 雷文对张宏达的评价   *281*

elements found here range far to the south and must have been displaced beyond the present boundaries of China during the ice ages, returning with the return of warmer weather. The dynamics of such vegetational changes become of special and renewed importance at a time when we are once again, and to a an even more profound degree, confronting rapid climatic changes worldwide. In addition to all of these studies, he was an important specialist in the study of mangroves, adding a great deal to our knowledge of the components of that rich and unusual vegetation and the role that it plays ecologically.

He is a very pleasant and encouraging man who always treats others kindly. Despite his huge knowledge, he has remained humble and friendly. Botanists from throughout the world enjoy him greatly, and appreciate his high contributions to botany.

Peter H. Raven, President Emeritus

Missouri Botanical Garden

P. O. Box 299

St. Louis, MO 63166-0299, USA

译　文

　　非常荣幸能就你们特别提到的部分谈谈张宏达教授的成就，他对植物学的贡献是深远而巨大的，尤其是他对华夏植物群——这个集中分布在中国的特殊亚洲植物群进行详细描述的第一人。通过这些描述，他唤起了全世界对中国植物的注意，人们注意到中国这块区域本身便是远古植物幸存和避难之地。张宏达教授还有一些阐明山茶花品种变化的重要著作，在他的研究领域中还有金缕梅科这个广泛分布于中国，具有最原始特征的品种。尽管后来有研究者修正了他关于山茶花物种的观点，他仍然为后续的研究奠定了坚实基础。

　　张宏达教授认为喜马拉雅山脉植物群与中国植物群以及其他东亚植物群之间是有联系的，尤其是印度洋板块运动对此造成的影响。5000多万年前，印度洋板块从遥远的南部俯冲上来时，与印度南侧相撞，推起形成了喜马拉雅山脉和青藏高原，同时创造了中国的众多平行山脉，使整个中国海拔升高，为数千种植物和动物的进化提供了极好的住所，乃至当前中国呈现如此惊人的生物多样性。张宏达教授深入分析了中国的南方植物群，并在细节上展示了它们与亚洲其他植物群的紧密联系。在研究中发现南部受亚热带和热带天气因素影响，在冰河期影响范围已超出中国边界，在温暖期则再次回归。面对快速变化的全球气候，植被动态十分特别，逐次更新，并趋向更深一步的程度发展。此外，他在研究红树林方面也是专家，为我们了解红树林这个丰富而特别的植被，以及在生态环境中扮演的重要角色提供了丰富的知识。

　　他是一个和蔼可亲、充满活力的人，与人友善。他知识渊博，却始终谦逊友好。来自全世界的植物学家都非常钦佩他，并一致认同他对植物学的巨大贡献。

彼得 ·H· 雷文

密苏里植物园名誉主任

附录四　郑显明写给采集小组的信

　　1984 年结束在中山大学生物系本科学习，顺利考上了张先生的硕士研究生，研修方向是有花植物分类及华夏植物区系。记得在录取前的面试中，先生拉家常式的提问顿时舒缓了我几乎绷到极限的神经，谈话间先生不时迸发出爽朗的笑声，在这样轻松的气氛中结束面试，我想我是幸运的。先生在我心目中博学、睿智、宽仁、开朗的印象更加深刻。至今，已经记不清当时回答上先生的多少个提问，唯一记住的是没能答上的问题。先生问我在家乡生火做饭的煤里有什么植物化石时，我没能答上来。

　　研究生阶段的学习很快开始了，张先生亲自给我们讲授植物区系学。课程中古地理、古气候、古植物等以前未曾涉及的知识着实让我们恶补了许久才得以消化。在讲到被子植物的起源时间问题时，张先生提到东北辽宁煤田地质局的潘广先生在辽宁西部中侏罗纪地层中发现了被子植物化石。

　　1985 年 5 月，潘广先生来到中大，给我们讲了他发现中侏罗纪被子植物化石的经历，展示了部分化石标本，同时表达了希望有张先生的弟子与他共同研究的意愿。

　　1885 年 7 月，在结束了中国植物学会在秦皇岛举办的植物学（形态与解剖）讲习班后，我只身来到沈阳，找到潘广先生，在看到潘先生工作条件非常简陋的情况，对老一辈科学家更加崇敬。当即与潘先生约定，来年到沈阳完成我的硕士论文。

1986 年 4 月初，我到了沈阳，潘先生的工作室也就成了我的工作室兼宿舍，白天的工作台到晚上便成了床。安顿下来后，潘先生便告诉我，由于他发现的化石群中被子植物部分他自己尚未研究透，如果作为我的毕业论文题材可能风险较大，他要我以化石群中的松柏类为题材。这是我没有意料到的，当初关注潘先生是因为他发现的被子植物化石，自然憧憬着能把这些化石作为学习内容。此刻，憧憬破灭，为憧憬而作的所有准备都用不上了，沮丧难免有所表露。潘先生察觉出我的情绪变化，说了些安抚和鼓励的话。维谷之中我也觉得，只要我还在这一行，接触被子植物化石只是时间问题，如果不在这一行，那被子植物与松柏类就没什么区别了，事已至此，也不由我再有其他选择了，就松柏类吧。许多年以后，我渐渐体会的当时潘先生之良苦用心，一是年轻人需要磨砺；二是要爱护年轻人，当时国内古植物学界还普遍认为被子植物化石不早于白垩纪，徐仁先生 1986 年在《科学通报》第六期的文章《果真华北燕辽地区侏罗纪地层中出现了被子植物吗？》便是那时期的权威声音。

1986 年"五一"节后，潘先生便带着我到他的位于辽宁省锦西县（现葫芦岛市）白马石公社下三角城子生产队（现白马石乡下三角城子村）的化石群采集点。潘先生告诉我，我是除他之外的到采集点的第三个人，之前仅煤炭部主管科研的官员和潘先生单位的总工到过。潘先生要求保守地点秘密，特别不能让学术对手知道。10 月份，陪同来访的 D.Dilcher 先生（时任印第安纳大学教授）到采集点时，告知 Dilcher 先生的地名是"第一生产大队、第三生产小队"。2010 年王鑫在《地质学报》上发表将潘先生提供的化石命名为"中华星学花"的文章中披露了潘先生化石采集点地名。

化石采集点在村子北面山沟里，离房东家 20 多分钟路程。化石地层属中侏罗纪海房沟组，为 1.6 亿年前的湖相沉积，同时也有水生动物化石出现。5 月底，采集工作结束时，采集的标本已经重达数千斤。重要的标本我们随身带回沈阳，其余十余箱标本不久也被转运到了沈阳。

6月份，墨西哥世界杯期间，我到北京，在地质部图书馆收集文献资料，世界杯结束后，带回沈阳的文献资料的数量和完整程度让潘先生欣喜不已。

暑假后，我回了趟中大，向张先生汇报了在沈阳的工作情况。张先生非常关心我在沈阳的工作和生活状况，这也是我在沈阳期间重要的精神支撑。稍作休整后，再度北上沈阳。

选定标本后就开始论文撰写，其间潘先生给了极大的帮助。12月中旬，题为《辽西中侏罗纪松柏类植物化石研究》的论文初稿完成，12月下旬辞别潘先生后回到中大。

记得火车是天不亮就到了广州，等取到行李回到中大已是中午。本想休息一两天，让倦容有所消褪后去见张先生，可室友带来张先生召见的口信。我汇报完论文进展情况后，还谈了涉及古植物以来的一些体会，尽管难免幼稚，还是得到张先生的鼓励。

张先生弟子众多，学术氛围浓厚，当时每周有一次论坛，由众弟子轮流开坛。我和朱华同学主讲了一期，朱华讲《生命起源》，我的题目叫《种子起源刍议》。开坛那天，张先生早早就来了，在第三排靠窗的位置坐下，并加入了后面的自由发言和讨论。

张先生关于被子植物起源时间的科学论述，不断得到化石研究成果的支持。当年笼罩着古植物学界的"白垩纪说"的阴霾渐渐淡去，潘先生的化石群最新的研究成果昭示着被子植物起源的时间远早于中侏罗纪。

附录五　张宏达未刊稿选编^①

怀念董爽秋老师

从 1935 年到 1942 年，从广州到云南又回到抗战时广东临时军政中心的粤北，我一直是在董老师的教导下从事学习和工作。董老师离开了我们已有 15 个年头，而董老师的一言一行萦回在我的脑子里，值此董老师百旬寿诞的大喜日子里，许多难忘的教诲和美好的回忆，不断涌上心头，谨就董师在教学、科研方面教益回忆一二，收温故知新之效。

努力教材建设，提高教学水平

董先生于 1934 年受聘到中山大学任教，就致力于教材建设工作，他把恩格勒主编的《植物学纲要》翻成中文，印出讲义，同时把哈巴兰特著的《生理解剖学》翻成中文，教授同学，把当时中山大学的植物学教学向柏林大学看齐。董先生和张珽先生一起编著了《植物生态学》，也是我国第一本自编的生态学。董先生在教学之余，还不遗余力，把迪尔斯的《植物地理学》译成中文，作为教材，它和生态学教材一起，都是我国自行编

---

① 张宏达有大量手稿没有公开发表，本次仅选编部分回忆文章，为补充科学史研究资料计。

译出版的植物学教材，为提高我国的植物学教学水平作出了努力。说来凑巧，我在中学时代，由于一些教授的课，对生物学有所爱好，当时鸟类学家任国荣先生在知用中学我们班讲授进化论，后来在商务印书馆看到董先生翻译的《植物地理学》，就把它买了下来，半通不通的硬啃下来，为以后进入生物系念书，开扩了道路。半个世纪以来，几经沧桑，而这本植物地理学一直保存了下来，作为我进入生物学领域的启蒙纪念品。

董先生还致力于植物区系地理学的工作，他不厌其详地把当年柏林大学教授，也就是董先生的指导教授迪尔斯著的《中国中部植物》译成中文，这是有关中国中部较全面的植物区系及地理学的报道，是一部研究中国植物区系重要的文献。董先生还同时翻译了迪尔斯的《植物系统学研究指南》的论文，在介绍国外植物学研究和成就方面，董先生曾付出了辛劳勤苦。

重视实践

董先生不仅对课堂讲授非常认真，同时亲临植物学实验的教学指导，对学生的显微镜观察和绘图要求严格，为了配合植物系统学理论，董先生还亲自主持了《本地植物学》这门课，每周星期六下午带领学生到野外采集，认识植物，巩固和提高课堂教学的效果。董先生重视实践教学，还体现在他对野外实习的重视。每年11月中大校庆及4月春假，董先生都亲自或请其他教授率领同学进行野外实习，使同学有机会接触广东北江瑶山、广西大瑶山、鼎湖山、罗浮山，从事野外采集和考察实习，当我在学的四年里，董先生和其他教师先后带领我们班同学考察过衡山、岳麓山、大理的苍山及河口的大围山等。在云南大理他不顾身体有病，登上了600多米的苍山主峰，考察了苍山杜鹃林；在云南河口他和大家一起步行了四天才抵达大围山，住在戈寮及老寨瑶胞的村子里，每天都上山考察并指导我们采集，考察了负有盛名的大围山"林海"。

重视真理，反对伪科学

在董先生担任中山大学生物系主任期间，做了一件具有重大意义、反对生物自然发生的大实验和大辩论，为发展实验生物学、宣传生物学做出了贡献。在 1933 年，广州有一位医学教授提出生物自然发生的实验报告，广东当局质询这一"发明"的作用和意义，中山大学生物系的教授经过讨论，认为这在巴斯德的工作里已经解决了，证明现代条件不可能出现"自然发生"，已是开展了持续一年的大实验和大辩论。实验证明，经过彻底消毒和杀菌的培养基，不可能出现任何微生物或生物，该医学教授在消毒过的曲颈瓶出现的蜘蛛类，显然是混杂进去，或者是人为的。大实验还出版了一本 30 万字的专门报告，在 20 世纪 30 年代，社会上对生物学是不够了解的，通过这次大辩论，在广东各界引起了强烈的反响，人们对生物学认识和兴趣大大提高，从此以后，生物学的学生每年从几个人增加到十几名。

广延人才，大力发展生物学

董先生是继辛树帜和罗宗洛教授之后担任的中山大学生物系的系主任。1931 年董先生接任系主任后，按照欧洲大学的模式，延聘了一批从欧洲留学回国的学者，动物学方面有朱洗、费鸿年、戴辛皆、张作人、任国荣、黄绮文等教授，分别讲授无脊椎动物、脊椎动物、组织学、解剖学、动物生殖、遗传学、胚胎学等课程；植物学方面有冯言安、马心仪、黄稼初、罗世嶷等教授，开设细胞学、植物微生物学、生理学，董先生自己教植物形态学、植物分类学、植物地理学等，把生物系办成学科齐全，很具规模，并且有较高的教学质量和水平的系，在国内外富有盛名，这对后来中山大学生物系的发展产生了深切的影响。

在董先生任职期间，中山大学理学院出版有《自然科学》专刊，从 1929—1936 先后发行过六卷，董先生经常有著作及译著在该刊上发表，如关于 Diels 的植物分布学与植物系统学的研究方法及《中国中部植物》等文章，董先生还在生物系主办的《生物学丛刊》上发表了《金缕梅科之研究》，这是董先生博士论文的一部份，通过细胞学、胚胎学的研究，论证了金缕梅科的系统发育，在当时是一篇高水平的著作，直到目前仍具有重要的参考价值。

怀念陈焕镛老师

陈焕镛教授于 1925 年离开南京返回广东，就一直在中山大学任教，到 1954 年植物研究所改隶中国科学院为止，凡 30 年，这在当年是中山大学教龄最长的教授之一，同时是对中山大学贡献最大的教授。陈老最初于 1925 年回到中山大学生物系任教，到 1928 年才转到农学院主持农林植物研究所的工作。1937 年到 39 年又调回生物系担任系主任兼理学院院长一职。以后，中大迁往云南，陈老方辞去理学院院长及生物系主任职务，返回香港主持研究所工作。1950 年又第三次调回理学院和生物系，可见陈老对生物系有深厚感情。

我是在陈老第二次调回生物系担任系主任期间毕业的。1942 年，我由中大师院博物系调到农林植物研究所工作，1944 年调回生物系工作，1946 年以后一直追随陈老从事分类学的研究工作。陈老洞悉中国植物区系的重要性和特有性，他指示我开始从事金缕梅科的研究工作，从那里起，一直到今天，经过半个世纪，金缕梅科植物已成为全球最瞩目的植物群，由此可见陈老对全球植物区系的高瞻远瞩的理解。而陈老的正确指导在我的植物学研究生涯中，引导出一条康庄大道，仅就记忆所及，对陈老的治学态度，为科学而献身的精神，从事学科建设及培养后进的重大贡献，和对后学的影响，追述二三事。

严谨的治学态度

陈老治学的严谨态度，永久是后人学习的楷模。他毕生从事热带亚热带植物区系的调查研究，定了许多新种和新属，从不急于发表，经常反复推敲，以观光木（*Tsoongiodendron*）为例，从发现到正式发表，经过了十余年的观察，反映出陈老对木兰科系统发育的高度认识。他发表乐东木兰（*Magnolia Latungensis*），深知它和拟单性木兰（*Parakmeria*）及单性木兰（*Kmeria*）的关系，最后，他还是把它归到 *Magnolia*，在华南植物研究所的标本馆，陈老已鉴定的新种，多至不可胜数，他始终不急于发表，而且至今一直没有发表。今天，我们有些人找到不完整的新种，缺花或缺果便急于发表，往往出现不应有的错误。

陈老对自己写的文章用词常反复推敲，陈老的英文及拉丁文水平修养很高，但从不用偏、怪字义以示高明。陈老为别人及学生修改论文稿也很认真，修改后再告诉对方为什么要这样改，把几个同义字和反义字的用法都说得清清楚楚。陈老主编 *Sunyatsenia* 也经常为作者修改文稿，使出版物保持高水平，高质量，对出版 *Sunyatsenia* 刊物尤为认真，一切文稿亲自校对，对采用的文体、行距及正斜字体，都一丝不苟，使刊物保持较高水平和版面光洁。

陈老最大的贡献，是建立起一个比较完善的植物室

他以毕生的精力，争取极有限的经费，经常派出采集的人深入海南及广东山区亲自检阅标本，掌握各地植物区系的分布概况，还设法从欧洲及美国各大标本室换取中国植物的模式，为整理中国植物区系提供了不少方便。

陈老管理标本室还有一套创造性的做法，他告诉收集队的成员，凡是在野外采集遇到不认识或未采集过的标本，都同时采制液浸标本，这便于研究者进行解剖观察，陈老和其他同事所发现的许多新属新种都借助于液浸标本获得。

陈老对标本室的管理非常重视，每一份标本进入标本室都有一张卡片，并进行登记，无论是卡片还是登记薄都分为两份，一份卡片是广东区系，另一张卡片是全国区系，登记薄亦分为广东及全国两部分。从今天看来，这种科学管理方法极有利把标本输入电脑并与国际标本室结网使用。

陈老毕生经营的植物标本室，在不到 10 年的时间，积累了十几万号标本，这是一个速度非凡的进度。1937 年，日本帝国主义对中国发动侵华战争，为了保存这批宝贵的科学资料，陈老费尽很大的气力，把植物标本室迁移到香港，为此，陈老蒙受了政治上的诽谤，由于陈老竭诚的爱国、爱科学的精神，一度的政治迫害终于获得了平反。

陈老苦心经营的植物标本室，以及陈老毕生全力以赴在中国和华南建立起来的植物学研究基地和成果，使中国植物学界摆脱了依赖外国成果的

半殖民地性质的植物学处境，走上独立自主的道路。陈老和胡先骕、钱崇澍及刘慎谔等教授一起，为中国植物学的开拓奠定了深厚的基础，功不可没。我们在新中国成立后，从事广东及海南的垦殖及资源调查工作，使用的海南植物名录、广东植物名录及广西植物名录都是从植物研究所标本室的登记卡片打印出来，有了这些基础建设，以后我们每到一个地方进行调查考察，才能得心应手，拿出一部考察地区的名录。

大力培养接班人

20 世纪 30 年代开始，中山大学成立了研究院。下属各研究所均招收研究生，并有权授予硕士学位，陈老在培养研究生的工作方面付出了辛勤的劳动。从 1935-1946 年，先后招收了十多名研究生，这在当时的研究所是不多见的。陈老不怕麻烦，亲自为研究生讲英文、拉丁文及专业课，能按研究生的专业出身、研究方向与爱好，为他们订出合理的研究方向和研究课题，因此研究生的研究课题中，有研究专科专属的（侯宽昭、黄成就、贾良智、徐祥浩），有研究树木学（梁宝汉），有研究经济及资源植物学（戚经文），还有研究园艺学（李日光），做到因材施教，学有所用，这些研究生在后来的工作中都做出些重大贡献，成为华南植物学界的栋梁之才。

除了培养研究生做出重大贡献外，还有更多青年学者在陈老的指导和帮助下，不断成长起来，壮大华南的植物学队伍，是 50 年代以来华南植物研究所及植物分类室的骨干和负责人。

陈老辞世已经 25 年，但陈老的贡献将永远为我国植物学界所怀念，植物标本室凝集起来的陈老的心血，将永远在华南植物学界放射出光芒，而陈老生前对我们教诲和创造性，将不断推动后人在植物学道路上前进的动力。

戴辛皆小传（拟题）

　　戴辛皆（1894.2—1970.8.12），原名平舆，又名戴笠，1894年生于湖北省云梦县下辛店戴大村，父亲是前清的秀才，38岁时，英年早逝，靠母亲蔡氏耕田织布维持生活。1918年考进湖北高等师范学堂，1922年毕业被分配到贵州遵义中学任教，1925年调回武昌女子中学任教，于1926年自费到法国留学，以勤工俭学方式维持学业，1928年考取公费，进入里昂大学攻读生物学，并于1933年获得博士学位，毅然回国，进入青岛海洋生物研究（所）工作，继续研究船底附着海洋生物如牡蛎属的防治工作。后1935年由经利彬教授介绍转到国立中山大学任教，一直工作到1970年，于8月12日因病医治无效，与世长辞，终年76岁。

　　戴辛皆和大多数旧中国的知识分子一样，目睹国家的贫困落后，救国强民的思想十分强烈，积极寻找科学救国的道路。他在读大学时正值五四运动，在科学与民主思潮的激荡下，怀着青年人的满腔热情，毕业后到遵义教书，当时内地的贫穷和社会黑暗更加深了他的科学救国的决心。1926年，他把教书节省下来的薪金不顾一切买了一张船票到法国继续深造，他以坚韧不拔的精神，通过半工半读方式，节衣缩食在法国念完了博士学位，回归祖国。但在旧中国，落后的中国无法满足（笔者注：此处似有缺字），出于救国热忱，不甘心无所作为，激励他想办法，坚持因陋就简，亲自动手，创造条件，开展教学和研究。

　　戴辛皆不仅在科学研究方面几十年孜孜不倦，为人民的营养和健康而努力工作，在教学方面，他也从无到有，筚路蓝缕，为中山大学的实验生理学的教学而鞠躬尽瘁。早在20世纪30年代初期，中山大学生物系一直未开设过生理学这门课，在戴老到校之前，惟有罗宗洛、朱洗教授在校开设过实验生物学的教学和研究，但他们都于1934年便离开了中大，从而中断实验生物学的工作，使生物学教学仍停留在观察和描述的阶段。戴辛皆到校后开设了动物生理学和生物物理化学两门课，并且一直干下去，可以说他是中大生物系实验生物学的创始人。那时候，一切实验都由他自己设计装置出来，为了测试心脏活动，没有记忆鼓，他就利用留声机来做转动器，代替记忆鼓。为了测试肺活量，他只好设计马口铁园筒来充气。为了显示坐骨神经对刺激的反应，没有仪器，他就把线圈装在竹筒里作为感应圈进行教学实验。就这样在最困难的时候，他没有向困难低头，而是想方设法，自己动手，培养了一批青年，架设了动物生理教学和科研的基地。

他在法国是研究船底附着生物防治，他到青岛工作了两年，由于那里不是研究船底附着生物防除的理想地方，便转来广州。那时候广州、香港交通十分方便，每周或隔几周，随时可以去香港采集凿船虫，回来学校进行防除试验。抗日战争打响后，他继续进行研究工作，作为一个外省人，在香港不会广州话，到海上调查采集曾惹到不少麻烦，有些人以为他是日本派到香港的侦察海港的情报人员而横加责难和阻挠。在日本飞机空袭广州时，他照样在实验室里工作，甚至晚上空袭时，在实验室没有关灯而受到责难。广州沦陷，中山大学迁到云南之后，船底附着生物防除的研究工作无法开展。抗战前，他从文献里看到木瓜酶治胃痛的报道，他开始着手木瓜酶资料收集，已经怀着满腔希望，为改善人民的生活而开展营养生理的研究。从1940年起转到云南后，木瓜酶的工作开始着手研究，昆明没有木瓜，他便到开远、林口一带采取木瓜，研究利用木瓜乳汁的蛋白酶进行一系列的分离试验工作。

1940年，中山大学从云南迁返粤北乐昌坪石一带，戴辛皆继续木瓜酶的研究工作，派人到清远、广西各地采购木瓜，提取木瓜酶，用以分解大豆豆浆，制备植物蛋白质的研究。当时在战地后方，无法饲养或购到大白鼠，他想在寺庙里抱回弃婴进行喂养无所获，只好和太太商量，用自己的小孩进行大豆制备的植物蛋白进行营养效价的试验。在当时战火弥漫、物价暴涨、人不聊生的情况下，有人劝他不要搞这些"亏本"的研究，不是（如）去搞个人兼职来养活一家大小，他一笑置之，继续做他的植物蛋白食品的研究。抗日战争胜利后，学校返回广州，他继续搞他的研究，但在解放战争年代，美国货充斥市场，谁也没有理睬他的研究。只有在新中国成立后，全国人民迎来解放和胜利的日子，他更坚定他的研究工作是为人民，是属于人民的事业，而更加日夜奋战，扑在实验室内。那时期，人民生活还不富裕，他了解到广大农村仍有不少人以红薯为主粮，于是他研究"豆乳"食品，把乳化的植物蛋白以不同的剂量制成混合食品，进行对大白鼠的喂养，研究其营养效价。以后，人民生活逐步改善，他发现动物蛋白容易引起老年人体内胆固醇及血脂偏高的毛病，他又试验将大豆豆浆经过木瓜酶溶解后制成干酪和植物蛋白饮料，他的研究工作很受到当时广东省长陈郁的支持和赞许。可惜，不久"文化大革命"到来，他的工作被中断，甚至莫须有地被禁闭、隔离审讯，并因长期的折磨患上了不治之症。

在开展教学和科研活动中，他的自力更生的精神是留给我们后人一份十分宝贵的精神财富。旧社会，戴辛皆一心致力教育及科研工作，不问政治，他看不惯旧社会的腐败，但没有去干预或改变现状的决心和信念，一心扑在科学研究工作上，盲目依赖走科学救国的道路。在不断挫折之后，他对科学救国的道路逐渐动摇，就在这时，全国解放，他和全国人民一样，怀着满腔热情迎接新生。解放初期，学校派他出来当系主任，他也缺乏信心，但在不断学习过程中，他逐步为中国共产党为解放全人类、全心全意建设新中国的动人事迹所感动，对共产党十分感激，在党的教育和帮助下而逐步提高觉悟，认定中国共产党是解救中国的。他开始积极投入各种改革运动，于1953年毅然承担了生物系主任的职务，努力投入教育革命的工作。在他的领导下，通过院系调整，在生物系办起动物学和植物学两个专业，亲自担任动物生理的教学，并继续从事木瓜酶的营养生理科学研究工作。

1958年的教育改革，在校党委推动下，他亲自带领同学和教师下去农村，参加生产劳动。在教育革命高潮带动下，他在生物系办起生物物理、生物化学、生物地理和海洋生物等专业。1964年为了进一步改革教育，他亲自到江西吸取江西共产主义大学教育革命的经验，回来以动物专业、植物专业为试点，办起半工半读的专业。

为了广罗人才，他聘请鱼类学权威费鸿年教授第四次返中大任教，并去华南农学院聘请了蒲蛰龙、利翠英两位教授到系开展农作物害虫生物防治的教学和研究工作，还争取到苏联昆虫学专家格鲁申博士等来系任教。

　　解放以后，他深信共产党能救中国，一心跟着共产党，他努力学习，坚决执行教育为无产阶级政治服务、教育与生产劳动相结合的教育方针，反对在旧社会不过问政治、一心搞学术的作法，前后判若两人。由于他学习努力，工作一心扑在教育改革和发展事业上，他在 1955 年被吸收加入中国共产党，也是中山大学老教师当中第一位被吸收为新党员的。

　　戴辛皆历任中国动物学会理事、广东动物学会理事长，还当选为广东省第二届人大代表。

胡秀英博士简介

胡秀英博士 1908 年出生于江苏省，早年就读于南京金陵大学女校。1935 年到广州，攻读岭南大学研究生，于 1938 年毕业，获硕士学位，旋赴四川，执教于华西大学（笔者注：即华西协和大学）。抗日战争结束后，于 1946 年赴美国就读于哈佛大学，师从著名植物学家、东亚植物研究权威梅乐尔（E. D. Merrill）教授，进行中国冬青科植物研究。于 1949 年获博士学位，自后一直留在哈佛大学阿诺德树木园（Arnold Arboretum）担任研究员工作直至退休。然后经常来往于美国和香港之间继续进行研究工作，后在香港中文大学担任植物学讲师，并着重药用植物的研究。

胡博士十分重视理论与实际相结合的工作。对祖国遗产尤为酷爱。在岭南大学攻读硕士学位时，其学位论文就选择了南方药用植物诠释研究。抗日战争期间，在异常艰苦的条件下，继续从事药用植物的研究，先后发表了《成都生草药用植物》、《药草茯苓研究》及《食用草本植物》。在留美工作期间继续研究中国食用植物，写成 500 种食用植物的专著，是集中草药研究之大成。

胡博士既重视实际应用，同时又强调基础理论的研究，在植物系统分类方面有深厚的修养。她的博士论文《中国冬青科的研究》，准确地反映了冬青属的系统进化规律。自论文发表半个世纪以来，仍然是十分重要的文献。她对中国植物志抱有高度的热情。50 年代初期，就着手编著《中国植物志》的工作，先后撰写了《中国植物志的准备问题》的探索，并于 1955 年出版了《中国植物志：锦葵科》的专著（笔者注：此版本《中国植物志》是由美国组织编写的）。《中国植物志》是一项浩大的工程，她以高度的爱国热忱，义无反顾地为开展此项巨著而贡献自己的智慧。她的创造性义举推动了 1958 年《中国植物志》编辑委员会的成立，在全国范围内积极进行《中国植物志》的编写。由于当时的国际政治气候，她未能参与此项研究的工作。

胡博士热爱祖国，还表现在她关注祖国植物学的发展。70年代中期，她毅然排除各种障碍，第一次返回祖国访问，从南到北访问了国内的同行，特意访问了老一辈的植物学家。此后多次返国，先后在四川大学、华南农学院举办讲座，介绍国际植物动态和新成就。她在居留香港期间，先后出席1993，1998中国植物学会六十周年及六十五周年的年会，并在会上提出学术报告。还满腔热忱地参加了在内地举行的各种专题会议，诸如国际木兰科植物研讨会，苏铁植物专题研究会议，为推动祖国植物学研究贡献自己的力量。

胡博士热爱祖国的热忱，还体现在对祖国年轻一代植物学工作者的关怀。开放改革以来，许多年轻植物学家到美国访问，都会到哈佛大学参观访问，他们都得到胡博士的接待和照料，包括老一辈的植物学家也不例外。在许多华裔植物学家当中，胡博士是最为大家所熟悉和尊敬的老一辈旅外学者。

胡博士的治学和敬业精神，是祖国青年植物学工作者的学习楷模。她在植物学研究领域上七十年如一日，孜孜不倦，著作等身，当前已届九十高龄，仍在不断努力工作，为植物学发展而献身，堪称前无古人，令人肃然起敬。她在植物学基础领域和药用植物方面都作出了重大贡献的同时，还在研究工作之余，抽空编印了科学普及的著作，先后出版过华南与香港野生花木的专辑，为普及植物学知识做到图文并茂，令人爱不释手，当前在香港出版这两种药用植物学专著，是她在重新编著香港植物志之余，对药用植物研究重大的贡献。

新中国成立前中大生物学系学术活动拾遗

中山大学当前正处于发展的良好阶段。基础学科植物学在区系学、系统学和生态学方面，动物学在昆虫学、生态学、鱼类养殖生理学、寄生虫学等方面，在原有的基础上继续得到发展，并在不同程度上向分子水平发展，植物学在系统进化方面，大力开展分子序列测试工作，处于国内的前列；植物生理学及生态学亦引入分子技术进行种子生理及种群生态的研究。动物学在昆虫生态、寄生虫学也在分子水平方向迈进，并取得重大成果。在尖端学科方面如基因工程研究工作在水稻育种、微生物学等方面也迈开了重大步伐，并在基因药物研究方面获得显著的进展，使整个生物学科领域呈现了一派生气勃勃的喜人景象。今年以来，先后在植物学、动物学及生化与分子生物学三个方面获得了教育部长江特聘岗位教授的荣誉。这是开放改革在我校生物学科发展的体现，是 75 年来的最新成果。回顾 75 年的历程，中大生物学系有过许多卓越的成就，也有过一些艰苦奋斗克服困难的壮丽历程。

中大生物学系在 1924 年开始建立，当时以教学为主。到了 1928 年辛树帜教授来系掌教，便着手开展科学研究工作，他率领了一批青年教师，想方设法进到从来不让外人进入的广西大瑶山，在 3 年的野外调查采集中发掘了大量为生物学界前所未知的新科属。例如在罗运的一个小山谷里找到的爬虫类新目、新属和新种鳄蜥，震动了国际动物界。在鸟类学方面，在鸦科、画眉科、鸫科等科的发现，比英国人拉图什（Latuche）在武夷山挂敦所发现的鸟类还要复杂而多种多样，使欧洲大陆及英国的鸟类学家大开眼界。植物方面发现了许多蕨类植物及种子植物新种、新属。在几年里出版了有关瑶山的鸟类、哺乳类、爬虫类、蕨类等专门著作达十余部之多，引起了国内外同行的重视，并使中山大学的声誉名噪一时。通过瑶山调查采集工作培养了一批年轻学者，如吴印禅、任国荣、石声汉、何椿年、范甯浩等，从而使生物系焕发了蓬勃的朝气。

1931 年以后，生物学开始发展到实验生物学阶段。朱洗的青蛙卵无性生殖、张作人的草履虫培养、罗宗洛的植物营养生理学在当时国内处于领先地位。其时恰值广州某医院的一位叫罗广庭的教授，提出了生物自然发生的实验和理论，在新闻界一时闹得满天神佛，并有报界人士走访中大生物系问个究竟。生物学系有关研究人员告诉来访者，生物自然发生是不存在的，这在19世纪巴斯德的实验中就已经为生物自然发生问题下了结论。罗广庭对此反唇相讥，并拿出他的蹩脚实验来蒙骗市民。于是生物学系在朱洗和张作人等教授主持下进行了大量的实验，证实在当前的条件下，生物不可能自然发生，同时把实验公之于众，并出版了50万字反驳生物自然发生的实验结果的论文及专著，使市民大开眼界，从而推动了实验生物学大大前进。罗广庭医生还不认输，写信到法国请他的老师站出来支持他，谁知这位法国老师告诫他说，这是巴斯德早就解决了的争论，不要再为此浪费唇舌了。罗广庭医生还是不服气，到了解放初期，他还打报告给广州军管会，要求承认他的"生物自然发生"的理论，当然受到军管会的否决。

当时的实验植物方面，罗宗洛教授从事的矿物营养生理学研究处在国内领先地位，他的专著作为生物学系丛书之一，到现在仍有参考价值。经利彬教授主持的生理学开创了动物实验生理学的先河。在细胞学方面有冯言安教授，他声称在忍冬科植物的细胞中发现了中心体而名噪一时，接着于志忱教授为生物系开辟细胞学和植物生理学的课程，费鸿年教授开出高水平的组织学及胚胎学，此外还有蔡承欢教授的微生物学，马心仪教授的植物生理学，使整个中大生物学系的实验生物学盛极一时，居于全国的最前列。当时中大理学院出版了《自然科学》的定期刊物，生物学系出版有《生物世界》，为师生提供研究和教学研究的园地，并推动生物学的发展。

可惜好景不长，日寇在1937年发动了大规模的侵华战争，中山大学被迫迁离广州辗转于云南和粤北山区，在极端困难的条件下，研究和实验工作仍未中断，从事动、植物学研究的老师继续在内地及山区开展区系调查的工作，采集标本，丰富了动、植物标本的积累和收藏研究，从事实验生物学的老师，则开动脑筋，解决实验工作的困难，如从事细胞学的于志忱老师，在缺乏电力的情况下，使用煤油灯把恒温箱照常操作起来。从事营养生理的戴辛皆教授则用人工推动石磨继续他的豆浆脱臭及植物南乳粉的研究工作。生物学系的老师们在这样困难的条件下然弦歌不辍，日夜奋战，争分夺秒地工作。这种优良的传统和学风，是生物学系长期保持下来的。这无形的指挥棒，无声的教导是生物学系长盛不衰的关键所在。

光辉的七十年

华南植物研究所的前身是中山大学农林植物研究所。在新中国成立之前的 20 年里，该研究所是由陈焕镛教授独力开创并不断趋于完善，新中国成立后不断获得发展，成为中国科学院在华南著名的植物学研究机构。回顾华南植物研究所在过去七十年走过的道路，将激励我们继续前进，为发展华南热带亚热带的植物科学事业而努力奋斗。

中山大学农林植物研究所成立于 1929 年，当年的所只是在东山农林下路（石马岗）农学院前院的楼上，那时候工作人员不过十人，采集人员只有 4—5 人。陈老首先抓了野外采集工作，亲自带队赴粤北乳源、粤西、广西及海南等地采集植物标本，尤其对海南的采集最为深入，在不到十年的时间里建成了一所拥有十万号的标本馆，为往后研究华南热带亚热带植物区系工作打下了有利的基础。陈老曾于 1919 年进入海南采集，深知海南植物区系的丰富和重要，是亚洲热带亚热带植物区系一个重要组成部分，是我国植物蕴藏的宝库。研究所成立之后，就集中力量开展海南植物的采集，先后派出梁向日、刘心忻、高锡朋、王志、侯宽昭和陈少卿等分别深入到五指山、琼中、崖县、保亭县、吊罗山等地开展工作。这是一场与自然作斗争的非常艰苦的工作，因为在 30 年代以前，海南山区是封闭式的少数民族聚居地，山岚疫瘴，瘟疫频发，外面的人是不易进入、也不敢进入的山区。采集人员以极大的勇气和胆识和旺盛的战斗精神，坚持在山区开展深入、艰苦、细致的采集，收集了不下 3 万号标本，从而揭开了海南山区植物的真面目。这些标本经过研究，先后发现了 10 多个海南特有属，它们是山铜材属（*Chunia*）、多瓣核果茶属（*Parapyrenaria*）、焕镛藤属（*Chunechites*）、悬竹属（*Ampelocalamus*）、扁蒴苣苔属（*Cathayantha*）、盾叶苣苔属（*Metapatrocosmea*）、白水藤属（*Pentastelma*）、多核果属（*Pyrenocarpa*）、卷丹花属（*Scorpiothyrsus*）、刺毛头黍属（*Setiacis*）及辐珍花属（*Wenchengia*）等。此外还有许多华南特有属同时分布到海南的特有属，它们是细子龙属（*Amesiodendron*）、舌柱麻属（*Archiboehmeria*）、山涧草属（*Chikusichloa*）、海南椴属（*Hainania*）梅乐藤属（*Merrillanthus*）、单枝竹属（*Monocladus*）、寡穗竹属（*Oligostachyum*）、半枫荷属（*Semiliguidambar*）、华假马齿苋属（*Sinobacopa*）、观光木属（*Tsoongiodendron*）及异叶苣苔属（*Whytackia*）等。这些特有属的发现，大大丰富了海南植物区系，说明了海南植物区系的特有度远比我国其他各地的植物区系丰富，并且有特殊性，它为研究中国植物区系的形成与发展提供了宝贵的资料，同时也提高了华南植物区系在亚洲植物区系的重要性和知名度。

陈老还亲自率队到粤北、粤西及广西等地开展采集工作，并派邓世纬到贵州采集[①]，刘心忻到赣南一带，陈宝汉及陈少卿等到粤北莽山（五指山）、广西十万大山等地进行采集，从而掌握了华南地区的植物区系资料，为后来编撰《海南植物志》、《广东植物志》及《中国植物志》创造了条件。陈老精心制定了标本室管理和入库的严密制度，让人们便于使用和核查，是国内标本室管理最完整的样板。陈老对野外采集还制定了一整套独到的手段，规定采集人员当采到前所未见的标本时，都增加液浸的花果标本，便于观察者研究解剖，这也是国内标本馆独有的做法。陈老像保护眼珠一样保护了这个标本室，在30—40年代动乱的日子里，为了保护这个标本室，陈老不仅承担了精神上和经济上的重负，还不惜承受了政治上的重压，去保全了这个标本室，这种为科学而献身和不怕牺牲的崇高品德，是后辈永远值得学习的楷模。

在建设标本室的同时，陈老主办一份植物学专刊 *Sunyatsenia*，是1930年创刊的不定期专刊。当时的中央研究院静生生物研究所及北平研究院等植物学研究机构，都先后出版有专门刊物来报道各自的研究成果。*Sunyatsenia* 是当时仅有的英文刊物，陈老亲自负责审稿、校对及版面安排工作，做到一丝不苟，从稿件质量到印刷版面都严格要求。不少国内外知名学者如 E.D. Merrill, A.W. Excell, H. Melchior, O.C.Schimdt, L. Diels 以及胡先骕教授等均积极投稿，支持 *Sunyatsenia* 的出版，使刊物保持着较高的

---

① 邓世纬不幸在野外罹疾病故（原注）。

水平，并在国际植物学界享有较高的知名度。在日寇侵华期间，*Sunyatsenia* 仍在极困难的条件下继续刊行，直到 1942 年后才被迫停刊。抗日战争胜利之后，*Sunyatsenia* 于 1946 年恢复出版，当时百废等举，经费十分困难，研究所只能靠小小的植物园培植物苗木来维持出版经费，从而保持和恢复了国际间信息交换的工作。这种用心良苦、沟通国际信息的信心和毅力，随着时间的推移而日益表现出陈老的远见。陈老深明提高出版物质量和水平是培养后继年轻学者重要的手段和途径，新中国成立后，在陈老的指导下，首先出版了《广州植物志》，这是国人自己写成的第一部植物志，经过将近半个世纪的考验，《广州植物志》仍不失为一部高水平的专著。由此乘胜深入，陈老又领导了《海南植物志》的出版工作，作为前人不敢想也不敢做的工作，从而为后来编撰《广东植物志》及《中国植物志》创造了条件，这些工作增长了我国植物学工作者的信心和志气，推动了《中国植物志》的出版，并带动了后来对中国植物区系的研究工作，实在功不可没。随后《中国植物志》的出版不断加快步伐，华南植物研究所工作人员先后完成了将近 40 卷册的编写任务，体现了陈老开创事业所结成丰硕的果实。

华南植物研究所在分类学方面着重于热带亚热带的科属，它们是中国植物区系及全球植物区系的核心问题，诸如木兰科、番荔枝科、樟科、壳斗科、茜草科、豆科、红树科、木樨科、芸香科、山茶科、桃金娘科、绣球花科、金楼梅科、无患子科、使君子科、梧桐科、杜英科、椴树科、冬青科、卫矛科、大戟科、漆树科、楝科、野牡丹科、杜鹃花科、安息香科、秋海棠科、萝藦科、夹竹桃科、柿树科、苦苣苔科、松科及真蕨类等的研究做出了贡献，推动了《中国植物志》的编写工作。

植物研究所在培养新生力量方面做出了重大的努力。在陈老的主持下，招收了十多名研究生。在这之前，许多老一辈的著名学者如秦仁昌、蒋英、陈封怀、方文培、钟济新等教授，都曾利益于陈老的教导和影响。在研究生中有侯宽昭、李日光、何宪章、梁宝汉、王孝、徐祥浩、黄成就、贾良智、谭景焱及戚经文等都先后成为研究华南植物区系的得力专家，此外还有一大批追随陈老左右开展研究工作并取得重大成果的，有李树刚、梁畴芬、陈立卿、谭沛祥、陈德昭、高蕴章、吴德邻、吴亮洪、罗献瑞、丘华兴等，他们都成为研究华南热带亚热带植物区系的专门人才。

陈老以自己从事植物学工作的经验，深明植物区系研究者必须掌握野外调查采集这一关键工作。他一向设法为研究生及青年学者创造野外采集的条件，有时还亲自率领他们到海南岛及南昆山等地进行野外调查采集工作来丰富和增长研究生的区系知识。据我所知，陈老曾先后派遣侯宽昭去海南保亭、吊罗山一带采集达 3—4 个月，派王孝到云南金屏大围山采集、派梁宝汉到粤北采集，派徐祥浩到湖南莽山，派陈德昭、高蕴章等到南昆山、三角山等地采集。据侯宽昭教授事后回忆，他经过了海南岛等地的采集，虽然历尽艰苦，但海南的采集打开了自己对植物学的眼界，丰富了植物学的知识，增长了对植物学的爱好，并在思想意识方面得到很好的锻炼，为往后的研究工作开辟了道路，从而总结出一条经验，研究生及年轻干部必须经过野外采集的锻炼，才能使之迅速成长。

研究所原先以分类为主攻方向，*Sunyatsenia* 所刊载的文章亦以分类学为主，直到 1948 年才第一次刊登了西沙群岛植被的简单报道，这足以说明植物学的发展首先是分类学，有了分类学才有可能发展起有关的其他分支学科。新中国成立之后，为了发展热带亚热带作物的垦殖工作，推动了生态学的发展。1955 年问世的《鼎湖山植物群落之研究》及 1957 年出版的《雷州半岛的植被》与《雷州半岛的红树林群落》，奠定了华南植被生态学研究的基础。随后对海南及广东大陆植被的调查，出版了广东植被的专著。此后的生态学研究工作由野外调查转到植被的定位研究，先后进行了鼎湖山定位站的测试，电白小良的重建，以及鹤山定位站人工植被的实验研究，为在热带亚热带地区发展实验生态学铺开了宽广的道路。在发展热带作物栽培工作中，带动了作物生理学的研究，生理室对橡胶及其他热带作物抗低温的生理学取得了丰硕的成果。在这基础上继续发展起种子生理、生殖生理、细胞生理及营养生理等研究领域。随后研究所对遗传学、资源植物学、细胞学、孢粉学及植物生化等学科也如雨后春笋般相继发展起来。而植物分类学也开始向分子进化方面发展，使古老的基础学科焕发出新生的活力，现在华南植物研究所已形成了一个多学科的综合性研究机构，有利于承担国家重大任务，并为发展和推动热带亚热带植物学走上新的台阶。

植物园的建立是研究所历史发展中一件大事，早在 1935 年农林植物研究所就在石牌校内，原理学院东侧，即现今华南农业大学主楼东侧，辟有 30 多亩的苗圃，从事引种工作。陈老对植物园建立寄以高度的重视，早在 1923 年以前，陈老在南京东南大学任教期间，就建有苗圃，开展引种驯化工作，并聘秦仁昌协助工作。到了 30 年代陈老又在石牌开辟一所苗圃，引种了一大批国内外的珍稀苗木，当时是由陈少卿负责管理，在陈老领导下，工作井井有条，很具规模，后来由于日寇入侵才不得已放弃了植物园的工作。新中国成立之后，陈老念念不忘植物园的工作。1954 年植物所改隶中国科学院之后，陈老重新认真考虑植物园的建立。1956 年陈老选定了现在研究所的新址，即和当时广东分院负责人杜国庠探讨建立华南植物园的可能性，在广东省领导人陶铸大力支持下，植物园很快制定了发展规划，由何椿年全力以赴，不分昼夜，就在几年之内，把现在龙眼洞的植物园建立起来，园内已有分区，又有分科，诸如兰圃、蕨园、木兰园、棕榈区、苏铁区、药用植物区等蔚为大观，以国内最大、科类最多、学科性最强而闻名于全球，为推动我国珍稀濒危植物的保存，引种国内外名贵种类做出了巨大的贡献。

华南植物研究所的前身农林植物研究所，在 20 世纪 30—40 年代艰苦的 20 年里经费无定额，人员编制极有限，陈老以一往无前的精神和毅力，把研究所办得有声有色，为今天的研究所打下了坚实的基础。新中国成立之后，植物研究所获得了迅速的发展。现在整个研究所拥有 500 名工作人员，6 个研究室，标本室增加到 100 多万号，有定期出版的刊物。植物园更是办得富丽堂皇、蒸蒸日上，这是国家领导重视、全体工作人员的通力合作、协同奋斗的结果。回顾七十年走过的道路，特别是新中国成立前二十年艰苦奋斗的日日夜夜，我们对为研究所工作和献身的全体人员寄予极度的怀念，尤其为陈老五十年来苦心孤诣，一心为植物学而献身的精神，深受鼓舞，并寄以无限的敬意。我们很快就要进入到二十一世纪，怎样使植物学科更好地为中国现代化做出贡献，是我们新一代人责无旁贷的任务，任重道远，前途似锦，需要我们全力以赴去迎接新的战斗。

诗词唱酬

科研之余，张宏达教授爱好填词赋诗，编有诗稿《萍踪琐记》，此外，我们在他的书信中发现，他与林学家徐燕千教授的唱酬之作，这些诗作，不仅反映出二人在诗词上有深厚的造诣，而且表现出两位在学术上的惺惺相惜和相互的理解。

徐燕千，1912 年生，广东蕉岭县人，林学家和林业教育家。1932年考入中山大学农学院，毕业后到广东省建设厅农林局林场任技佐，后调回中山大学担任讲师。院系调整后，任华南农学院副教授、林学系副主任。后参与创建广东林学院、中南林学院，并任两校教务长。1971 年以后，任华南农学院（华南农业大学）教授，林学系主任。教学工作外，对中国橡胶垦殖进行过开拓性的工作，并从事森林生态和营林技术的研究。

徐燕千也曾师从陈焕镛，与张宏达有同门之谊。在科研工作中也有过合作。1990 年，徐燕千主编的《广东森林》由中国林业出版社和广东科技出版社出版，张宏达负责编写热带雨林、山地雨林、山地常绿雨林及珊瑚岛森林部分，他们还曾共同经过考察提出建立南岭国家级自然保护区的建议，长期的交往与合作，使他们结下了深厚的友谊。

1994 年，张宏达八十寿辰之际，徐燕千赠诗：

祝贺张宏达教授八十寿辰

弦歌洋溢岁时绵，绛帐黉宫五五年。
桃李满园酾雨露，人才辈出挺云天。
中华区系开新学，茶属宏篇创博渊。
耄耋更将生态指，高峰攀上任驰鞭。

张宏达和诗：

步徐燕千教授为从教五十五年赠诗原韵

青灯黄卷乐缠绵，学海沉浮不计年。

人寿百龄犹朝露，无涯真理日经天。

千山踏遍穷寰宇，万木精研究始渊。

华厦长篇何所指，辨讹正本着先鞭。

张宏达的《植物区系学》一书出版后，寄赠徐燕千一册，并附词一阕：

浣溪沙 · 植物区系学问世

一帙成书几十秋，寒梅傲雪石点头，抱残守缺最堪忧。

败絮凋零纷落下，江河澎湃永长流，蚍蜉撼树岂能酬。

徐燕千和词：

浣溪沙 · 贺《植物区系学》问世

"起源"纷争几十秋，一帙成书忽白头，学者夙愿终得酬。

论著争鸣古今有，真理归今占鳌侪，植物区系世传流。

并另赠一诗：

贺张宏达教授巨著问世

植物区系学，探索其起源。

演化令人惑，争论百多年。

发掘孑遗种，化石穷本原。

二迭花出现，种子植物门。

华夏区系始，全球科属蕃。

建立新学科，学说归一元。

张宏达唱和：

和徐老原韵

区系本无学，何从论起源。

众说多妄惑，迷惘年复年。

不得原始种，无由谈本原。

三迭化石现，揭开系统门。

有花接踵始，霎时种系蕃。

独立自成科，开辟新纪元。

参考文献 ①

专著

[1] 理查斯著，张宏达，何绍颐，王铸豪，等（译）. 热带雨林 [M]. 北京：科学出版社，1959.

[2] 中山大学生物学系药用植物专业编. 中草药植物 [M]. 广州：中山大学出版社，1972.

[3] 中山大学生物学系，南京大学生物学系（编），张宏达（统稿）. 高等学校试用教材：植物学（分类系统部分）[M]. 北京：人民教育出版社，1978.

[4] 松阳洲，武少新，冯双. 中山大学生命科学学院校友名录 [M]. 广州：中山大学出版社，2010.

[5] 中国植物学会. 中国植物学史 [M]. 北京：科学出版社，1994.

[6] 冯双. 中山大学生命科学学院（生物学系）编年史 1924—2007 [M]. 广州：中山大学出版社，2007.

[7] 吴定宇. 中山大学校史 1924—2004 [M]. 广州：中山大学出版社，2006.

[8] 张志权，余世孝. 张宏达影集：踏遍青山人未老. 张宏达科学研究基金，2004.

---

① 本书参考了张宏达教授本人撰写的大量学术论文和专著，在参考文献中不做列举，反映在《附录二　张宏达主要论著目录》中。

论文

［9］张社尧. 广东省生态学会讨论如何开创新局面［J］. 生态科学，1983（1）：117.

［10］蒲蛰龙、张宏达、徐燕千等二十二位教授、专家关于建立南岭国家级自然保护区的论证意见［J］. 生态科学，1993（1）.

［11］陈桂珠. 踏遍青山人未老：记著名植物学家张宏达教授［J］. 学会月刊，1998（11）.

［12］叶创兴. 山茶属的分群及它们亲缘关系的探讨［J］. 云南植物研究，1988（1）.

［13］闵天禄. 山茶属茶组植物的订正［J］. 云南植物研究，1992，Vol.14，No.2：115-132.

［14］谢永泉. 再论华夏古陆与华夏植物区系［J］. 山西师大学报（自然科学版），1993（S2）.

［15］闵天禄，钟业聪. 山茶属瘤果茶组植物的订正［J］. 云南植物研究，1993，Vol.15，No.2：123-130.

［16］闵天禄，张文驹. 山茶属古茶组和金花茶组的分类学问题［J］. 云南植物研究，1993，Vol.15，No.1：1-15.

［17］谢永泉. 华夏古陆与华夏植物区系［J］. 植物研究，1993，Vol.13，No.2：202-209.

［18］李鸣光，李植华. 励精图治，迈向新世纪：张宏达先生与中山大学植物学专业［C］// 张宏达教授八十寿辰暨从事科教55周年大会，1994.

［19］谢永泉. 华夏古陆与"华夏植物区系"在地球上不断"长大"——三论华夏古陆与"华夏植物区系"［J］. 植物研究，1994，Vol.14，No.1：88-93.

［20］苏志尧，廖文波. 华夏植物区系理论与有花植物的起源［J］. 广西植物，1996（3）.

［21］张志耘. 对金缕梅科现代分类系统的评述［J］. 云南植物研究，1999（1）.

［22］张文驹，闵天禄. 九种二变种山茶属植物的核型报道［J］. 云南植物研究，1999，Vol.21，No.1：51-56.

［23］闵天禄. 山茶属的系统大纲［J］. 云南植物研究，1999，Vol.21，No.2：149-159.

［24］罗春清，谭晓风，漆龙霖. 山茶属植物分类综述［J］. 中南林学院学报，1999（3）.

［25］吴立宏，杨得坡. 中国现代植物区系（地理）学的学派形成和展望［J］. 广
西植物，2002，Vol.22，No.1：75-80.

［26］方金福. 要弘扬张宏达张天福的茶学研究精神：在"张天福与张宏达茶学研
讨会"上的讲话［C］// 福建省茶叶学会张天福茶学研究分会成立一周年纪
念文集，2005.

［27］谭晓风，漆龙霖，贺晶，等. 山茶属植物油茶组与金花茶组的分子分类
［J］. 中南林学院学报，2005，Vol.25，No.4：31-34.

［28］丁俊之. 云南普洱茶之春［J］. 民族茶文化，2006（1）：22-23.

［29］曾莉冰. 印度登出报道文章"法门寺文物不断掀开中华茶文化新的一页"及
其意义［J］. 民族茶文化，2006（1）：45.

［30］徐田俊. 毛叶茶的生物学特征及其制茶品质特点［J］. 中国茶叶，2007，
Vol.29，No.1：28.

［31］舒曼. 阿萨姆原是普洱种：茶人张宏达之成就小记［J］. 茶艺，2007（4）：
40-41.

［32］黄建璋. 张宏达茶学思想确立的背景［J］. 茶艺，2007（4）：4-11.

［33］陈英灿. 普洱茶之父：张宏达［J］. 茶艺，2007（4）：42-47.

［34］叶创兴. 踏遍青山人未老：记植物学家张宏达［J］. 茶艺，2007（5）：36.

［35］李楠. 破解阿萨姆茶源真相：张宏达先生的普洱茶研究［J］. 普洱，2010（4）：
23-29.

［36］虞富莲. 我所知道的张宏达先生［J］. 普洱，2010（7）：60-64.

［37］虞富莲. 踏遍青山人未老 有情茶缘春长在——谈张宏达先生的德和学［J］.
中国茶叶，2010（9）：42-43.

［38］叶创兴. 张宏达与他的植物学理论［J］. 中山大学学报（社会科学版），
2011，Vol.53,No.2：51-63.

［39］罗春清，谭晓风，漆龙霖. 山茶属植物分类综述［J］. 中南林学院学报，
1999（3）：78-81.

［40］廖文波，陈涛，苏志尧. 华夏植物区系理论在不断地发展、进步、成熟和完
善［J］. 广西植物，1995（2）.

［41］张江明，吴逸民，李坚，等. 中山大学在坪石时期（1940—1945）的学生运
动［J］. 中山大学学报（社会科学版），1989（4）：59-60.

［42］闵天禄. 山茶属的系统大纲［J］. 云南植物研究，1999，21（2）：149-159.

媒体报道

[43] 余世孝. 中国与西德生态学研究合作计划开始实施，我校生物系承担南方片研究项目 [N]. 中山大学校报，1987-05-21（2）.

[44] 成绩显著教职工先进事迹选登：张宏达教授，老当益壮，奋进不已 [N]. 中山大学校报，1987-09-04（1）.

[45] 张劲勋，谢永泉. 我校热带亚热带森林生态系统实验中心情况介绍 [N]. 中山大学校报，1989-04-01（2）.

[46] 麦才文，杨凡，陈传树. 踏遍青山人未老——记著名植物学家张宏达教授 [N]. 中山大学校报，1997-11-24（3）.

[47] 中国植物志历经45年获殊荣 [N]. 羊城晚报，2010-01-12（A02）.

[48] 茶的家谱 [N]. 集邮家报，1997（4）.

[49] 陈红艳. 广东斩获多个国家科技奖 [N]. 新快报，2010-01-12.

[50] 夏杨. 中大给老教授颁奖无关权钱 [N]. 羊城晚报，2009-11-11（A08）.

[51] 云南省发现十七个茶树新品种 [N]. 人民日报，1986-03-08（2）.

[52] 不含咖啡碱的"可可茶"：毛叶茶 [N]. 茶艺，2004（4）.

[53] 生物学系课程表（二十四年度上学期）[N]. 国立中山大学日报，1935-09-06（3）.

[54] 理学院第三次院务会议录 [N]. 国立中山大学日报，1938-02-26（2）.

[55] 生物学会全体会员大会记录 [N]. 国立中山大学日报，1938-03-31（7）.

[56] 生物学会第四届干事会第一次会议录 [N]. 国立中山大学日报，1938-04-04（6）.

[57]《中国植物志》获自然科学一等奖 [N]. 南方日报（数字报），2010-01-12（A03）.

[58] 四代科学家花45年写出《中国植物志》[N]. 广州日报，2010-01-12（A02）.

[59] 粤摘26项国家科技奖 [N]. 南方日报（数字报），2010-01-12（A01）.

[60] 吴丹桦. 踏遍青山人未老：著名植物学家张宏达教授 [N]. 广州日报，1994-08-22（3）.

[61] 广东优秀教师表彰会气氛热烈：耄耋师生双双登台领奖 [N]. 南方日报，1999-09-09（1）.

［62］秦晖. 抗战期间，中山大学数千学子颠沛流离穿行五省［N］. 广州日报，
　　　2005-06-09（A6）.

［63］王瑟. 潘晓玲：生如夏花［N］. 光明日报，2006-06-13（5）.

［64］刘天干. 揭西半山客文化现象初探［N］. 汕头日报，2005-07-18.

［65］徐静，王丽霞. 中大九旬教授张宏达获自然科学奖［EB/OL］. 大洋网，
　　　2010-01-12.

［66］舒曼. 茶学大师张宏达讲述：阿萨姆原是普洱种［EB/OL］. 人民政协网，
　　　2010-08-16.

［67］郭晓鹭. 人生与植物的一场旷世"苦恋"［EB/OL］. 广州市图书馆网站，
　　　2008-03-24.

［68］崔凌云. 张宏达90寿辰出版新作［EB/OL］. 新华网广东频道，2004-03-01.

［69］中山大学隆重庆祝中国著名植物学家张宏达教授90华诞暨从教65周年［EB/
　　　OL］. 广东省教育厅网站，2004-03-03.

［70］华南植物园80周年庆典网站［EB/OL］. http：//gdspp.scib.ac.cn/yuanqing/
　　　NewsInfo.asp？ id=206.

档案

［71］张宏达. 自传，1958-04-28，中山大学档案馆所藏.

［72］张宏达. 我的自传，1964-03-24，中山大学档案馆所藏.

［73］中共中山大学. 对张宏达临时出国的审查意见，1964-01-30，中山大学档案
　　　馆所藏.

［74］张宏达. 婚姻方面遗留问题，1965-02-15，中山大学档案馆所藏.

［75］张宏达. 入党申请书，1964-03-24，中山大学档案馆所藏.

［76］张宏达. 我的坦白及检举，中山大学档案馆所藏.

［77］张宏达. 张宏达交代问题，中山大学档案馆所藏.

［78］广东省高等教育局. 广东省高等教育局：关于同意确定与提升为教授的批
　　　复，1961-12-01，中山大学档案馆所藏.

［79］张宏达. 高级科技人员基本情况卡片，1982-02，中山大学档案馆所藏.

［80］张宏达. 广东省第六届人民代表大会代表登记表，1983-01-12，中山大学档
　　　案馆所藏.

［81］张宏达. 干部退休审批表，2002-12，中山大学档案馆所藏.

［82］广东省第一届学生集训纪念册. 广东省档案馆，档案号文教卫 -5.

手稿及其他

［83］张宏达. 萍踪琐记.

［84］张宏达. 怀念董爽秋老师.

［85］张宏达. 赴日本访问情况会报. 1983.

［86］张宏达. 怀念陈焕镛老师.

［87］张宏达. 怀念辛树帜教授.

［88］张宏达. 坚持教学为主，深入教学改革.

［89］张宏达. 茶业及茶文化的发展.

［90］张宏达. 博士点基金在培养博士生起作用.

［91］张宏达. 经验小结（发言稿）.

［92］张宏达. 光辉的七十年.

［93］张宏达. 山茶植物综合研究和利用课题工作总结.

［94］张宏达. 生物学系历届系主任.

［95］张宏达. 生物学的未来.

［96］张宏达. 十年树木百年树人，三十而立茁壮辉煌.

［97］张宏达. 因地制宜迎接二十一世纪林业建设刍议.

［98］张宏达. 植物学教研室经验总结. 1993-06.

［99］张宏达. 植物学研究室.

［100］张宏达. 中山大学植物学博士点工作经验.

［101］张宏达. 戴辛皆传记.

［102］张宏达. 研究生培养工作小结. 1985-08-25.

［103］张宏达. 植物研究室简介.

［104］张宏达. 广东环境整治.

［105］张宏达. 黑石顶森林实验中心情况汇报. 1992-09-29.

［106］叶创兴. 张宏达教授与茶树植物（打印修改稿），2010.

［107］张宏达教授事迹简介.

［108］张汉杰，张兆元. 十四世祖少甫公事略，1996.

［109］张宏达. 回忆妈妈的教诲.

［110］张宏达. 论著目录（1943—2001 打印修改稿），2001.

［111］张宏达. 干部履历表，1999-06-22.

［112］张宏达. 建议学校成立植物研究所的报告，1994-12-21.

［113］张宏达. 新中国成立前中大生物学系学术活动拾遗，1999.

后 记

　　张宏达先生是世界知名的植物学家，著名教授，人生经历非常丰富，他的成长历程也在某个侧面反映了中国近现代植物学科成长的历程。对他的学术成长资料进行采集和研究，能为科学史、教育史研究保存珍贵的史料；能勾勒出近现代中国植物学发展的历程，并为植物学科进一步发展提供可资借鉴的资料；更重要的是，通过揭示在张宏达先生学术成长历程体现出来的科学人才成长的普遍规律，可以为中国的教育事业提供借鉴。在采集工作中，我们尽力做到对张宏达先生现有著作、传记、档案等各类文献的全面搜集，并通过对张宏达先生本人以及学术合作者、同事、弟子和家人的采访，获取大量原始资料。在学术传记的撰写方面，我们力求全面展现和如实反映张宏达先生的学术成长经历，能基本描述出张宏达先生的家庭背景、求学历程、师承关系、工作环境、学术交往对其学术风格、科学成就产生的影响，能基本勾勒出张宏达先生学术思想、观点和理念产生、形成、发展的轨迹。

　　在研究过程中，本项目得到了中山大学生命科学学院的大力支持，院领导对本项目给予高度重视，密切配合采集工作。由于张宏达先生近几年记忆力的状况不太好，恐对他本人的采访获得的一些资料不够准确，因此我们进行了大量的外围采访。在这个过程中，张宏达多年科研工作密切的合作者王伯荪先生，同事韩德聪教授、伍辉民研究员，同行吴德邻先生，与他共同创立广东省生态学会的张社尧先生，以及他的弟子李衍文教授、吴七根研究员、刘兰芳教授、钟恒教授、黄云晖教授、缪汝槐教授、胡玉佳教授、叶创兴教授、张志权教授、余世孝教授、彭少麟教授、李飚先生，都热情的给予帮助，在百忙之中接受了我们的访谈。

张宏达先生的同事、弟子不仅为我们介绍了张宏达先生的重要人生经历，而且，采集小组作为植物学的外行，通过他们的帮助，使我们对张宏达先生学术成就和取得成就的原因有了更深刻的认识。其中，王伯荪先生基于和张宏达先生多年合作产生的了解，向我们指出张宏达先生最突出的成就是在学科发展上具有远见卓识，具有创新精神，如将大分子引入植物分类学研究，提出单元多系的种子植物分类系统，都体现了这一点。伍辉民研究员为我们提供了很多张宏达先生在 20 世纪 50 年代在华南植物研究所时的工作情况。吴七根研究员是张宏达先生关系较为密切的弟子，"文化大革命"期间，张宏达先生和夫人在干校期间，吴七根研究员帮他们照料家里的事务，对"文化大革命"期间张宏达先生的遭遇和工作情况，吴七根先生提供了非常宝贵的线索。刘兰芳教授谈到，在老师的影响下，虽然植物分类学作为一门基础的学科不受重视，被人认为是过时的学科，但她始终坚信，没有分类学的基础，就不能进行更高层次的研究，坐一辈子冷板凳，她也无怨无悔。她的谈话对我们更全面的了解张宏达先生的思想境界有新的启发。钟恒教授向我们介绍了张宏达先生为使植物学教研室的学科能全面发展所做的努力，使我们更全面了解张宏达先生在教育事业上所做出的贡献。黄云晖教授、缪汝槐教授和张宏达先生在《种子植物系统学》、《中国植物志》等工作中有过密切的合作，他们和自己的老师一样，一生坚持植物学研究工作，黄云晖老师退休后还在进行《种子植物系统学》的撰稿工作，缪汝槐先生退休后还每天回到标本馆进行研究工作，他们提供的资料，对于我们全面了解张宏达先生的治学作风和学术成就有重要的帮助。

在学术成就之外，胡玉佳教授谈到张宏达先生在出国和赴港考察过程中的艰苦奋斗的作风，对同事的深厚感情，对早逝弟子陈宝樑的不舍和痛心；叶创兴教授讲到"文化大革命"前进行半工半读的教育改革，张宏达先生担心学生的功课，住到学生宿舍辅导学生学习；张志权教授谈起张宏达先生对学生的爱护和帮助，对有争议和有分歧的同事的谅解和宽容；余世孝教授谈到虽然他的博士论文是在加拿大完成的，发表时没有写张宏达先生的名字，但张宏达先生在他毕业后还是去找了很多校领导争取他留校；彭少麟教授告诉我们，他两次报考硕士都因英语基础比较薄弱而落榜，但张宏达先生对他的理论基础和科研能力非常赏识，让他破格以同等学历报考博士研究生，并以优异的成绩被录取；李飚先生现已不从事学术工作，驰骋商界，他在百忙之中，特意从北京回到广州接受访谈，并且畅所欲言，在师生关系、家庭情况、学术思想等各个角度向我们介绍了张宏达先生的情况。他们所介绍的这些情况，有一些在研究报告中没有体现出来，但对我们全面了解张宏达先生有很大的帮助，正因为这样，我们才能更明白，为什么张宏达先生能得到弟子如此的爱戴和信任，也让我们从老科学家身上看到，什么叫为人为学，为人在先。

张宏达的同事和弟子何道泉先生、王发松教授、郑显明先生虽不便接受访谈，但都给采集小组写了信，将他们与张宏达先生共事和学习过程中的往事，以及对张宏达先生的学术成就、学术作风进行了充分的描述。给我们提供了非常宝贵的资料。张宏达科研上的合作者钟业聪先生将他与张宏达先生合作中非常珍贵的资料慷慨地捐献给采集工程，并以文字的形式回忆了他和张宏达先生交往的经过。虞富莲先生向我们提供了他写的回忆文章《我所知道的张宏达先生》，并提供了数帧珍贵的照片。

在采集工作中，中山大学档案馆主管科技档案的许存芝副研究馆员，主管文书档案的赵丽萍馆员，主管人事档案的彭卓群馆员，一方面严格遵守档案管理的规章制度，另一方面在制度允许的范围给予项目极大支持，非常有耐心地接待我们进行档案查阅，使我们获得了大量的资料。中山大学生命科学学院的马彩凤老师和张墨冉老师，在资料采集、访谈工作中给予很多无私的帮助。

张宏达先生的家人，对采集工作给予极大支持，首先张志先生和张鲁先生接受了我们的采访，并毫无保留提供了他们所了解的情况。其次，他们将张宏达先生的证书、手稿、信件等珍贵资料提供给我们复制。最让人感动的是，张宏达先生近百高龄，每次访谈要麻烦他老人家从中山大学西区的家属楼步行到教学区测试大楼的 6 楼办公室接受采访，有几次还是在寒冷的冬天，在这种情况下，张宏达先生及家属都能给予充分的理解和支持，实属不易，令我们感佩不已。

在老科学家学术成长资料采集工程项目办公室的指导下，在中山大学生命科学学院、档案馆等部门的配合下，在张宏达先生的同事、同行、弟子和家人的帮助下，我们终于完成了采集工作。但是由于能力所限，在采集和整理他的学术成长经历的过程中，我们确实感到，我们既不具备植物学的基础，又缺乏科学史研究方面的素养，因此，我们的研究结果，对张宏达先生学术成长的研究流于表面，不能十分准确地揭示其学术成长的规律，影响了读者对张宏达先生成长经历、学术思想和学术成就的全面理解。我们的工作不够完善，不够深入，愧对张宏达先生的卓越成就，也愧对中山大学生命科学学院以及张宏达先生的同事、弟子和家人的热心帮助和殷切期望。我们希望，对张宏达先生学术成长的研究能不止步于此，希望他所在的中山大学能继续妥善保管和深入挖掘张宏达先生捐赠给学校的大量手稿、信件、文件等珍贵史料，希望他的家人、同事和弟子能够进一步以口述史的方法抢救性地整理有关张宏达先生的史料，希望有一天，能有一部更全面、更充实、更深入的张宏达先生的传记问世。

张宏达学术成长资料采集小组